German for Business and Economics

Band 1: *Die Volks- und Weltwirtschaft*

Inhaltsverzeichnis

Seite

General Introduction .... *v*

Einheit I: Deutschland: Industrieland und Welthandelspartner

Kapitel 1: Land, Bevölkerung, Verkehrsnetz   **3**
      Lesetext 1: Die Bundesrepublik Deutschland: Einführung
      Hörtext: Das Verkehrsnetz
      Lesetext 2: Wettbewerb der Verkehrsmittel
      Discourse: Length and complexity of sentences, Part I
      Geschäftskommunikation: Der Lebenslauf

Kapitel 2: Industrieland   **25**
      Lesetext 1: Die Bundesrepublik Deutschland: Industrieland
      Hörtext: Deutschlands Wirtschaftswelt
      Lesetext 2: Standort des Industriebetriebes
      Discourse: Length and complexity of sentences, Part II

Kapitel 3: Welthandelspartner   **47**
      Lesetext 1: Die Bundesrepublik Deutschland: Welthandelspartner
      Hörtext: Vom innerdeutschen Handel zum Binnenhandel
      Lesetext 2: Der internationale Handel
      Kulturverständnis: Images und nationale Stereotypen

Kapitel 4: Wiederholung und Anwendung   **67**
      Schreibfertigkeiten: Kurzbericht 1
      Wiederholung des Wortschatzes
      Lektüre zur Anwendung: Investitionsstandorte in Europa

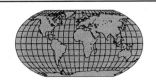

Inhaltsverzeichnis
(Fortsetzung)

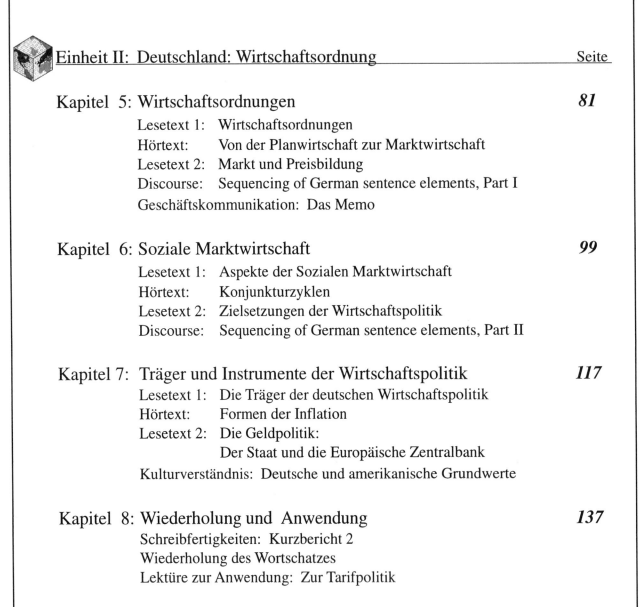

Einheit II: Deutschland: Wirtschaftsordnung   Seite

Kapitel 5: Wirtschaftsordnungen   *81*
    Lesetext 1:   Wirtschaftsordnungen
    Hörtext: Von der Planwirtschaft zur Marktwirtschaft
    Lesetext 2:   Markt und Preisbildung
    Discourse: Sequencing of German sentence elements, Part I
    Geschäftskommunikation: Das Memo

Kapitel 6: Soziale Marktwirtschaft   *99*
    Lesetext 1:   Aspekte der Sozialen Marktwirtschaft
    Hörtext: Konjunkturzyklen
    Lesetext 2:   Zielsetzungen der Wirtschaftspolitik
    Discourse: Sequencing of German sentence elements, Part II

Kapitel 7: Träger und Instrumente der Wirtschaftspolitik   *117*
    Lesetext 1:   Die Träger der deutschen Wirtschaftspolitik
    Hörtext: Formen der Inflation
    Lesetext 2:   Die Geldpolitik:
                    Der Staat und die Europäische Zentralbank
    Kulturverständnis: Deutsche und amerikanische Grundwerte

Kapitel 8: Wiederholung und Anwendung   *137*
    Schreibfertigkeiten: Kurzbericht 2
    Wiederholung des Wortschatzes
    Lektüre zur Anwendung: Zur Tarifpolitik

Inhaltsverzeichnis
(Fortsetzung)

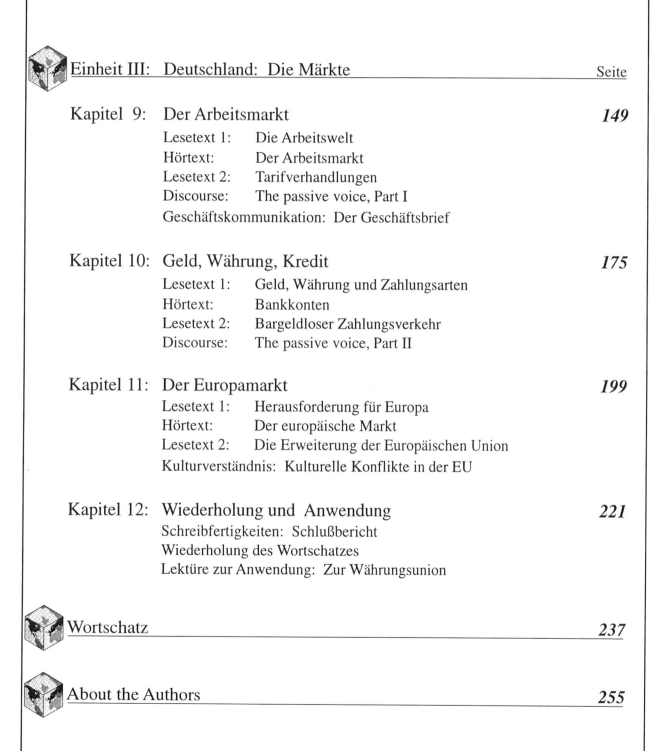

Einheit III: Deutschland: Die Märkte   Seite

Kapitel 9: Der Arbeitsmarkt   *149*
- Lesetext 1: Die Arbeitswelt
- Hörtext: Der Arbeitsmarkt
- Lesetext 2: Tarifverhandlungen
- Discourse: The passive voice, Part I
- Geschäftskommunikation: Der Geschäftsbrief

Kapitel 10: Geld, Währung, Kredit   *175*
- Lesetext 1: Geld, Währung und Zahlungsarten
- Hörtext: Bankkonten
- Lesetext 2: Bargeldloser Zahlungsverkehr
- Discourse: The passive voice, Part II

Kapitel 11: Der Europamarkt   *199*
- Lesetext 1: Herausforderung für Europa
- Hörtext: Der europäische Markt
- Lesetext 2: Die Erweiterung der Europäischen Union
- Kulturverständnis: Kulturelle Konflikte in der EU

Kapitel 12: Wiederholung und Anwendung   *221*
- Schreibfertigkeiten: Schlußbericht
- Wiederholung des Wortschatzes
- Lektüre zur Anwendung: Zur Währungsunion

Wortschatz   *237*

About the Authors   *255*

General Introduction

 ## The Revised Second Edition:

The materials packet <u>German for Business and Economics</u> first appeared on the market in 1994. While it has enjoyed considerable success, the time had come by 1999 for a revision. Despite the efforts of the authors to keep the text relatively free of materials which would date it very quickly, the very content - business and economics - makes it difficult to produce a text which would never need updating. In addition, the authors felt it was time to incorporate the comments and suggestions from both students and instructors using the packet into a new edition. Previous users will note the following differences:

<u>Textbook</u>:
- more streamlined chapter and unit materials
- updated and new, more current reading texts
- updated and additional exercises
- inclusion of new graphics and other visuals

<u>Teacher's Resource Handbook</u>:
- updated and new, more current listening texts
- inclusion of extra listening comprehension activities
- updated and new, more current transparency masters
- updated testing material

<u>CD-ROM</u>:
- revision of software to full-color, full-screen
- updating of software graphics and texts
- cross-platform compatibility of CD-ROM software
- more affordable CD-ROM pricing

With this new edition, the authors hope to have provided both instructors and advanced level German students with a much improved teaching and learning materials packet.

 ## Goals of the Materials Packet:

This multimedia materials packet has been designed especially for English-speaking students who have already studied the equivalent of two years of college level German and are interested in combining their study of German with another professional degree area, such as finance, management, engineering, communications, political science, etc. The overall goal of the materials is to provide, during the course of a year of study, the necessary German language and cultural proficiency skills to allow students to function in a management-trainee position in a company in a German-speaking country. Of course, not all students are entering this course of study with that particular goal in mind - some simply want to improve their German skills in a general way in the areas covered by the course materials. But, this overall goal is mentioned as a way of giving both instructor and students a general idea of the level of proficiency we hope students will be able to achieve with dedicated study of the materials.

Design of the Materials Packet:

German for Business and Economics consists of two textbook/workbook volumes, *Band 1: Die Volks- und Weltwirtschaft* and *Band 2: Die Betriebswirtschaft*, the Instructor's Resource Handbooks to accompany each volume, a CD-ROM containing integrated computer software compatible with both PC's and Macs, and cassette tapes for both volumes.

The Textbook/Workbook Volumes are designed to fill not only the function of a textbook, but also that of a workbook in that the pages are perforated. Pages containing assigned exercises can be torn out and handed in to the instructor for grading. This saves the student time and effort in copying out of the textbook exercises that are to be handed in. Both volumes contain three units with four chapters per unit, three basic content chapters and a review chapter. The materials contained in the textbook/ workbook volumes are designed for either clasroom use or home study. Icons occurring in the upper right-hand corner of pages and next to exercises are meant to be symbols (1) for the type of exercise, (2) for the suggested location for working with the exercise, and/or (3) indicating whether the materials/exercises are accessible through the computer or on cassette tape. These symbols are to be understood as follows:

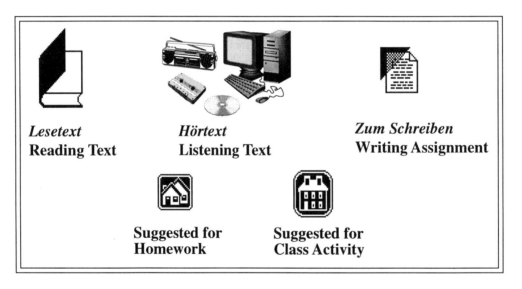

Lesetext
Reading Text

Hörtext
Listening Text

Zum Schreiben
Writing Assignment

Suggested for Homework

Suggested for Class Activity

The CD-ROM contains the listening texts (*Hörtexte*) and exercises to accompany them. The *Hörtexte are only available to the student on CD-ROM or on cassette tape.* These *Hörtexte* and exercises comprise the major listening comprehension and listening skills development components for the materials packet; it is therefore highly recommended that students work with these texts, preferably with the computer software. This software not only contains "slide shows" to accompany the listening texts, thus reinforcing the listening text with visual input, but also many software is now cross-platform compatible and the CD-ROM is priced comparable to most CD-ROM products and therefore much more accessible to students for individual purchase. Of course, a site license for the CD-ROM may also be purchased by departments, programs, or colleges which will allow student access via a server in campus computer laboratories.

The Cassette Tapes provide an alternative option for working with listening skill development. While the computer program is an important enhancement for the learning process, it is not mandatory that students use it. It is possible to complete the study of <u>German for Business and Economics</u> successfully by using the cassette tapes for the listening skills development component. For those who wish to use the cassette tapes only, or for those who wish additional listening comprehension activities, the authors have provided written exercises following the listening text scripts in the <u>Instructor's Resource Handbooks</u>. The cassette tapes contain only the listening texts (*Hörtexte*). They contain no additional exercises. Even students who use the software have found it helpful to purchase the cassette tapes for extra listening practice away from the computer - in a car while traveling, for instance.

The Instructor's Resource Handbooks I and II contain an instructor's introduction to the concept for this multimedia materials packet and the pedagogical foundation underlying it. There is also a discussion of suggested methodology, along with detailed suggestions for teaching sample chapters from each volume. Included are sample syllabi for two semesters. Volume I of the <u>Instructor's Resource Handbook</u> also contains sample tests for Units 1, 2, and 3, *Hörtext* scripts for chapters 1-12, additional listening comprehension exercises, and 100 pages of transparency masters to be used for the *Themenvorschau* activities for all *Lesetext 1*, *Lesetext 2* and *Hörtexte* of Volume 1 of the textbook/workbook. Volume II of the <u>Instructor's Resource Handbook</u> contains sample tests for Units 4, 5, and 6, *Hörtext* scripts for chapters 13-24, additional listening comprehension exercises, and 50 pages of transparency masters. <u>Instructor's Resource Handbooks</u> to accompany the volume of the textbook/workbook ordered will be provided free of charge to instructors who order more than ten copies of the student text from a bookstore supplying textbooks for their courses. It is highly recommended that instructors order the appropriate <u>Instructor's Resource Handbook.</u> (There is no "Teacher's Edition" of the textbook/workbook volumes, i.e. an annotated edition which provides methodological suggestions and answers to exercises.)

 ## <u>Content-Based Language Instruction:</u>

This materials packet focuses on three related areas: content, language, and cross-cultural training.

The content component is based on business and economics areas which have been carefully chosen to give students the vocabulary and broad general background which would be expected of an international management trainee in a German business environment. Students are expected to gain a general understanding of important concepts within the key content areas; these materials do not teach business and economics per se, but rather use thematic areas within these fields as the foundation for developing more sophisticated language skills. It should be kept in mind that the primary objective of these materials is to increase language and cultural proficiency.

The language component addresses all four skills areas, i.e. reading, listening, writing and speaking. While students will notice marked increases during their year of study in reading and listening skills, the writing and speaking skills will be somewhat slower to develop. Students should not be disappointed if their skills do not progress as rapidly in these two areas. It is very difficult to obtain 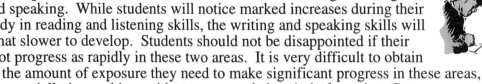 the amount of exposure they need to make significant progress in these areas, especially in speaking, without an extended period of stay in a German-speaking country. This is true for all language learning and students should not allow it to frustrate their efforts. The explicit grammar instruction is limited to certain commonly occurring characteristics of formal written business and technical German.

The cross-cultural training component is interwoven throughout all of the chapters, but occasionally becomes the central focus of exercises designed to heighten students' sensitivity to cultural difference as it impacts the areas of business and economics. This particular facet of the study of German for business and economics is, according to recent studies, more valuable to future employers than any specific language study.

◭ A Few Suggestions to Students about Successful Learning Strategies:

To achieve the language and cultural proficiency goals within the designated content areas, it is necessary to break with some of the more traditional language learning methods with which you may have become accustomed in the past. The method of presenting new information to you in class and the exercises designed to help you master this information are innovative, and, we hope, creative, and usually fun. We have enjoyed creating this materials packet for you and think you will enjoy working with it.

The materials do require, however, that you leave some old language study habits behind and give an honest effort to work with the materials according to your instructor's suggested methods. These materials and the methodology suggested to your instructor now have over fifteen years of successful implementation behind them. We are confident that we can help you make tremendous progress in your German proficiency, but only if you follow the suggested methods of study. As you begin working through these new materials, you will become increasingly more comfortable with their design and methodology. Almost all exercises require that you work much more closely with the **language** than the **content**, or with general understanding than with detailed reading. So, if you have been used to, for instance, making English translations of German reading passages to answer detailed content questions, you will not be successful with employing these old methods on the new exercises. Follow the exercise directions and do specifically what is asked of you.

Always keep in mind that the goals of the materials are German-proficiency-based. For you to be successful with these materials, you must decide to devote an average of one to one and a half hours of quality time outside of class for every hour in class. Assignments should be done <u>daily</u>—not saved to do all at once. Language proficiency must be developed over time, with each new building block in the process serving as the foundation of the next. It is simply not possible to put all of the building blocks in place at one time, as would be the case in a cramming situation. It is also extremely important that you not "work ahead" with these materials. There are certain materials which are specifically designed for classroom presentation and classroom group or pair activities. The method of presentation used in the classroom will significantly cut down on the amount of outside learning of vocabulary and basic concepts which you must do; it would be counter-productive for you to attempt to learn these materials at home before they have been introduced in class. Try to confine your home study activities to those specifically assigned by the instructor.

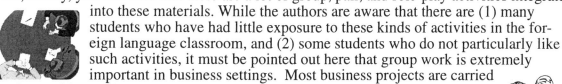

And, finally, you will find that there are a lot of group, pair, and role-play activities integrated into these materials. While the authors are aware that there are (1) many students who have had little exposure to these kinds of activities in the foreign language classroom, and (2) some students who do not particularly like such activities, it must be pointed out here that group work is extremely important in business settings. Most business projects are carried out by working with one or more co-workers; employers are particularly impressed by letters of recommendation and other evidence which show that a particular job candidate has good teamwork skills. Being able to work together toward common goals, to motivate others in the group, and to compromise are invaluable skills in a workplace, both here and in Germany, where team work is the hallmark. You should look upon group work activities as the opportunity to improve your team work skills.

A Word About Keeping the Materials Current:

In both volumes of the textbook and in the <u>Instructor's Resource Handbook</u> the authors have used many graphs and short texts from GLOBUS Infografik GmbH. These materials are of extremely high quality and the authors found them invaluable in implementing the concept of <u>German for Business and Economics.</u> The authors are deeply grateful to GLOBUS for its generous support in granting the rights to use GLOBUS materials. All GLOBUS graphs and texts occurring in both volumes of the textbook and the <u>Instructor's Resource Handbook</u> are reprinted with the permission of GLOBUS Infografik GmbH. It is highly recommended that instructors keep their volumes of <u>German for Business and Economics</u> current by subscribing to the GLOBUS service.

GLOBUS-Schaubilder

❑ **Aktuell**

❑ **Anschaulich**

❑ **Zuverlässig**

Die GLOBUS Infografik GmbH ist eine Tochtergesellschaft der Deutschen Presse-Agentur. Sie ist der älteste und größte Schaubilddienst im deutschsprachigen Raum.

Die Schaubilder werden von erfahrenen und kreativen Redakteuren und Grafikern erarbeitet und gestaltet. Grundlage sind stets die neuesten Zahlen aus Originalquellen. Das garantiert Anschaulichkeit, Aktualität und Zuverlässigkeit.

Alle 14 Tage erscheinen 28 neue Schaubilder. Sie sind vorzüglich geeignet zum Einsatz im Unterricht, aber auch zur eigenen Information über Deutschland, Europa und die Welt.

Auch Sie können diesen Schaubilddienst abonnieren. Fordern Sie eine kostenlose Probelieferung an.

GLOBUS Infografik GmbH
Postfach 13 03 93, D-20103 Hamburg
Telefon: (40) 4147860 – Telefax (40) 45035515

Acknowledgments:

The authors would like to express their deep gratitude to George F. Peters, Thomas A. Lovik, and Volker Langeheine who offered advice and constructive suggestions for improvement and gave their time for recording the listening text scripts. We would also like to thank the staff of CLEAR and the Language Learning Center at Michigan State University for their assistance and technical support, in particular Dennie Hoopingarner and Michael V. Kramizeh.

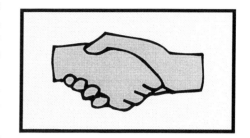

Kapitel 1
Deutschland:
Land, Bevölkerung, Verkehrsnetz

Kapitel 1/Lesetext 1:
Die Bundesrepublik Deutschland: Einführung

Geographische Lage und Nachbarn

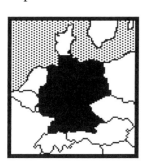

Deutschland liegt in der Mitte Europas, zwischen den skandinavischen Ländern im Norden, den Alpenländern im Süden, den Ländern im kontinentalen Osteuropa und im atlantischen Westeuropa. Im Osten grenzt Deutschland an die Tschechischen und Slowakischen Republiken und Polen; im Süden an die Schweiz und Österreich. Die Nachbarn im Westen sind Frankreich, Luxemburg, Belgien und die Niederlande. Im Norden grenzt Deutschland an Dänemark. Das deutsche Staatsgebiet beträgt ungefähr 365 000 km².

Landschaften

Die deutschen Landschaften sind äußerst vielfältig und verschiedenartig. Deutschland ist ein Land der landschaftlichen Gegensätze. Von Norden nach Süden unterscheidet man drei große Landschaftsräume: das Norddeutsche Tiefland (Küstenland oder Flachland), das Mittelgebirge und das Hochgebirge (die Alpen). In den Bayrischen Alpen befindet sich der mit ca. 3000 Metern höchste deutsche Berg, die Zugspitze. In der Mittelgebirgszone wechseln Hochflächen, Berglandschaften, vulkanische Formen und Wälder. Die berühmtesten deutschen Mittelgebirgsgebiete sind der Schwarzwald in Baden-Württemberg und der bis über 1100 m hohe Harz in Niedersachsen. Zwischen dem niedersächsischen Mittelgebirgsrand und den Küsten von Nord- und Ostsee liegt das sehr einheitlich gestaltete Norddeutsche Tiefland. Die nördlichsten und südlichsten Regionen der Bundesrepublik, hauptsächlich die Bundesländer Schleswig-Holstein, Mecklenburg-Vorpommern und Bayern, sind in besonderem Maße landwirtschaftlich geprägt. Die Länder der Mittelgebirgslandschaft sind jedoch vorwiegend industriell strukturiert.

Flüsse

Da das Land insgesamt gesehen von den Alpen bis zur Nordsee hin abfällt, fließen die Hauptflüsse (der Rhein, die Elbe, die Weser, die Ems) nach Norden. Die Donau mit ihren Nebenflüssen ist eine Ausnahme. Sie fließt nach Osten, mündet in das Schwarze Meer und verbindet Deutschland mit Österreich und Südosteuropa. Wichtigste Verkehrsachse der Bundesrepublik ist der Rhein. Zahlreiche Nebenflüsse des Rheins, u.a. die Ruhr, die Mosel, der Main und der Neckar, sind wichtige Bestandteile des Wasserstraßennetzes.

Bundesländer

Heute setzt sich die Bundesrepublik aus sechzehn Bundesländern zusammen. Bis November 1990 bestand die Bundesrepublik Deutschland nur aus den zehn Bundesländern Baden-Württemberg, Bayern, Bremen, Hamburg, Hessen, Niedersachsen, Nordrhein-Westfalen, Rheinland-Pfalz, Saarland und Schleswig-Holstein. Hinzu kam das Land Berlin-West, das einen Sonderstatus hatte. Sowohl diese Länder, als auch die Bezirke der ehemaligen Deutschen Demokratischen Republik (DDR) waren größtenteils nach dem Ende des Zweiten Weltkriegs auf Weisung der damaligen alliierten Besatzungsmächte entstanden. Die Bundesländer in ihrer heutigen Gestalt umfassen auch Territorien der ehemaligen DDR, die im Jahre 1990 mit der Bundesrepublik wiedervereinigt wurde. Die fünf Länder, die seit der Wiedervereinigung entstanden sind, heißen: Brandenburg, Mecklenburg-Vorpommern, Sachsen, Sachsen-Anhalt und Thüringen. Die Stadt Berlin, die früher durch die berühmte Mauer in Ost- und Westsektoren geteilt war, ist heute auch vereinigt und hat den Sonderstatus eines Stadtstaates wie auch Bremen und Hamburg. Berlin ist jetzt Hauptstadt und Regierungssitz des vereinten Deutschland.

Bevölkerung

In der Bundesrepublik lebten Ende der 90er Jahre ca. 82 Millionen Menschen. Das Land ist so dichtbesiedelt, daß sich 220 Einwohner einen Quadratkilometer teilen müssen. Diese hohe Bevölkerungsdichte wird in Europa nur noch von den Niederlanden und Belgien übertroffen. Die Bevölkerungs-verteilung ist aber sehr ungleichmäßig. Wichtige Ballungsräume sind das Rhein-Ruhr Gebiet, das Rhein-Main Gebiet um Frankfurt, der Rhein-Neckar Raum, das Schwäbische Industriegebiet um Stuttgart, der Sächsische Industrieraum sowie die Städte Berlin, Bremen, Hamburg, Hannover, Nürnberg und München.

Klima

Deutschland gehört der kühlgemäßigten Zone an, mit Niederschlägen zu allen Jahreszeiten. Im Nordwesten ist das Klima mit mäßig warmen Sommern und meist milden Wintern mehr ozeanisch bestimmt; es nimmt nach Osten und Südosten hin mit warmen bis heißen Sommern und kalten Wintern kontinentalen Charakter an. Auch nach Süden verstärkt sich der kontinentale Klimatyp, z.T. unterstüzt durch das ansteigende Relief der Landschaft.

revidiert aus <u>Tatsachen über Deutschland</u>

Übung 1: Aufbau des Wortschatzes

(a) Im Lesetext gibt es manche Adjektive, die von Nomen abgeleitet sind. Schreiben Sie diese Adjektive (ohne Adjektivendungen) rechts neben die verwandten Nomen!

Nomen	Adjektiv
Skandinavien	*skandinavisch*
der Kontinent	Kontinental
der Atlantik	atlantisch
die Vielfalt	vielfältig
Bayern	Bayrisch
Niedersachsen	niedersächsisch
die Einheit	einheitlich
der Ozean	ozeanisch
der Rücklauf	rückläufig
die Landwirtschaft	landwirtschaftlich

(b) Ergänzen Sie mit den richtigen Adjektiven aus dem Lesetext!

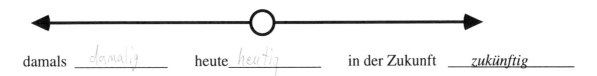

damals _damalig_   heute _heutig_   in der Zukunft _zukünftig_

(c) Ergänzen Sie!

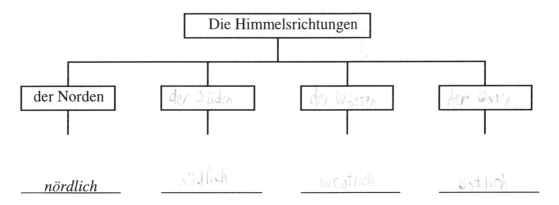

Die Himmelsrichtungen

| der Norden | der Süden | der Westen | der Osten |

nördlich   _südlich_   _westlich_   _östlich_

(d) Ergänzen Sie mit Termini aus dem Lesetext:

<u>Gegensätze oder Kontraste</u>

Sommer	_Winter_
vielfältig	_verschiedenartig_
Küstenland	_das Mittelgebirge_
landwirtschaftliches Gebiet	_industrielles Gebiet_
abfallen	_ansteigen_

(e) Welche spezifischen Verben im Lesetext sind mit den folgenden Nomen eng verwandt?
Schreiben Sie die Verbformen, die Sie im Lesetext finden, neben die verwandten Nomen.

die Lage	_liegt_	die Grenze	_grenzt_
der Unterschied	_unterscheidet_	der Wechsel	_wechseln_
die Gestalt	_gestaltet_	der Fluß	_fliessen_
der Mund	_mündet_	die Verbindung	_verbinden_
die Entstehung	_entstanden_	die Wiedervereinigung	_wiedervereinigt_
die Teilung	_teilen_	die Bestimmung	_bestimmt_
die Verstärkung	_verstärkt_	die Unterstützung	_unterstützt_
der Ausgleich	_ausgleichen_	die Struktur	_strukturiert_

Lesetext 1: Wichtigste Vokabeln

Nomen

die Achse, -n	der Berg, -e	das Gebiet, -e
die Ausnahme, -n	der Bestandteil, -e	das Gebirge, -
die Besatzung, -en	der Bezirk, -e	das Meer, -e
die Bevölkerung, -en	der Bund, -e	das Netz, -e
die Dichte, -n	der Einwohner, -	das Sterben
die Fläche, -n	der Fluß, Flüsse	das Tiefland
die Geburt, -en	der Gegensatz, Gegensätze	
die Grenze, -n	der Kilometer, -	
die Himmelsrichtung, -en	der Nebenfluß, Nebenflüsse	
die Küste, -n	der Niederschlag	
die Landschaft, -en	der Norden/Osten/Süden/Westen	
die Rate, -n	der Rand, Ränder	
die See, -n	der Raum, Räume	
der Verkehr	der Ballungsraum, -räume	
die Verteilung, -en	der Staat, en	
die Weisung, -en	der Wald, Wälder	
die Zahl, -en		

Verben

abfallen	strukturieren
ansteigen	teilen
ausgleichen	übertreffen
sich befinden	umfassen
bestehen (aus)	unterscheiden
bestimmen	unterstützen
betragen	vereinigen
fließen	vermögen
grenzen	sich verstärken
münden	wechseln
prägen	zurückgehen
	sich zusammensetzen (aus)

Adjektive/Adverbien

außerordentlich	industriell
besonders	landwirtschaftlich
damalig	mäßig
dicht	primär
ehemalig	rückläufig
einheitlich	ungefähr
gleichmäßig	vielfältig
hauptsächlich	verschiedenartig
heutig	zahlreich

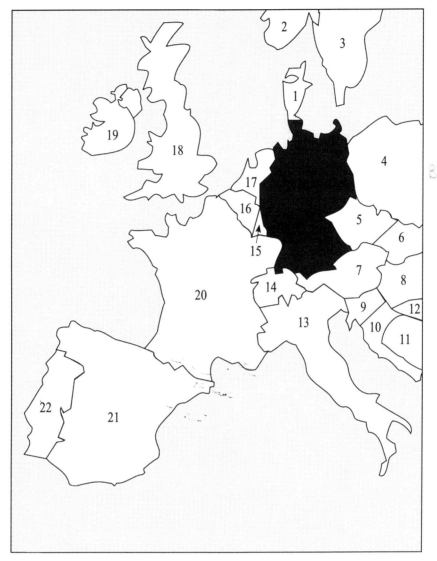

Börsen:
London
Frankfurt - Daxx
Paris

Identifizieren Sie diese Länder:

1. Dänemark   D
2. Norweg
3. Schweden   S
4. Polen
5. Tschechische Republik   CSR
6. Slowakien   SLK
7. Österreich   A
8. Ungarn   H
9. Slowenien
10. Kroatien
11. Boshien + Herzegovina

12. Serbien + Monteregro
13. Italien
14. die Schweiz   CH
15. Luxemburg   L
16. Belgien   B
17. Niederlande   NL
18. Gross Britannien GB
19. Irland   IRL
20. Frankreich   F
21. Spanien   E
22. Portugal   P

Übung 3: Zur Geographie
Deutschland: Bundesländer, Bundeshauptstadt, Landeshauptstädte und Flüsse

Benennen Sie die Bundesländer, die Bundeshauptstadt, die Landeshauptstädte und alle Flüsse.

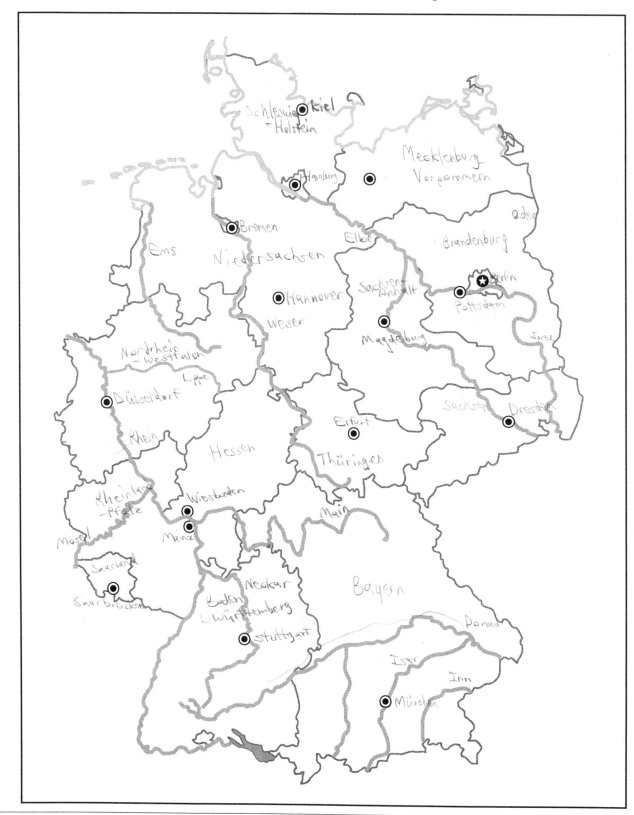

(a) Ergänzen Sie folgende Sätze nach gründlicher Lektüre von Lesetext 1.
Wählen Sie Ihre Ergänzungen aus der Wortliste. Benutzen Sie jedes Wort nur einmal!

Österreich   Verkehrsnetzes
Verbindung   ozeanisch
UdSSR   Schweiz
abfallendes   Ostsee
Nordsee   kontinental

1. Im Nordwesten grenzt Deutschland an die Niederlande und die _Nordsee_,
im Nordosten an Polen und die _Ostsee_, im Südwesten an Frankreich und
die _Schweiz_, und im Südosten an die Tschechische Republik und
Österreich.

2. Eine wichtige _Verbindung_ mit dem europäischen Südosten bildet die
Donau, die auch Bestandteil des _Verkehrnetzes_ ist.

3. Unter *alliierten Besatzungsmächten* versteht man die USA, Großbritannien, die
ehemalige _UdSSR_ und Frankreich.

4. Das Klima in Hamburg bezeichnet man als mehr _oceanisch_, während
das Klima in den Alpen mehr _kontinental_ ist.

5. Vom Süden bis zum Norden zeigt die bundesdeutsche Landschaft ein
abfallendes Relief.

(b) Bilden Sie dem Lesetext nach Begriffspaare! Wählen Sie die *beste* Kombination!

Bevölkerungsdichte   ins Gleichgewicht bringen

rückläufig   hauptsächlich

Mecklenburg-Vorpommern   82 Mio

ausgleichen   Industriegebiet

Grenze   365 000 qkm

Ballungsraum   Geburtenrate

Staatsgebiet   ungleichmäßig

Bevölkerungszahl   220 Einwohner/qkm

Bevölkerungsverteilung   Agrarstruktur

vorwiegend   trennen

Berlin: Hauptstadt Deutschlands

Nach der Vereinigung der beiden deutschen Länder hatte man zwar
Berlin zur Hauptstadt gewählt, aber Bonn zunächst als Regierungssitz
belassen. Dieser Übergangszustand hat sich aber inzwischen geändert
und alle Regierungsgeschäfte wurden nach Berlin verlegt. Berlin ist
also jetzt Hauptstadt und Sitz der Regierung.

Bereiten Sie sich für die nächste Unterrichtsstunde auf die folgende Diskussion vor: Stellen Sie sich vor,
man hätte Sie nach Ihrer Meinung gefragt, ob Bonn Bundeshauptstadt bleibt, oder Berlin neue
Bundeshauptstadt wird? Welche Argumente dafür und dagegen hätten Sie vorgebracht?
Machen Sie eine Liste von Vorteilen und Nachteilen für die Städte Bonn und Berlin als Hauptstadt.
Was wären einige mögliche finanzielle, soziale, kulturelle und historische Überlegungen?

Berlin als Hauptstadt	*Bonn als Hauptstadt*
Vorteile	*Vorteile*
Nachteile	*Nachteile*

Die Hörtexte für dieses Lehrwerk können Sie entweder vom Computer oder von der Kassette abhören. Im Computerprogramm gibt es viele zusätzliche Übungen zur Kontrolle des Vokabulars und zum Hörverständnis. Für jeden Hörtext werden auf dieser Seite immer der Titel und die Hauptthemen des Hörtextes angegeben. Diese Seite ist dazu gedacht, daß Sie sich auf das Thema des Hörtextes einstellen und beim zweiten oder dritten Zuhören weitere Stichwörter notieren können. Diese Hauptthemen und Stichwörter können dann auch als Anhaltspunkte für Ihre Zusammenfassung (Übung 4/Computerprogramm) dienen.

Das Verkehrsnetz

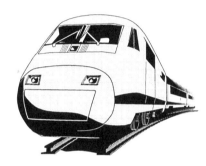

Einführung

Das Wasserstraßennetz

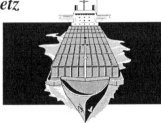

Die Straßen, Schienen und Flughäfen

Die ökonomische Wichtigkeit des Verkehrsnetzes

Hörtext: Wichtigste Vokabeln

Nomen

die Anbindung, -en
die Entwicklung, -en
die Infrastruktur, -en
die Kraft, Kräfte
die Nähe
die Schiene, -n
die Verbesserung, -en
die Volkswirtschaft, -en
die Voraussetzung, -en

der Anfang, Anfänge
der Anteil, -e
der Bahnhof, Bahnhöfe
der Bau, -ten
der Hafen, Häfen
der Handel
der Kanal, Kanäle
der Korridor, -e
der Oberbegriff, -e
der Passagier, -e

das Erz, -e
das Maß, -e
das Öl
das Wesen, -

Verben

abhängen
befördern
besiedeln
entsprechen
sich ergänzen
umfassen
verbinden
verfügen (über)

Adjektive/Adverbien

anspruchsvoll
bundesdeutsch
insgesamt
jährlich
leistungsfähig
notwendig
ökonomisch
sozial
übrig
verschiedenartig
vorzüglich
wirtschaftlich

Zur Vorbereitung auf Lesetext 2

Diskutieren Sie folgende Fragen in Ihren Arbeitsgruppen:

In Lesetext 1 und im Hörtext dieses Kapitels haben Sie gelernt, daß die Verkehrsinfrastruktur Deutschlands sehr gut ausgebaut ist. Wie Sie auf der Grafik sehen können, bevorzugen die meisten Deutschen das Auto als Transportmittel. Warum?

1. Machen Sie eine Liste von Vor- und Nachteilen von Auto, Bus, Bahn und Flugzeug. Denken Sie dabei u. a. an folgende Faktoren: Bequemlichkeit, Schnelligkeit/Zeitaufwand, Kosten, Gepäcktransport, etc.

	Vorteile	Nachteile
Auto		
Bus		
Bahn		
Flugzeug		

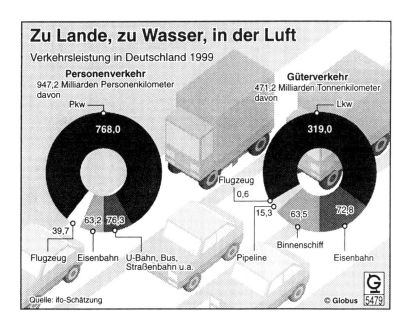

Zu Lande, zu Wasser, in der Luft
Verkehrsleistung in Deutschland 1999

Personenverkehr
947,2 Milliarden Personenkilometer
davon
Pkw — 768,0
39,7 Flugzeug
63,2 Eisenbahn
76,3 U-Bahn, Bus, Straßenbahn u.a.

Güterverkehr
471,2 Milliarden Tonnenkilometer
davon
Lkw — 319,0
Flugzeug 0,6
Pipeline 15,3
Binnenschiff 63,5
Eisenbahn 72,8

Quelle: ifo-Schätzung
© Globus 5479

2. Warum, denken Sie, fahren nicht mehr Leute in Deutschland mit dem Bus oder der Bahn?

_____

_____

_____

_____

_____

3. (a) Welches Image haben der Zug und das Flugzeug als Verkehrsmittel? Wie unterscheiden sie sich?
   (b) Welches ist Ihrer Meinung nach das beliebteste Verkehrsmittel der deutschen Manager für kürzere und für längere Reisen?

4. Versuchen Sie, folgendes Problem zu lösen:
   Familie Schmidt aus Nürnberg will in den Urlaub nach Mallorca fliegen. Leider gibt es nur von Frankfurt aus einen Direktflug dorthin. Die Familie diskutiert über die drei Transportmöglichkeiten von Nürnberg zum Flughafen Frankfurt:
   (a) Sie können mit dem Flugzeug von Nürnberg nach Frankfurt fliegen. Das ist bequem, da sie ihr Gepäck schon in Nürnberg einchecken können, aber der Flug von Nürnberg nach Frankfurt ist sehr teuer.
   (b) Sie können mit dem Auto nach Frankfurt fahren, aber die Parkgebühren am Flughafen sind unglaublich hoch.
   (c) Sie können mit der Bahn von Nürnberg nach Frankfurt fahren, was billig ist, weil sie eine Familienfahrkarte kaufen können. Aber es ist viel Streß, denn sie müssen von Nürnberg zum Hauptbahnhof Frankfurt und dort in die S-Bahn zum Flughafen umsteigen. Die ganze Zeit müssen sie ihre Koffer und das Surfboard mit sich herumschleppen, bis sie ihr Gepäck endlich am Flughafen einchecken können.

Was raten Sie Familie Schmidt? Welchen gemeinsamen Service von Bahn und Lufthansa könnten Sie sich vorstellen, der das Problem der Familie Schmidt lösen könnte?

Idealer Partner

Der Zug soll künftig Kurzstreckenflüge ersetzen. Probleme bereitet der Transport des Gepäcks.

Jürgen Weber scheint auf einmal zu den Grünen übergelaufen zu sein. Auf kurzen Strecken innerhalb Deutschlands sollten Reisende lieber Bahn fahren anstatt zu fliegen, rät der Lufthansa-Chef – eine alte Forderung von Umweltschützern.

Weber treibt allerdings nicht ein schlechtes Ökogewissen, sondern kaufmännisches Kalkül: Chronisch defizitäre Zubringerflüge aus Köln, Düsseldorf, Stuttgart und Nürnberg verstopfen auf dem Frankfurter Flughafen Start- und Landebahnen und begrenzen die Kapazitäten für lukrative Langstreckenflüge, mit denen die Airline kräftig Geld verdient. Die Deutsche Bahn wird so unversehens vom Konkurrenten zum idealen Partner der Deutschen Lufthansa, kann sie doch den von Kapazitätsnöten geplagten Rhein-Main-Flughafen von den lästigen Kurzstreckenflügen entlasten. Es geht um immerhin 15 000 bis 20 000 Lande- beziehungsweise Startrechte. Das entspricht etwa 1,5 Millionen Passagieren pro Jahr.

Startschuß für das Projekt ist das Jahr 2001, wenn die ersten ICE-Hochgeschwindigkeitszüge der dritten Generation mit Spitzentempo 300 auf der Neubaustrecke Köln–Frankfurt verkehren werden. Sie bringen Reisende in einer Stunde zum neuen ICE-Bahnhof am Frankfurter Flughafen, der bereits im kommenden Jahr fertiggestellt sein wird. Erst die kurze Fahrtzeit macht die Bahn für Flugreisende attraktiv, wie die Lufthansa aus leidvoller Erfahrung weiß: In ihrem Airport-Express, der bis vor wenigen Jahren die Flughäfen Frankfurt und Düsseldorf verband, verloren sich meist nur wenige Fahrgäste. Eine Fahrtzeit von über zweieinhalb Stunden war den meisten zu lang.

Diesmal soll alles besser werden. „Nicht nur Bahn und Lufthansa werden von der Zusammenarbeit profitieren, sondern auch die Kunden", versichert Wolfgang Weinert, Projektleiter Vernetzung Verkehrssysteme bei der Lufthansa. So verkehrt der ICE, anders als die Zubringerjets, in der Regel im Stundentakt, was Reisenden lange Wartezeiten auf den Anschlußflug erspart. Zudem sind die Bahnhöfe für das Gros der Reisenden schneller zu erreichen, weil sie zentraler liegen.

Der Anspruch an die Qualität des neuen Zubringerservice ist hoch: „Der Kunde soll beim Umsteigen keinen Unterschied mehr zwischen Anschlußzug und -flug wahrnehmen", verspricht Bahn-Boß Johannes Ludewig. „Dazu gehören durchgängig gültige Tickets und das Durchchecken des Gepäcks."

Doch gerade die Gepäckbeförderung droht zum Sprengsatz für das gesamte Projekt zu werden. Denn Bahn und Lufthansa haben völlig unterschiedliche Vorstellungen, wie der Transport organisiert werden soll.

Die Lufthansa hält nur Lösungen für akzeptabel, bei denen ihre Kunden sofort nach der Gepäckaufgabe den Zug besteigen können. „Wir können denen nicht vorschreiben, früher zum Bahnhof zu kommen", weiß Projektleiter Weinert. Erprobt wird ein derartiges Modell seit Mitte Juni auf der Strecke von Saarbrücken nach Frankfurt. Spätestens 20 Minuten vor Abfahrt des Zuges geben die Fluggäste ihr Gepäck an einem Schalter ab und erhalten dort die Bordkarte. Die Koffer reisen in abschließbaren Containern im gleichen Zug mit. Am Frankfurter Flughafen werden sie über Förderanlagen direkt zum Flugzeug transportiert. Bei der Rückreise müssen die Lufthansa-Kunden ihre Koffer allerdings wie bisher wegen der Zollkontrolle selbst am Gepäckband abholen und zum Zug tragen.

Dagegen sieht Weinert in dem „Moonlight-Check-In", den Lufthansa-Passagiere von September an in Düsseldorf, Köln, Bonn, Nürnberg und Würzburg testen können, bestenfalls eine Zwischenlösung. Die Reisenden geben am Vorabend ihrer Abreise zwischen 19 und 21 Uhr am Hauptbahnhof ihr Gepäck auf und erhalten schon einmal die Bordkarte. Per Nachtzug gelangen die Koffer nach Frankfurt.

Am meisten verspricht sich die Lufthansa von einem Tür-zu-Tür-Service, bei dem ein Dienstleister das Gepäck gegen Aufpreis beim Kunden abholt und an den Flughafen transportiert. Um sicherzustellen, daß weder Waffen noch Sprengstoff an Bord gelangen, müßten dann aber alle Koffer einer Röntgenkontrolle unterzogen werden. CWL-Berater Lengling hofft, daß bis 2001 EU-weit die Flughäfen mit entsprechenden Geräten ausgerüstet sind.

Die Bahn steht den Plänen ihres Partners eher distanziert gegenüber. Sie favorisiert neben „Moonlight-Check-in" und Tür-zu-Tür-Service eine Lösung, die für den Reisenden bequem und für die Bahn billig ist, weil sie den geringsten logistischen Aufwand verursacht. Dabei checkt der Fluggast bei der Anreise im Zug ein. Ein mobiler Drucker erstellt Bordkarte und Gepäcketikett. Die Daten gehen per Funk an den Lufthansa-Zentralrechner. Am Bahnsteig in Frankfurt schnappen sich Mitarbeiter des Airports die Koffer und sorgen dafür, daß sie zum Flugzeug gelangen. Der Reisende braucht sich um nichts mehr zu kümmern.

LOTHAR KUHN ■

© WirtschaftsWoche
Text revidiert aus *WirtschaftsWoche*
Nr. 31/23.7.98; S. 68.
Reprinted with permission of the publisher.

Lesetext 2: Wichtigste Vokabeln

Nomen

die Beförderung,-en
die Bordkarte, -n
die Entfernung, -en
die Gebühr, -en
die Gepäckaufgabe
die Kapazität, -en
die Kontrolle, -n
  die Gepäckkontrolle
  die Röntgenkontrolle
  die Zollkontrolle
die Schnelligkeit, -en
die Strecke, -n
die Wartezeit, -en

der Abflug, Abflüge
der Anschluß, Anschlüsse
der Aufpreis, -e
der Dienst, -e
der Dienstleistende, -n
der Reisende, -n
der Stundentakt
der Transport, -e
der Zubringer, -
  der Zubringerflug
  der Zubringerservice

das Durchchecken
das Einchecken
das Gepäck
das Gepäckband,
  -bänder
das Gepäckstück,-e

Verben

anbieten
aushändigen
ausrüsten (mit)
begrenzen
besteigen
entlasten
erhalten
ersetzen

fertigstellen
gelangen
sich kümmern (um)
sicherstellen
sorgen für
verbinden
verkehren
verstopfen

Adjektive/Adverbien

abschließbar
gültig
künftig
lästig
lukrativ
unversehens
zugleich

Übung 6: Aufbau des Wortschatzes

(a) Finden Sie das Synonym in Lesetext 2.

Synonym im Lesetext

Beispiel: die Beförderung   *der Transport*

1. die Fluggesellschaft _____
2. stündlich _____
3. die Mehrheit _____
4. die Fahrkarte _____
5. ausprobieren _____
6. bevorzugen _____
7. der Flugreisende _____
8. außerdem _____

(b) Finden Sie im Lesetext alle Kombinationen des Worts *Gepäck*.
Achten Sie auf die Artikel!

*das Gepäck*_____

*das Gepäck*_____

*das Gepäck*_____

*die Gepäck*_____

*die Gepäck*_____

*der Gepäck*_____

(c) Bitte bilden Sie zusammengesetzte Nomen.

Start- und Lande-	flug
Spitzen-	zug
Dienst-	not
Bord-	bahn
Röntgen-	takt
Zubringer-	zeit
Warte-	karte
Anschluß-	leister
Kapazitäts-	kontrolle
Stunden-	tempo

(d) Welche Nomen gehören zu diesen Verben?

1. anbieten   *das Angebot*
2. verkehren   _____
3. begrenzen   _____
4. entlasten   _____
5. fertigstellen   _____
6. verbinden   _____
7. ausrüsten   _____
8. verstopfen   _____

Richtig oder Falsch?
(a) Entscheiden Sie, ob die folgenden Aussagen nach dem Lesetext richtig (R) oder falsch (F) sind.
(b) Wenn eine Aussage falsch ist, dann verbessern Sie sie bitte.

Beispiel:

F
Jürgen Weber, der Chef der Lufthansa AG, denkt, daß die Bahn eine große Konkurrenz für die Lufthansa ist und will, daß Passagiere zukünftig nur noch fliegen.
Er sagt, daß man für kurze Strecken mit der Bahn fahren soll.

1. Jürgen Weber denkt primär an den Umweltschutz, wenn er sagt, daß Leute nicht das Flugzeug, sondern die Bahn für kurze Strecken benutzen sollen.

2. Die Lufthansa verliert viel Geld an den Zubringerflügen von Köln, Stuttgart, Düsseldorf und Nürnberg nach Frankfurt.

3. Der Rhein-Main Flughafen in Frankfurt ist total überlastet.

4. Die Lufthansa verdient mehr Geld an Kurzstreckenflügen als an Langstreckenflügen.

5. Die Bahn und die Lufthansa wollen zusammenarbeiten, um für die Kunden einen besseren Service zu leisten.

6. Die Sache des Gepäcktransports macht das Projekt problematisch.

7. Herr Weinert, Projektleiter bei der Lufthansa, meint, daß der "Moonlight-Check-in" eine sehr gute Lösung ist, weil die Fluggäste ihr Gepäck schon am Abend vor der Abreise einchecken dürfen.

8. Die Lufthansa plant einen Tür-zu-Tür-Service, bei dem das Gepäck der Passagiere zu Hause abgeholt und zum Flughafen transportiert wird.

9. Die Bahn meint, daß die Passagiere ihr Gepäck selbst zum Flughafen bringen sollen. Dort können sie es dann direkt bei der Fluggesellschaft einchecken und sie bekommen dann dort auch ihre Bordkarte und ihr Gepäcketikett.

About This Section of Your Textbook

In this section, we will be learning about formal written German, which is a separate language system from the everyday spoken German with which you are probably most familiar at this point. Formal written German in general and German for business and economics in particular are characterized by a higher frequency of certain grammatical, syntactical, and semantic features than is typical of more informal uses of the language, such as everyday conversation or the writing of personal letters. In addition, there are certain discourse features, i.e. ways of connecting and organizing the flow of thought in formal written language, which differentiates it from the spoken language. In the six units of German for Business and Economics, you will not only be introduced to six important grammatical/syntactical characteristics of formal written German, but also to the organizational devices peculiar to German discourse at this level. It is intended that you not only learn to recognize these features more readily in your reading, but also that you consciously try to include more of these features in your own formal writing style.

Characteristic One: Length and Complexity of Sentences

The first of the six features, and the subject of grammar and syntax exercises for Unit One, is "Length and Complexity of Sentences." Formal written German is characterized by sentences which are longer and more complex than those used in more informal settings. At this point in your study of German, you probably tend to write relatively short, simple sentences. In this unit you will be shown ways to increase the length and level of complexity of your sentences.

Co-ordinating Conjunctions

There are many ways to create more complex sentences, but probably the simplest of these is to make more frequent use of co-ordinating conjunctions, the conjunctions which connect words, phrases, sentences, and discourse. Remember also that co-ordinating conjunctions do not affect word order in German. The most frequently occurring co-ordinating conjunctions for use in the language of business and economics are:

> **aber, bzw. (beziehungsweise), d.h. (das heißt), denn, entweder...oder, jedoch, nämlich, nicht nur...sondern auch, oder, sondern, sowie, sowohl, sowohl...als auch, und, und zwar, weder...noch**

You probably are more or less familiar with all of these conjunctions, but may not be using them very often. As an aid to using these connectors more frequently, it would perhaps be helpful to view them from a semantic (meaning) perspective, as follows:

showing equivalence	showing opposition	showing alternatives	showing causality	showing increasing precision in expression or expansion of an idea
und sowie sowohl...als auch weder...noch	aber* jedoch* sondern nicht nur...sondern auch	bzw. oder entweder...oder	denn	d.h. nämlich und zwar

* These conjunctions may also occur internally in the sentence.

(a) Using Lesetexte 1 and 2, please complete the following exercises!

(1) The most commonly used co-ordinating conjunction is _____.

(2) Give one example each (from both texts) of this conjunction being used to connect

    (a) phrases:

    (b) sentences:

(3) Identify 5 sentences, from any of the texts, in which 5 different co-ordinating conjunctions besides "und" have been used and reproduce those sentences here. Be prepared to discuss the use of the conjunctions (i.e. what sentence elements are being connected) in class.

    (a)

    (b)

    (c)

    (d)

    (e)

(4) Give two examples of co-ordinating conjunctions occurring in unexpected positions in sentences. Write out the sentences below.

    (a)

    (b)

(5) Besides conjunctions, punctuation is frequently used for connecting sentences. What examples of this practice can you find in these texts ?

(b) Using the conjunction given, form one concise sentence from each of the sentence pairs according to the example:

Die nördlichsten Regionen Deutschlands sind landwirtschaftlich geprägt.   **und**
Die südlichsten Regionen Deutschlands sind landwirtschaftlich geprägt.

---->>>   Die nördlichsten und südlichsten Regionen Deutschlands sind landwirtschaftlich geprägt.

1. Der größte deutsche Autoproduzent ist auch die größte deutsche Firma. **nämlich**
   Daimler-Benz ist der größte deutsche Autoproduzent.

2. Das Bild von Deutschland als Industrieland entspricht   **weder...noch**
   nicht der Darstellung in Werbeprospekten.
   Das Bild von Deutschland als Industrieland entspricht
   nicht der Darstellung in typischen Lehrwerken.

3. Die deutsche Bevölkerungsdichte wird in Europa von   **nicht nur...sondern auch**
   den Niederlanden übertroffen.
   Die deutsche Bevölkerungsdichte wird in Europa von
   Belgien übertroffen.

4. Die wichtigsten deutschen Handelspartner sind Nachbarländer.   **denn**
   Deutschland liegt im Schnittpunkt Europas.

5. Es ist eine gute Idee, den Zug als Alternative zum Flugzeug   **jedoch**
   für Kurzstrecken zu benutzen,
   Man muß die Gepäckbeförderung garantieren.

(c) Ergänzen Sie! Wählen Sie jeweils die beste Möglichkeit der bereits gelernten koordinierenden Konjunktionen! Die Konjunktionen sind hier wiedergegeben.

showing equivalence	showing opposition	showing alternatives	showing causality	showing increasing precision in expression or expansion of an idea
und sowie sowohl...als auch weder...noch	aber jedoch sondern nicht nur...sondern auch	bzw. oder entweder...oder	denn	d.h. nämlich und zwar

Deutschland liegt in Mitteleuropa _____und_____ hat seine längste gemeinsame Grenze im

Osten mit Polen. Sowohl im Norden _____als auch_____ im Süden ist Deutschland

landwirtschaftlich geprägt. _____Denn_____ die deutsche Wirtschaftsstruktur ist nicht nur

von Landwirtschaft, _____sondern auch_____ von Industrie und Dienstleistungen geprägt.

Die Wirtschaftsstärke der Bundesrepublik hängt von ihrer Verkehrsinfrastruktur,

_____sowie_____ ihren Bahn-, Straßen-, und Flugnetzen ab. Das bedeutet, daß

_____sowohl_____ Passagiere als auch Güter relativ schnell und billig transportiert werden

können. Es ist _____aber_____ nicht alles so schön wie es aussieht, _____nämlich_____

es gibt auch in Deutschland oft Staus auf der Autobahn und überfüllte Eisenbahnwaggons.

Deutschlands Wirtschaftsstärke hängt von dem Verkehrsnetz _____bzw._____ von

vielen anderen Faktoren ab, z.B. der zentralen Lage in Europa und dem milden Klima.

Deutschland hat _____nicht nur_____ arktische Winter _____sondern auch_____ tropische Sommer,

_____jedoch_____ das Klima wird als "gemäßigt" bezeichnet. Aus diesen und noch

weiteren Gründen nimmt Deutschland einen wichtigen, _____und zwar_____ den zweiten Platz

im Welthandel ein.

Geschäftskommunikation

In diesem Teil Ihres Lehrwerks werden verschiedene kürzere Arten der deutschen schriftlichen Geschäftskommunikation eingeführt. Unten sehen Sie ein Beispiel von einem **tabellarischen Lebenslauf** nach deutschem Format. Wenn Sie in der Zukunft nach einer Stelle oder einem Praktikumsplatz bei einer deutschen Firma suchen, müssen Sie einen solchen Lebenslauf mit Ihren Unterlagen (Bewerbungsschreiben, Zeugnisse, Empfehlungsschreiben, etc.) an die Firma schicken.

Aufgaben:
(a) Vergleichen Sie den deutschen Lebenslauf mit einem amerikanischen Resumé. Welche Gemeinsamkeiten und welche Unterschiede können Sie feststellen?
(b) Schreiben Sie Ihren Lebenslauf nach dem angegebenen Format.

LEBENSLAUF

Name: Marie Werner
Anschrift: Hamburgerlandstr. 24a
10045 Berlin
Telefon: 030/485967
Fax: 030/485968
e-mail: mariew@t-online.de
Geburtsdatum: 22.05.1976
Geburtsort: Bad Homburg vor der Höhe
Familienstand: ledig
Kinder: keine
Staatsangehörigkeit: deutsch
Religionszugehörigkeit: evangelisch

Schulbildung: 07/82 - 09/86: Grundschule Oberstedten
09/86 - 06/94: Kaiserin Friedrich Gymnasium
Abschluß: Abitur (Durchschnitt: 2,3)

Studium: 09/94 - 06/99: Betriebswirtschaft/Humboldt Universität in Berlin
Abschluß: Diplom Betriebswirtin
(Prüfungsgesamtnote: 1,9)

Ferientätigkeiten: 06/94 - 08/94: Kinderferienspiele in Bad Homburg
06/96 - 08/96: Personalabteilung bei BASF in New York
06/98 - 08/98: Personalabteilung bei der Deutschen Bank in Paris

Besondere Interessen: seit 1995: aktives Mitglied bei amnesty international
seit 1997: Mitglied des Studentenrates der Humboldt Universität
seit 1998: Klavierlehrerin im Kinderheim Prenslauerberg (ehrenamtlich)

Besondere Kenntnisse: 09/94 - 06/99: durchgängiges Studium der englischen und
französischen Sprache, bes. der wirtschaftlichen
Fachsprache

Berlin, den 7. Juli 1999

Kapitel 2
Deutschland: Industrieland

Die Schwerpunkte der Industrie

der Bundesrepublik Deutschland liegen in Nordrhein-Westfalen, Bayern, Baden-Württemberg, Niedersachsen, Hessen, Sachsen und im Saarland. Die wichtigsten Industriezweige Deutschlands sind der Fahrzeugbau, die Maschinenbauindustrie, die chemische Industrie und die elektrotechnische Industrie. Die drei größten Industriefirmen in der Bundesrepublik sind die Daimler-Benz AG in Stuttgart (Kraftfahrzeuge, Elektrotechnik, Flugzeuge), die Volkswagenwerk AG in Wolfsburg (Kraftfahrzeuge) und die Siemens AG in Berlin und München (Elektrotechnik).

Der Fahrzeugbau

ist, gemessen am Umsatz, der größte Industriezweig Deutschlands. Der weitaus größte Teil des Umsatzes entfällt auf die Automobilindustrie, die im Jahre 1998 über 5 Millionen Personen-(PKW) und Lastkraftwagen (LKW) herstellte. Nach den USA (mit einer Produktion von mehr als 12 Mio) und Japan (mit einer Produktion von über 11 Mio) ist Deutschland der drittgrößte Automobilproduzent der Welt. Der Fahrzeugbau beschäftigt ca. 600 000 Personen. In den frühen 90er Jahren war diese Industrie mit rund 10 Milliarden DM der größte Investor in den neuen Bundesländern. Einige große westdeutsche Autohersteller wählten zu dieser Zeit Standorte für neue Fertigungsstätten in Sachsen, Brandenburg und Thüringen.

Auch die Maschinenbauindustrie

zählt zu den größten Industriezweigen. Sie beschäftigt ca. 900 000 Menschen und ist für den deutschen Export ebenso wichtig wie der Fahrzeugbau. Der Maschinenbau ist seit Jahrzehnten eine traditionelle Stütze der deutschen industriellen Struktur. Sie ist traditionell mittelständisch geprägt, d.h. rund 90% der Maschinenbauunternehmen sind Klein- und Mittelbetriebe mit unter 300 Beschäftigten.

Die chemische Industrie

ist der wichtigste Zweig der Grundstoff- und Produktionsgüterindustrie in Deutschland und nimmt dank modernster Technologien weltweit eine führende Position ein. Von den ca. 500 000 ArbeitnehmerInnen sind fast ein Drittel in den drei Großunternehmen Bayer, BASF und Hoechst beschäftigt. 1998 erzielte die chemische Industrie einen Umsatz von rund 220 Milliarden DM. Die Chemie in den neuen Bundesländern hat, wie in den alten, eine lange Tradition und man will die traditionellen Chemiestandorte dort erhalten; wichtige Voraussetzungen dafür sind Umweltsäuberung und Neuansiedlungen.

Auch die elektrotechnische Industrie

gehört ihrer gesamtwirtschaftlichen Bedeutung nach zur Spitzengruppe der Industriezweige. Sie beschäftigt ca. 850 000 Menschen. Besonders die Herstellung von Büromaschinen und Datenverarbeitungsanlagen weist ein überdurchschnittliches Wachstum auf. Die Mikroelektronik und die Informations- und Kommunikationstechniken spielen eine Schlüsselrolle für Innovation, Rationalisierung und Leistungssteigerung in vielen Bereichen der Wirtschaft und Verwaltung.

Eine größere Rolle

für den Gesamtumsatz der Industrien Deutschlands spielen auch die Verbrauchsgüterindustrie (z.B. Textil- und Bekleidungsindustrie), die Nahrungs- und Genuß-mittelindustrie (z.B. Molkereien, Bierbrauereien) und die Feinmechanische und Optische Industrie. Die letzteren zählen zwar zu den kleineren Branchen, nehmen aber international eine Spitzenstellung ein.

Die Standorte der Industrieunternehmen

in der Bundesrepublik Deutschland konzentrieren sich oft in industriellen Ballungsgebieten. Wichtigste Industriegebiete sind das Ruhrgebiet, das Rhein-Main Gebiet um Frankfurt, das Rhein-Neckar Gebiet um Ludwigshafen/Mannheim, die Gebiete um Stuttgart, München, und Dresden sowie das brandenburgische Gebiet. Die Wahl des Standorts hängt von vielen Faktoren ab; die UnternehmerInnen müssen alle die Mittel und Kräfte zusammenstellen, die sie für die Produktion brauchen. Zunächst müssen sie die Kosten kalkulieren, und schließlich den Standort für das Unternehmen dort wählen, wo diese Kosten am niedrigsten sind. Die Industriegebiete Deutschlands formten sich ursprünglich um Fundorte für Eisen und Kohle und an wichtigen Wasserstraßen. Dort hatte man nicht nur die nötigen Rohstoffe für die Stahlindustrie, die Stütze der industriellen Revolution, sondern auch die Verkehrs-knotenpunkte für den billigsten Transport der Produkte der Schwerindustrie.

Übung 1: Aufbau des Wortschatzes

(a) Auch in diesem Lesetext können Sie Adjektive finden, die von Nomen abgeleitet sind. Stellen Sie diese Adjektive wieder ohne Endungen den verwandten Nomen gegenüber.

die Feinmechanik	feinmechanisch
die Optik	optisch
die Chemie	chemisch
die Elektrotechnik	elektrotechnisch
die Gesamtwirtschaft	gesamtwirtschaftlich
die Tradition	traditionell
die Industrie	industriell

(b) Ergänzen Sie bitte die fehlenden Formen mit den Adjektiven (ohne Endungen) aus dem Lesetext.

Beispiel:	wichtig	wichtiger	(am) *wichtigsten*
	groß	größer	(am) _____
	klein	kleiner	(am) kleinsten
	viel	mehr	(am) meisten
	modern	moderner	(am) modernsten

(c) Ergänzen Sie!

Die wichtigsten Industriezweige der BRD

| Elektrotechnik | Auto | chemische | Maschinenbau |

(d) Ergänzen Sie mit Termini aus dem Lesetext:

<u>Gegensätze oder Kontraste</u>

modern	_____
unbedeutend	_____
genau, exakt	_____
landesintern	unserlandes
Stillstand	Fortschritt
Kleinunternehmen	_____
entlassen	einstellen
die ersteren	die letzteren

(e) Diesmal stellen Sie bitte die passenden Nomen, die Sie im Lesetext finden, den verwandten Verben gegenüber.

umsetzen	der Umsatz
teilen	das Teil
produzieren	das Produkt
exportieren	der Export
rationalisieren	die Rationalisierung
wachsen	das Wachstum
stützen	die Stütze
herstellen	-ung
bedeuten	-ung
bauen	der Bau
beschäftigen	-ung
wählen	die Wahl
finden	der Fund
voraussetzen	-ung

Lesetext 1: Wichtigste Vokabeln

Nomen

die Brauerei, -en
die Chemie
die Datenverarbeitungsanlage, -n *(processing)*
die Produktion, -en
die Firma, Firmen
die Herstellung, -en
die Industrie, -n
die Leistungssteigerung, -en *(performance)*
die Maschine, -n
die Mikroelektronik
die Million, -en
die Milliarde, -n
die Molkerei, -en *creamery*
die Nahrung
die Person, -en
die Rationalisierung, -en *economization*

die Schlüsselrolle, -n
die Stütze, -n *pillar, foothold*
die Technik, -en
die Technologie, -n
die Textilien (Pl.)
die Verwaltung, -en *administration*

der Arbeitnehmer, - *jobholder*
der Bau
der Export, -e
der Fahrzeugbau
der Grundstoff, -e
der Lastkraftwagen, -
der Maschinenbau
der Produzent, -en
der Schwerpunkt, -e *focal*
der Umsatz, Umsätze *exchange/revenue*
der Verbrauch
der Wagen, -
der Zweig, -e *Stahl-steel*

das Büro, -s
das Fahrzeug, -e
das Gut, Güte *company*
das Unternehmen
das Wachstum *growth*

Verben

aufweisen *to feature*
beschäftigen
einnehmen *to earn*
entfallen *to not apply*
erzielen *to attain*
zählen

Adjektive/Adverbien

chemisch
elektrotechnisch
feinmechanisch
führend
gesamtwirtschaftlich *macro-economic*

international
optisch
überdurchschnittlich *average*
weitaus *by far*
weltweit

Übung 2: Leseverständnis

(a) Die folgenden Sätze (1-4) wurden dem Lesetext entnommen. Von den jeweils anschließenden Variationen (a-c) hat *nur eine* genau denselben Inhalt wie der Originalsatz. Welches ist die Paraphrase?

(1) Auch eine größere Rolle für den Gesamtumsatz spielt die Verbrauchsgüterindustrie.
Mit anderen Worten:

   (a) Die Verbrauchsgüterindustrie hat für den Gesamtumsatz auch eine ziemlich große Bedeutung.
   (b) Die Verbrauchsgüterindustrie hat für den Gesamtumsatz die größte Bedeutung.
   (c) Der Gesamtumsatz spielt die größte Rolle für die Verbrauchsgüterindustrie.

(2) Der Fahrzeugbau ist, gemessen am Umsatz, der größte Industriezweig.
Mit anderen Worten:

   (a) Der Fahrzeugbau ist in jeder Beziehung der größte Industriezweig.
   (b) Nur der Fahrzeugbau ist ein großer Industriezweig.
   (c) Der Fahrzeugbau hat von allen Industriezweigen den höchsten Umsatz.

(3) Die Schwerpunkte der Industrie liegen in sechs Bundesländern.

Mit anderen Worten:

    (a) Die Schwerindustrie ist in sechs Bundesländern angesiedelt.
    (b) Die Industrieansiedlungen befinden sich nur in sechs Bundesländern.
    (c) Die Industrieansiedlungen konzentrieren sich besonders in sechs Bundesländern.

(4) Besonders die Herstellung von Datenverarbeitungsanlagen weist ein überdurchschnittliches Wachstum auf.

Mit anderen Worten:

    (a) Die Datenverarbeitungsanlagen werden immer größer.
    (b) Es werden immer mehr Datenverarbeitungsanlagen produziert.
    (c) Das Wachstum der Datenverarbeitungsanlagen ist schneller als die Herstellung.

(b) Bitte verbinden Sie jeweils zwei Satzhälften miteinander, indem Sie koordinierende Konjunktionen oder Interpunktionsmittel verwenden. Benutzen Sie jede Satzhälfte nur einmal. Die Kombinationen sollen inhaltlich sinnvoll sein.

<u>Beispiel:</u>   Die elektronische Industrie ist ein bedeutungsvoller Industriezweig, ...
               ... (Diese Industrie beschäftigt 1 Million Menschen.)

      --->>   Die elektronische Industrie ist ein bedeutungsvoller Industriezweig, denn sie beschäftigt 1 Million Menschen.

(1) Die Verbrauchsgüter-, Uhren-, feinmechanische und optische Industrie zählen zu den kleineren Branchen, ... *aber international haben diese Industrien eine hohe Position*

(2) Der Fahrzeugbau ist der größte Industriezweig der BRD, ...
und dieser Industriezweig hat den größten Umsatz

(3) Die chemische Industrie ist der wichtigste Zweig der Grundstoff- und Produktionsgüterindustrie, ...
sowie diese Branche ist technologisch sehr hoch entwickelt

(4) Die Informations- und Kommunikationstechniken spielen eine sehr große Rolle, ...
und sie steigern die Leistung und Rationalität in vielen Betrieben.

(5) Auch die Maschinenbauindustrie ist ein bedeutender Industriezweig, ...
denn diese Branche ist schon seit vielen Jahren für die industrielle Struktur wichtig

(a) ... (Sie steigern die Leistung und Rationalität in vielen Betrieben.)
(b) ... (International haben diese Industrien eine hohe Position.)
(c) ... (Diese Branche ist schon seit vielen Jahren für die industrielle Struktur wichtig.)
(d) ... (Dieser Industriezweig hat den größten Umsatz.)
(e) ... (Diese Branche ist technologisch sehr hoch entwickelt.)

Die Automobilindustrie: Wurzel des Wohlstands?

Die Automobilindustrie hat seit Anfang des 20. Jahrhunderts die wirtschaftliche Entwicklung nicht nur in Deutschland, sondern in vielen Ländern der Welt entscheidend beeinflusst. Manchmal sagt man, die Automobilindustrie ist die "Wurzel des Wohlstands" in industrialisierten Ländern.

Bitte beantworten Sie die folgenden Fragen schriftlich als Vorbereitung auf die nächste Unterrichtsstunde:
(a) Wie würden Sie "Wohlstand" definieren?
(b) Wie hat sich das Auto erstens als Produkt und zweitens in der Produktion geändert?
(c) War das Auto immer Produkt für den Massenkonsum und wurde es immer in Massenproduktion gefertigt?
(d) Wie könnte man das Auto als "Wurzel des modernen Wohlstands" (vom industriellen Standpunkt her) sehen?

Mit diesem Motorwagen verwirklichte Karl Benz 1886 seine revolutionäre Idee einer neuen Fahrzeugart.

Moderne Massenproduktion

Der legendäre Volkswagen Käfer

Deutschlands Wirtschaftswelt

Wichtige kleinere Industriezweige

Größe der Betriebe

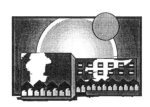  

Andere Tätigkeitsbereiche

Hörtext: Wichtigste Vokabeln

Nomen

die/der Berufstätige, -n
die/der Beschäftigte, -n
die Datenbank, -en
die Dienstleistung, en
die Forschung, -en
die Gesellschaft, -en
die Landwirtschaft
die Lehrkraft, die Lehrkräfte
die Luft- und Raumfahrtindustrie, -n
die Marktforschung
die Nachfrage,-n
die Planung
die Schwerindustrie, -n
die Stelle, -n
     an erster Stelle
die Unternehmensberatung, -en
die Vielfältigkeit, -en
die Vereinigung, -en
die Verschiedenartigkeit, -en
die Werbung, -en

der Agrarmarkt, die Agrarmärkte
der Anstieg
     der Umsatzanstieg
der Beitritt
der Bereich, -e
     der Tätigkeitsbereich, -e
     der Dienstleistungsbereich, -e
der Betrieb, -e
     der Großbetrieb, -e
     der Mittelbetrieb, -e
     der Kleinbetrieb, -e

das Angebot, -e
das Handwerk

Verben

sich ansiedeln
sich verstärken
zunehmen

Adjektive/Adverbien

kritisch
technologisch
übrig
unternehmensorientiert
ziemlich

Zur Vorbereitung auf Lesetext 2

(a) Unten sehen Sie einige Auszüge von Anzeigen, in denen verschiedene Regionen für die Ansiedlung von Industrieunternehmen werben. Lesen Sie die Auszüge und stellen Sie unter (b) eine Liste der Gründe auf, die Firmen überzeugen sollen, sich an diesem Ort niederzulassen.

Ontario, Canada:
"Das geschäftliche Klima in Ontario ist unschlagbar. Die Arbeitskräfte gehören zu den am besten ausgebildeten in Nordamerika. Sowohl die Lohnkosten als auch Steuern sind äußerst günstig."

South Carolina, USA:
"Das Klima in South Carolina ist in jeder Hinsicht mild: billige Baugrundstücke, niedrige Erschließungskosten, Infrastrukturgarantien, und schnelle Genehmigungen, Steuererleichterungen, niedrige Löhne, und keine Gewerkschaften."

Landkreis Osnabrück:
"Es gibt genug Grund und Boden zu günstigen Konditionen, gute Verkehrsanbindungen zu Lande, zu Wasser, und via Luft."

Maryland, USA:
"Bei uns finden Sie günstige Durchschnittslöhne für qualifizierte und produktive Arbeitskräfte, stabile Lohnkosten, niedrige Steuern, staatlich geförderte Ausbildungsprogramme. Unsere geographische Lage ist hervorragend: Von hier aus sind innerhalb von 8 Stunden 39% des Absatzmarktes für industrielle Erzeugnisse in den USA erreichbar."

Bundesland Saarland:
"Das Saarland bietet tolle Chancen: niedrige Lebenshaltungskosten, hoher Freizeitwert, und guter Transfer von Wissen und Technologie."

(b) Liste der Standortfaktoren:

_____

_____

_____

_____

_____

_____

_____

_____

_____

_____

_____

_____

_____

_____

(c) Machen Sie nun eine Liste der Standortfaktoren, die auf Ihre Heimatstadt oder Universitätsstadt zutreffen. Welche Firmen haben sich dort angesiedelt? Zu welchen Industriezweigen gehören diese Firmen?

1. Meine Heimatstadt oder Universitätsstadt heißt: _____

2. Zutreffende Standortfaktoren sind:

_____   _____

_____   _____

_____   _____

_____   _____

3. Namen und Industriezweige der Firmen:

Name: Industriezweig:

_____   _____

_____   _____

_____   _____

_____   _____

Kapitel 2/Lesetext 2:
Standort des Industriebetriebes

Jedes industrielle Unternehmen wird in der Regel seine Produktionsstätten an dem Ort errichten, der den größtmöglichen wirtschaftlichen Nutzen verspricht. Dabei hängt die Wahl des Standorts entscheidend von der Art der Produktion ab.

Reine Gewinnungsbetriebe sind standortgebunden. Sie können Kohle und Erdöl nur dort fördern, wo diese Naturschätze vorkommen. Aber auch andere **materialorientierte Betriebe,** z. B. Eisen- und Stahlwerke, Ziegeleien, holz- oder kalksteinverarbeitende Betriebe, siedeln sich in der Nähe der Rohstoffquellen an, um die Transportkosten für die Roh-, Hilfs- und Betriebsstoffe möglichst niedrig zu halten. Sehr oft hat der Fundort eines bestimmten Stoffes (z. B. Kohle) zur Bildung von industriellen Ballungsgebieten geführt (Ruhrgebiet).

Arbeits- und lohnorientierte Betriebe, die viele, zum Teil ungelernte Arbeitskräfte beschäftigen (z. B. Spielwarenproduktion), bevorzugen kleinere Gemeinden, weil hier noch Arbeitskräftereserven bestehen und außerdem die Tariflöhne oft niedriger sind als in den Großstädten. Bisweilen müssen Betriebe in Gegenden errichtet werden, in denen seit Generationen besonders gut ausgebildete Fachkräfte vorhanden sind (Geigenbau, Schmuckwaren, Glasbläserei, optische und Textil-Industrie). Mitunter kann die örtliche Lage von speziellen Ausbildungseinrichtungen die Standortwahl beeinflussen.

Von **absatzorientierten** Betrieben spricht man, wenn sie einen ganz engen Kontakt zu ihren Absatzgebieten haben. Diese Betriebe sind vornehmlich in dicht besiedelten Gegenden anzutreffen; das gilt besonders für das Baugewerbe, die Nahrungsmittelindustrie und Brauereien. Zulieferbetriebe wählen dagegen ihren Standort in der Nähe der von ihnen bedienten Großindustrie. Erdöl-Gesellschaften errichten ihre Raffinerien in unmittelbarer Nähe der Verbraucherzentren, da weite Rohöltransporte durch Pipelines wesentlich billiger sind als weite Versorgungsfahrten zum Verbraucher.

Verkehrsorientiert sind mehr oder weniger alle Industriebetriebe. Unternehmen, die ihre Erzeugnisse über weite Entfernungen versenden, sowie Handelsbetriebe bevorzugen als Standort Verkehrsknotenpunkte, Umschlagplätze an Wasserstraßen usw. Günstige Verkehrswege gleichen bisweilen andere Standortmängel aus.

Neben den vorgenannten Faktoren können noch weitere für die Standortwahl entscheidend sein. So werden sich Betriebe, die einen hohen Energiebedarf haben, in der Nähe von Kraftwerken ansiedeln. Einfluß auf die Standortwahl haben außerdem auch die Grundstücksverhältnisse, Bodenpreise sowie steuerliche Gesichtspunkte.

Materialorientiert
Abhängig von Rohstoff und Material

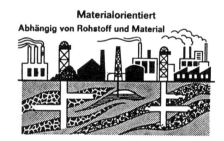

Arbeits- und lohnorientiert
Abhängig von der Zahl der Arbeitskräfte

Absatzorientiert
Abhängig von Absatzgebieten

Verkehrsorientiert
Abhängig von Verkehrsverhältnissen

Zahlenbilder © **Erich Schmidt Verlag**
aus Grundbegriffe der Wirtschaft, Berlin: Erich Schmidt Verlag, 1975, Ss. 18-19. Reprinted with permission of the publisher.

Lesetext 2: Wichtigste Vokabeln

Nomen

die Art, -en
die Ausbildungseinrichtung, -en
die Entfernung, -en
die Fachkraft, Fachkräfte *skilled labor*
die Gegend, -en
die Gemeinde, -n *borough*
die Kohle, -n
die Produktionsstätte, -n
die Rohstoffquelle, -n
die Schmuckware, -n
die Verbraucherin, -nen
die Versorgung
die Wahl
die Ziegelei, -en *brickworks*
die Zulieferung, -en *subcontracted supply*

der Bedarf *demand*
der Energiebedarf
der Geigenbau *business*
der Gewinnungsbetrieb, -e *(mining)*
der Handelsbetrieb, -e
der Kalkstein, -e
der Nutzen
der Schatz, Schätze
der Standort, -e
der Stoff, -e
der Tariflohn, -löhne
der Umschlagplatz, -plätze
der Verbraucher, -
der Verkehrsknotenpunkt, -e

das Absatzgebiet, -e *outlet*
das Erzeugnis, -se *product*
das Gewerbe,-
das Baugewerbe
das Grundstück, -e
das Öl, -e
das Erdöl
das Rohöl
das Verbraucherzentrum, -zentren
das Werk, -e
das Eisenwerk, -e
das Kraftwerk, -e
das Stahlwerk, -e

Verben

antreffen
ausgleichen
bedienen
beeinflussen
bevorzugen *to favor*
errichten
fördern *to assist*
gelten
verarbeiten
versenden
versprechen
vorhanden sein *to exist/be available*
vorkommen

Adjektive/Adverbien

abhängig
ausgebildet
billig
bisweilen *sometimes*
eng
entscheidend
günstig
niedrig
orientiert
absatzorientiert
arbeitsorientiert
lohnorientiert
materialorientiert
verkehrsorientiert
örtlich *local*
steuerlich
unmittelbar *direct*
vornehmlich *primarily*
wesentlich *fundamental*

Übung 4: Aufbau des Wortschatzes

(a) Bilden Sie zusammengesetzte Nomen! In einigen Fällen gibt es mehr als <u>eine</u> Möglichkeit. Geben Sie dann drei mögliche Alternativen unter (b) an!

Wort 1	Wort 2	Lösung
Produktions	quellen	die Rohstoffquellen
Gewinnungs	orientiert	absatzorientiert
Stahl	industrie	die Nahrungsmittelindustrie
Standort	wahl	die Standortwahl
Transport	zentren	die Verbraucherzentren
Rohstoff	stätten	die Produktionsstätten
Arbeitskräfte	plätze	die Umschlagsplätze
Fach	knotenpunkte	die Verkehrsknotenpunkte
Standort	gebunden	standortgebunden
Absatz	betriebe	die Gewinnungsbetriebe
Nahrungsmittel	reserven	die Arbeitskräftereserven
Verkehrs	werk	das Stahlwerk
Umschlags	kosten	die Transportkosten
Verbraucher	kraft	*die Fachkraft*

(b) Alternative Wortkombinationen:

1. _____
2. _____
3. _____

(c) Welche spezifischen Nomen in Lesetext 2 sind mit den folgenden Verben eng verwandt? Vergessen Sie nicht, die Artikel anzugeben!

wählen _____ _____
nutzen _____ _____
blasen _____ _____
einrichten _____ _____
brauen _____ _____
verbrauchen _____ _____
erzeugen _____ _____
entfernen _____ _____

(d) Die folgenden Sätze sind Umschreibungen von Sätzen aus Lesetext 2.
Finden Sie die Originalsätze im Lesetext!

Beispiel:

Jede Firma baut ihre Produktionsstätten dort, wo sie ihren Profit maximieren kann.
<u>Jedes industrielle Unternehmen wird in der Regel seine Produktionsstätten an
dem Ort errichten, der den größtmöglichen wirtschaftlichen Nutzen verspricht.</u>

1. Am wichtigsten für die Standortwahl ist die Produktionsweise.

   <u>Dabei hängt die Wahl des Standorts entscheidend
   von der Art der Produktion ab</u>

2. Reine Gewinnungsunternehmen müssen ihre Produktionsstätten an dem Ort
   errichten, wo Rohstoffe zu finden sind.

   <u>Reine Gewinnungsbetriebe sind standortgebunden.</u>

3. Dort, wo man Rohstoffe gefunden hatte, konzentrierte sich die Industrie.

   <u>Sehr oft hat der Fundort eines bestimmten Stoffes zur Bildung
   von industriellen Ballungsgebieten geführt.</u>

4. Unternehmen, die von niedrigeren Löhnen und höheren Arbeitskräftezahlen
   abhängig sind, haben oft kleinere Städte lieber, weil es dort viele Arbeitnehmer
   gibt, die für weniger Lohn arbeiten.

   <u>Arbeits- und lohnorientierte Betriebe, ..., bevorzugen kleinere
   Gemeinde, weil hier noch Arbeitskräftereserven bestehen.</u>

5. Die Unternehmen der Nahrungsmittelbranche und Bierbrauereien sind Beispiele
   für Betriebe, die zum größten Teil nur dort zu finden sind, wo die Bevölkerungszahl sehr hoch ist.

   <u>Diese Betriebe sind vornehmlich in dicht besiedelten Gegenden
   anzutreffen; das gilt besonders für das Baugewerbe,
   die NMI und Brauereien.</u>

6. Unternehmen, die ihre Produkte an andere größere Unternehmen liefern,
   errichten ihre Betriebe in der Nähe dieser größeren Firmen.

   <u>Zulieferbetriebe wählen dagegen ihren Standort
   in der Nähe der von ihnen bedienten Großindustrie</u>

7. Fast alle Unternehmen sind zu einem gewissen Grad von Verkehrsnetz und
   Verkehrsmitteln abhängig.

   <u>Verkehrsorientiert sind mehr oder weniger alle
   Industriebetriebe.</u>

Unten finden Sie ein Flußdiagramm. Flußdiagramme werden in der Geschäftswelt gern zum Zweck der Organisation und der graphischen Repräsentation von Informationen benutzt. Das unten angegebene Flußdiagramm soll eine graphische Repräsentation der Informationen aus Lesetext 2 "Standort des Industriebetriebes" ermöglichen. Lesen Sie den Text noch einmal durch und füllen Sie dabei das Flußdiagramm aus! Die Kästchen in der linken Spalte sind schon ausgefüllt und dienen als Beispiele für die übrigen Spalten.

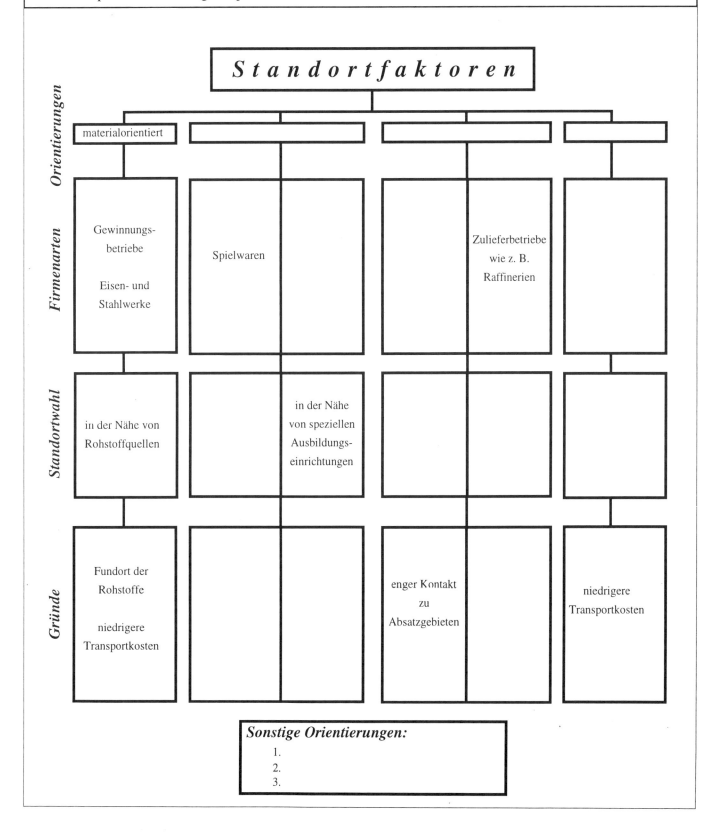

Characteristic One: Length and Complexity of Sentences
Subordinating Conjunctions

In Chapter One we discussed the use of co-ordinating conjunctions as one of the simplest ways to increase the length and complexity of the sentences you produce in formal written German. A second type of connector, the subordinating conjunction, may also be used for the same purpose. As you remember, however, the use of subordinating conjunctions is a bit more complicated in German because these connectors require that the finite verb take the final position in the clause introduced by the conjunction. The most frequently occurring subordinating conjunctions for use in the language of business and economics are:

> **als, bevor, bis, da, damit, daß, falls, nachdem, ob, obgleich, obwohl, seit(dem), so daß, solange, während, weil, wenn.**

Once again, you are probably more or less familiar with all of these conjunctions, but may not be using them very frequently to connect your shorter simple sentences into longer complex sentences. In helping you to use these conjunctions, it may be helpful to view them, as we did with the co-ordinating conjunctions, from a semantic perspective:

showing time relationship	showing causal relationship
als	da
bevor	damit
bis	falls
nachdem	obwohl/obgleich
solange	so daß
während	weil
wenn	wenn

Note that, while co-ordinating conjunctions may be used to connect several different types of sentence elements, subordinating conjunctions may only be used to connect independent and dependent clauses.

 In addition, you should remember that all of the "w" question words (**warum, was, wie, wieviel, wo, etc.**) function as subordinating conjunctions when used to connect messages.

 You should also remember that the conjunction "daß" may not be explicitly stated, but rather understood from the context. When this happens, the word order of the dependent clause is not affected.

Jeder weiß, <u>daß</u> Lohnkosten ein äußerst wichtiger Standortfaktor <u>sind</u>.

Jeder weiß, Lohnkosten <u>sind</u> ein äußerst wichtiger Standortfaktor.

 The conjunction "wenn" is also frequently omitted in formal written German if it occurs in first position in a sentence. In this instance, however, the word order <u>is</u> affected! The finite verb of the "Wenn" clause appears at the beginning of the sentence and "dann" must occur at the beginning of the second clause.

<u>Wenn</u> die Lohnkosten steigen, <u>dann erhöhen sich</u> auch die Produktionskosten.

<u>Steigen</u> die Lohnkosten, <u>dann erhöhen sich</u> auch die Produktionskosten.

(1) Rewrite the following "daß" sentence, omitting the conjunction.

> Die oftmals un- oder angelernten Arbeitnehmer wissen, daß sie nur schwer einen anderen Job finden.

without conjunction:

(2) Rewrite the following "wenn" sentence, ommitting the conjunction.

> Wenn Sie den Coupon einsenden, dann erhalten Sie diese Broschüre.

without conjunction:

(3) Identify four sentences from any text in Chapter 1 or 2 in which four subordinating conjunctions (including "W" question words) other than "daß" and "wenn" have been used to connect clauses. Do not use sentences which occur elsewhere in this exercise.

Reproduce those sentences here:

1.

2.

3.

4.

(4) Rewrite the following sentences so that they begin with the subordinating conjunction and subordinate clause, as in the example:

Beispiel: Wir erwarten, daß die Firma weiterhin rentierlich arbeitet.
Daß die Firma weiterhin rentierlich arbeitet, erwarten wir.

1. Die Beschäftigten wollten verhindern, daß ein Teil der Produktion in andere Länder verlagert wird.

2. Nicht nur bei deutschen Firmen überlegt das Management, ob eine Fertigung in anderen Ländern rentabler ist.

3. Ein Gewinn auf hohem Niveau wird für die kommenden Jahre erwartet, weil die Nachfrage erkennbar hoch bleibt.

(5) Using the conjunction given, form one sentence from each of the sentence pairs according to the example:

Beispiel: Die feinmechanische und optische Industrie sowie die Uhrenindustrie nehmen international eine Spitzenstellung ein. **obgleich**
Die letzteren drei zählen zwar zu den kleineren Industriebranchen der Bundesrepublik.

Die feinmechanische und optische Industrie sowie die Uhren Industrie nehmen international eine Spitzenstellung ein, *obgleich die letzteren drei zwar zu den kleineren Industriebranchen der Bundesrepublik zählen.*

1. Wichtig ist auch die Schiffbauindustrie. **weil**
Sie ist eine wirtschaftliche Stütze für die nördlichen Bundesländer.

2. Die eisenschaffende Industrie war sehr wichtig für das Wirtschaftsleben der Bundesrepublik. **bevor**
Es gab Mitte der siebziger Jahre auf dem Weltmarkt ein zu großes Angebot.

3. Großbetriebe mit mehr als 500 Beschäftigten umfassen nur ca. 5% aller Betriebe in Deutschland.
   Die übrigen 95% der deutschen Betriebe sind entweder Klein- oder Mittelbetriebe.

   während

4. Auch der Maschinenbau zählt zu den größten Industriezweigen. Er beschäftigt ca. eine Million Menschen und ist für den deutschen Export ebenso wichtig wie der Fahrzeugbau.

   da

5. Es gibt keine bessere Wahl als Schottland.
   Sie suchen einen neuen Standort mit leichtem Zugang zum europäischen Markt.

   falls

(6) Fill in the blanks using one of the subordinating conjunctions given below! Use each conjunction only once!

showing time relationship	showing causal relationship
als bevor	da obwohl/obgleich weil wenn

_____ Deutschland nach dem Zweiten Weltkrieg eine neue Wirtschaftswelt gestalten mußte, gab es im ganzen Land nichts als Zerstörung. _____ die Deutschen ihre Wirtschaft wieder beleben konnten, mußten sie die Infrastruktur wieder aufbauen. _____ man diesen Infrastrukturaufbau als große Last ansehen könnte, trug er außerordentlich viel zum sogenannten "Wirtschaftswunder" der 50er und 60er Jahre bei. _____ die Deutschen ihr ganzes Land wieder aufbauen mußten, erzielten sie während der Nachkriegsjahre ein enormes Wirtschaftswachstum. Dies war der Fall nicht nur in den westlichen Teilen Deutschlands, sondern auch in den östlichen, der ehemaligen DDR. Die Bürger und Bürgerinnen der DDR hatten es sogar noch schwieriger, _____ die Russen das, was nicht zerstört war, nach Rußland zurückschickten, d.h. sogar Fabriken und Maschinen wurden demontiert und abgeschickt. Die ehemalige DDR wurde dennoch die stärkste wirtschaftliche Macht des Sowjetblocks und die zehntgrößte industrielle Macht der Welt. In diesem Zusammenhang kann man vielleicht die anfänglichen Ängste der europäischen Nachbarn vor einer deutschen Vereinigung besser verstehen, _____ man das Potential dieser beiden wirtschaftlichen Mächte BRD und DDR zur ökonomischen Dominanz in Europa erkennt.

In your study of German for business and economics you will encounter, just as you have in your native language, texts which have been written for different purposes and for different audiences. The purpose of a text (i.e. whether to inform, persuade, incite to action, argue a point, document activity, etc.) and the target audience (i.e. general public, travelling sales representatives, computer experts, etc.) largely determine the level of language which a writer chooses. So far, you have dealt with several different types of texts. The sources of texts taken from other publications are always given; if no source is indicated it means that the text was written especially for this textbook.

Please fill out the grid below according to the following categories:
(a) Identify the sources for all these texts. (Textquelle)
(b) What kind of texts are they? (Textsorte)
(c) What are their target audiences? (Zielgruppe)
(d) What are their purposes? (Zweck)

Then think about the following questions:
Based on your entire experience in German to date, would you classify the language structures used in these texts as more or less complicated? On what do you base your classification? Why did the authors choose a more or less complicated level of language?

Textname	*Textquelle*	*Textsorte*	*Zielgruppe*	*Zweck*
Kap. 1/Lesetext 1: Die BRD: Land, Bevölkerung, Verkehrsnetz	<u>Tatsachen über Deutschland</u>	Sachtext	Deutschstudenten und alle, die sich für Deutschland interessieren	Text will informieren
Kap. 1/Lesetext 2:				
Kap. 2/Lesetext 1:				
Kap. 2/Anzeigen:				
Kap. 2/Lesetext 2:				

Kapitel 3
Deutschland: Welthandelspartner

PROUDLY

MADE IN THE USA

Bedeutung des Außenhandels

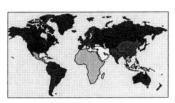

Die Wirtschaft Deutschlands ist sehr stark vom Handel mit anderen Ländern abhängig. Da Deutschland technisch sehr hoch entwickelt ist, über hochqualifizierte Fachkräfte verfügt und eine hohe Produktivität aufweist, muß es die Überschüsse der Produktion auf dem Weltmarkt verkaufen, d.h. exportieren oder ausführen. Auf der anderen Seite besitzt Deutschland kaum Rohstoffe, Energieträger und ausreichend Nahrungsmittel, so daß diese Produkte auf dem Weltmarkt gekauft, d.h. importiert oder eingeführt werden müssen. Rund jeder fünfte Arbeitsplatz in Deutschland hängt vom Export ab.

Exportweltmeister

Seit Jahrzehnten nehmen die USA, Deutschland und Japan die ersten drei Stellen im Weltexport ein, aber die Meisterschaft ändert sich. In den letzten Jahren sind es jedoch hauptsächlich die USA, die den Titel des Exportweltmeisters erhalten, während Deutschland den zweiten Rang

China - Juni 2010,

einnimmt. Die Welthandelsstatistik schwankt allerdings je nach Wert des US-Dollars. Als Beispiel sei das Jahr 1997 angeführt: die USA verkauften Produkte im Wert von 689 Mrd. Dollar, 10% mehr als 1996. Deutschland exportierte Waren für umgerechnet 512 Mrd. Dollar, 2% weniger als 1996. Diese Zahlen müssen jedoch auf die starke Aufwertung des US-Dollars zurückgeführt werden: in Wirklichkeit exportierten die Deutschen nämlich nicht weniger sondern mehr. In DM gerechnet erhöhte sich die deutsche Ausfuhr um 12%: von 789 auf 887 Mrd. Mark. Deutschlands Erfolg ist hauptsächlich auf seine überragende Handelsstellung auf dem europäischen Markt zurückzuführen. position

Die Europäische Union als Handelspartner

Die EU ist seit Jahren der wichtigste Handelspartner. Insgesamt wickelt Deutschland über die Hälfte seines Warenaustausches mit den EU-Partnerländern ab, und zwar vor allem mit Frankreich, Großbritannien, Italien, den Niederlanden, Belgien und Luxemburg. Mit all diesen Ländern erzielt Deutschland normalerweise einen Handelsüberschuß. Von einem Handelsüberschuß spricht man, wenn die Ausfuhr in die anderen Länder größer ist als die Einfuhr aus diesen Ländern.

Die USA als Handelspartner

Auch mit den USA kann Deutschland einen Handelsüberschuß verzeichnen. Sowohl als Kunde als auch als Lieferant sind die USA seit Jahren unter den ersten Plätzen zu finden. In der EU nehmen die USA sogar normalerweise bei Aus- und Einfuhr den ersten Platz ein. Der Warenaustausch zwischen der EU und den USA ist ziemlich ausgeglichen. Wenn der Dollar jedoch durch eine Abwertung auf Talfahrt geht, werden die amerikanischen Produkte auf dem europäischen Markt billiger und damit konkurrenzfähiger. Auf der anderen Seite werden dadurch die Importwaren aus Europa für amerikanische Kunden teurer, und das erschwert den Absatz europäischer Produkte in den USA. Wird der Dollar jedoch aufgewertet, so tritt genau das Gegenteil ein.

Japan als Handelspartner

Bei dem Warenaustausch mit Japan muß Deutschland ein Handelsdefizit hinnehmen. Japan lag z. B. 1997 als Lieferant an siebter, als Kunde aber nur an zwölfter Stelle, was auf der deutschen Seite zu einem Handelsdefizit von 16,3 Mrd. DM führte. Die EU hat ein noch gößeres Handelsdefizit gegenüber Japan. Diese negative Handelsbilanz besteht sowohl für Deutschland als auch für die EU seit vielen Jahren. Einige europäische Länder haben sogar Einfuhrbeschränkungen vorgeschlagen, damit der europäische Binnenmarkt vor einer Exportwelle aus Japan geschützt wird. Aber die EU hat sich insgesamt für einen freien Handel entschieden.

(a) In diesem Lesetext gibt es wieder Adjektive, die von Nomen abgeleitet sind. Stellen Sie sie ohne Endungen den verwandten Nomen gegenüber.

die Stärke	*stark*
die Abhängigkeit	*abhängig*
die Technik	*technisch*
die Höhe	*hoch*
die (hohe) Qualifikation	*hochqualifiziert*
die Bedeutung	*bedeutend*
die Hauptsache	*hauptsächlich*
die Größe	*gross*
Amerika	*amerikanisch*
Europa	*europäisch*
die Konkurrenzfähigkeit	*konkurrenzfähig*
Japan	*japanisch*
die Freiheit	*frei*

(b) Ergänzen Sie die fehlenden Formen mit den Adjektiven aus dem Lesetext.

hoch	höher	am höchsten
konkurrenzfähig	*k.-fähiger*	am konkurrenzfähigsten
groß	größer	*am größten*
stark	stärker	am stärksten
billig	*billiger*	am billigsten
frei	freier	am freisten
teuer	*teurer*	am teuersten
viel	mehr	am meisten

Gründe für internationalen Handel

Ein erster Grund ergibt sich aus der Verschiedenheit der klimatischen Bedingungen in den einzelnen Ländern, da sich diese u. a. entscheidend auf die Anbauart und den Ernteertrag von landwirtschaftlichen Produkten auswirken. So lohnt es sich z. B. nicht, Baumwolle, Kaffee oder Gummi in der Bundesrepublik Deutschland anzubauen. Ein weiterer Grund ist die ungleiche Verteilung der Rohstoffe bzw. Energieträger (Erdöl, Uran, Erz, Kohle, Platin, Bauxit, Kupfer usw.) auf der Welt.

Von besonderer Bedeutung ist jedoch, daß bestimmte Produkte von einigen Ländern kostengünstiger hergestellt werden können als von anderen. Dafür gibt es verschiedene Ursachen: eine höher entwickelte Produktionstechnik, ein qualifizierteres oder „billigeres" Potential von Arbeitskräften oder eine günstigere Produktionskosten-Struktur.

Probleme des Außenhandels

Obwohl Binnenhandel und Außenhandel auf den gleichen Vorteilen der Arbeitsteilung und des Austausches beruhen, gelten für den Außenhandel andere Bedingungen als für den Binnenhandel. Damit sind eine Vielzahl von Schwierigkeiten verbunden:

a) Der Außenhandel vollzieht sich zwischen Wirtschaftsgebieten mit verschiedenen Währungen; jedes Land hat seine eigene Währung.

b) Der Außenhandel überschreitet aber auch politische Grenzen und wird daher von den jeweiligen Regierungen mehr oder minder kontrolliert, je nachdem welches Außenhandels-Leitbild der eigenen Politik zugrunde liegt: z.B. Leitbild des Freihandels oder Leitbild des Außenhandelsmonopols.

c) Der Außenhandel berührt zudem noch andere Rechtsgebiete. Jeder Staat hat im Laufe seiner Geschichte eine Fülle von eigenen Rechtsvorschriften entwickelt, die u. a. auch den Handel beeinflussen, wie z. B. bestimmte Sicherheits- oder Qualitätsvorschriften.

Handelshemmnisse

Unter einem **tarifären Handelshemmnis** versteht man die **Import- und Exportzölle**, die im grenzüberschreitenden Warenverkehr erhoben werden. Die Wirkung der Zölle ist mit denen von Transportkosten vergleichbar. Je höher sie sind, desto mehr verringern sich z. B. die Produktionskostenvorteile, die ein Land auf den Auslandsmärkten geltend machen kann. Durch Zölle will ein Land nicht nur seine eigene Wirtschaft schützen, sondern gleichzeitig auch Einnahmen erzielen.

Im Rahmen der 1947 in Genf vereinbarten Allgemeinen Zoll- und Handelsabkommen (GATT = General Agreement on Tariffs and Trade) ist in den letzten 40 Jahren ein Abbau der Zölle für Industrieerzeugnisse gelungen, allerdings konnten bei den **nicht-tarifären Handelshemmnissen** kaum Fortschritte erzielt werden. Hierbei handelt es sich um eher versteckte Handelsbehinderungen, die nicht wie z. B. die Zölle in den Zolltarifen der einzelnen Länder geregelt sind, sondern sich u. a. aus administrativen und technischen Vorschriften der Länder ergeben. Immer dann, wenn die heimische Wirtschaft in einer Branche in Bedrängnis gerät, wird der Ruf nach Schutzmaßnahmen für diese Branche laut.

Bei den nicht-tarifären Handelshemmnissen lassen sich verschiedene Formen unterscheiden:

- Kontingente (z.B. mengenmäßige Einfuhrbeschränkungen);
- finanzielle Anreize (z.B. Subventionen für Kohle, Stahl und den Agrarbereich);
- technische Handelshemmnisse (z. B. veterinärpolizeiliche Bestimmungen, Sicherheitsvorschriften, DIN-Normen, Verpackungs- und Kennzeichnungserfordernisse);
- administrative Handelshemmnisse (z. B. Behinderungen, die sich aus Vorschriften und internen Verwaltungsanweisungen, wie z. B. der Zollverwaltung, ergeben, und die Ermessensspielräume enthalten).

revidiert aus Kaiser und Kaminski,
Telekolleg II: Volkswirtschaftslehre
München: TR Verlagsunion, 1989,
Ss. 138-142. Reprinted with
permission of the publisher.

(a) Welches Verb gehört zu welchem Nomen?
Bitte wählen Sie das passende Verb aus und schreiben Sie es zu dem passenden Nomen!

anbauen / erheben / erzielen / geraten / überschreiten / verringern

1. Fortschritte _erzielen_
2. in Bedrängnis _geraten_
3. Zölle _erheben_
4. Kaffee _anbauen_
5. Grenzen _überschreiten_
6. Kosten _verringern_

(b) Zusammengesetzte Nomen:
Bitte kombinieren Sie die Wortteile so, daß sie ein sinnvolles Nomen ergeben. Dann schreiben
Sie bitte je einen Satz für jedes Nomen. Schreiben Sie diesen Satz nicht aus dem
Lesetext ab, sondern stellen Sie Ihre Kreativität unter Beweis!

-technik / -vorschrift / -verkehr / -teilung / -hemmnis / -ertrag / -träger

1. der Ernte _ertrag_
2. der Energie _träger_
3. die Produktions _technik_
4. die Arbeits _teilung_
5. die Qualitäts _vorschrift_
6. das Handels _hemmnis_
7. der Waren _verkehr_

Diese Nomen in Sätzen verwendet:

1. _Die Bauern hängen vom Ernteertrag ab._
2. _Mit Arbeitsteilung erhebt ein Unternehmen sein Rationalität._
3. _Handelshemmnisse sind schlecht für Wirtschaft._
4. _Der Warenverkehr wird LWK sein._
5. _Energieträger sind lebenswichtig heutzutage._
6. _Alle Unternehmen sollen bessere Produktionstechnik forschen._
7. _Qualitätsvorschrift ist wichtig für Kunden._

Lesetext 2: Wichtigste Vokabeln

Nomen

die Bedingung, -en *Condition*
die Bedrängnis, -se *distress / jam*
die Behinderung, -en *hindrance*
die Bestimmung, -en *regulation*
die Einnahme, -n *income*
die Ernte, -n *harvest*
die Maßnahme, -n *measure*
die Regierung, -en
die Schwierigkeit, -en
die Sicherheit, -en
die Subvention, -en
die Teilung, -en
die Verwaltung, -en *administration*
die Vorschrift, -en *regulation*
die Währung, -en *currency*
die Wirkung, -en *effect*

der Abbau *reduction*
der Anreiz, -e *incentive*
der Austausch *exchange*
der Ertrag, Erträge *earnings*
der Grund, Gründe *cause*
der Zoll, Zölle *customs*

das Abkommen, - *agreement*
das Ausland
das Hemmnis, -e *hindrance*
das Inland
das Kontingent, -e *quota/restriction*
das Leitbild, -er *model*
das Recht, -e *law*

Verben

anbauen *to grow*
sich auswirken (auf) *to affect*
beruhen (auf) *based upon*
berühren *touch*
enthalten *contain*
sich ergeben (aus) *to result from*
erheben *raise*
gelingen *succeed*
sich handeln (um)
sich lohnen *to make sense*
regeln *regulate*
überschreiten
sich verringern *reduce*
sich vollziehen *to complete*

Adjektive/Adverbien

heimlich - secretive

allerdings
bestimmt
einzeln *single*
grenzüberschreitend
heimisch - *domestic*
jeweilig *each*
kostengünstig *favorable cost*
mengenmäßig *per amount*
unter anderem (u.a.)
vergleichbar *comparable*
verschieden
versteckt *hidden*

58-60
71-74

(a) Welche Gründe für internationalen Handel werden im Lesetext genannt?
Füllen Sie bitte das Schaubild aus!

```
                    Gründe für internationalen Handel
     ┌──────────────────────────┼──────────────────────────┐
```

| Klima: Man kann nicht alle Nahrungsmittel anbauen. | Rohstoffe: *Von anderen Ländern kann man Rohstoffe manchmal preiswerter bekommen, oder es gibt keine einer Rohstoffe in deinem Land.* | Kosten: *Handel ist wahrscheinlich günstig* |

Ursachen:
1. *Produktionstechnik*
2. *Arbeitskräfte*
3. günstige Produktionskosten-
   struktur

(b) Erklären Sie in Ihren eigenen Worten, warum die folgenden Faktoren Probleme beim
Außenhandel bereiten können!

1. Währungssysteme

    Erklärung: _Jedes Land hat seine eigene Währung_

2. Außenwirtschaftspolitik

    Erklärung: _Wirtschaft kann vom Ausland kontrolliert werden_

3. Sicherheits- und Qualitätsvorschriften

    Erklärung: _Andere Länder können niedrigere Sicherheitsvorschriften, mit dem das – Inland nicht konkurrieren kann._

(c) Lesen Sie den Abschnitt "Handelshemmnisse" noch einmal und beantworten Sie dann kurz
die folgenden Fragen:

1. Warum erhebt ein Land Einfuhr- und Ausfuhrzölle?
   Um die Wirtschaft zu schützen.

2. Was versteht man unter *nicht-tarifären Handelshemmnissen*?
   Die administrativen und finanziellen, und Kontingente

Kulturverständnis

About this Section of your Textbook

Understanding the culture of other countries is important not only for the development of the global awareness which is integral to the survival of our planet, but also, in a more limited sense, for success in international business. You are now well on the road to a level of command of the German language which will allow you access to a more sophisticated understanding of German culture. In this section of your textbook you will find information and exercises designed to increase your cross-cultural sensitivity in areas directly relevant to international business. In most instances a German/American cross-cultural perspective will form the basis of the discussions because you know your own culture better than any other. You can use this knowledge base to make and test assumptions about the German culture. Remember that the techniques you learn here may be applied to gaining sensitivity to other cultures as well, increasing your ability to function multiculturally in the international arena. This ability is highly regarded by international companies.

Übung 5: Zum Kulturverständnis

This section should be completed in English. Choose two partners and answer the following questions. Then go on and read the text on the next page.

1. Make a list of commonly held stereotypes against Germans.

_____   _____
_____   _____
_____   _____
_____   _____
_____   _____

2. Define the term "stereotype."

_____
_____
_____
_____

3. How can knowledge of national stereotypes be advantageous or disadvantageous for doing business?

_____
_____
_____
_____

The stereotypes about Germans and Americans are wrong

When news of the Daimler-Benz and Chrysler merger hit the newspapers, articles invariably talked about potential conflicts of corporate cultures in the two firms. Much was made of stereotypes about Germans and Americans, and how personality traits might cause problems as Daimler and Chrysler begin working together. In my view, these stereotypes are almost totally wrong.

Germans, for example, have a reputation for being highly organized, punctual, formal, industrious, and disciplined. But they are also viewed as too methodical and slow to react. Americans, in contrast, are said to have fast reflexes and to be informal about structure and hierarchy. But that also makes us careless and prone to make mistakes and tolerate imperfection.

Well, I've traveled a bit in Germany and have made a fair number of calls on German companies. And I don't see how the Germans can be stereotyped as being any different from Americans.

Are Germans punctual? Not necessarily. They are just as likely as Americans to be late for appointments or not deliver on commitments. And if you are scheduled to visit a factory or corporate office, your host won't necessarily have all the details in place before you arrive. So on that score, Germans and Americans are very much alike.

Are Germans disciplined? I don't know how disciplined they are in the workplace, but out in public they don't seem overly inclined to abide by rules. When they're trying to board a bus, airplane, or wait in line for any service, they are even more likely than Americans to be rude about cutting in front of others, pretending not to notice they are expected to go to the rear of a queue.

Are Germans more industrious than Americans? Not that I can tell. Their company vacations are so generous they border on being ludicrous. And this free time is guarded jealously. Also, the times at which stores and shops must close is enforced by law, much to the inconvenience of the public. This is done just so clerks and store managers have the same privileges as office or factory workers when it comes to kicking back or engaging in recreational pursuits in the evenings or on weekends.

Are Germans more staid and less freewheeling than Americans? Not from what I can tell by comparing respective concept vehicles and products coming from Mercedes and Chrysler. If anything, the work coming out of Mercedes is so off-the-wall it borders on being bizarre, while Chrysler seems to have its feet planted more solidly on the ground.

Also to further demolish the stereotypes about conservative demeanor, when it comes to personal appearance, Germans seem more inclined than Americans to wear outlandish suits and grow scraggly beards and goatees.

In all, you find uptight and laid-back people in both nations, so I think the Americans at Chrysler and Germans at Daimler will get along just fine. The thing that bothers me is the name chosen for the new company. It's DaimlerChrysler, without a hyphen. That obviously violates the rules of capitalization. A word cannot have a capital letter in the middle, so that's why when I get my credit-card bill from NationsBank, I scrupulously make out the check to Nationsbank.

The full name of the new company is DaimlerChrysler Aktiengesellschaft. My suggestion is that they combine all the words while obeying the rules of capitalization, giving the name a more Germanic quality. Why not call it Daimlerchrysleraktiengesellschaft?

— *Ronald Khol, Editor*

© **Machine Design**
Vol. 70: June 18, 1998, S.6.
Reprinted with permission from
MACHINE DESIGN. A Penton Media Publication.

1. Make a list of the German and American stereotypes mentioned by Ronald Khol.

Stereotypes of Germans	Stereotypes of Americans

2. For each stereotype, indicate with a (-) or (+) whether you think it has negative or positive connotations!

3. What triggered Ronald Khol to write this editorial?

   _____

   _____

4. (a) What is his conclusion about stereotypes about Germans and Americans?
   (b) From your own experience, do you agree with him?

   _____

   _____

   _____

   _____

   _____

   _____

5. Return to the fifth paragraph in the text which starts with "Are Germans disciplined?"
   (a) What rules is Mr. Khol referring to? Whose rules are they?
   (b) How does this way of looking at the Germans impact on the legitimacy of Mr. Khol's use of the Germans?

   _____

   _____

   _____

   _____

   _____

   _____

6. If you were asked to teach a brief lesson about the differences between Germans and Americans in the workplace, would you use this editorial as a text for your students? Why? Why not?

_____

_____

_____

_____

_____

_____

7. Can stereotypes be counteracted? How?

_____

_____

_____

8. Read through the list of stereotypes about Americans on the next page. How do you react to them?

_____

_____

_____

_____

_____

_____

_____

_____

_____

_____

_____

_____

_____

Based upon informal interviews of German friends of the authors, here are:

German Stereotypes of Americans

Americans:

- ------ have bad taste in clothing (dress old-fashioned)
- ------ are not politically aware
- ------ are either very rich or very poor
- ------ abuse drugs
- ------ are neurotic and constantly in therapy
- ------ are always happy (smile a lot)
- ------ are easy-going
- ------ are very helpful
- ------ always chew gum
- ------ are superficial
- ------ are unable to maintain deep friendships
- ------ are prudish and up-tight (particularly about sexuality)
- ------ can do anything they set out to do, if dedicated to it
- ------ lead hectic, fast-paced lives
- ------ are unhealthy, overweight, and eat unhealthy foods
- ------ have high technical skills
- ------ are overly patriotic
- ------ are globally unaware
- ------ are poorly educated and lack general knowledge
- ------ tolerate a lot of double standards in their society
- ------ do not speak their mind
- ------ like artificial things, particularly plastic

Kapitel 4
Wiederholung und Anwendung

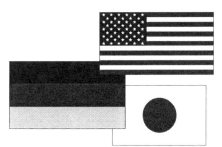

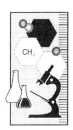

Schreibfertigkeiten: Anwendungsübung

About this Section of your Textbook

In many exercises of the textbook so far you have been asked to write short lists or compose short paragraphs concerning a specific topic or theme; these have all been informal writing exercises. Informal writing, of course, has its place in the business setting, but equally important in this setting is the more formal writing which is appropriate for many business communication formats. Throughout the textbook you will find exercises designed to familiarize you with the most frequently used shorter business communication formats. But, in this section of your textbook you will find several different types of longer writing assignments which are designed to develop your formal expository writing skills in German more systematically. These exercises will require you to apply the knowledge and practice gained through:

(1) the text analysis exercises,
(2) the reading exercises, and
(3) the grammar and syntax exercises

to specific longer writing tasks which might be required of you in a business setting. With some dedicated effort in this area you should be able to make substantial progress in improving your formal written German.

You will notice from the numbered areas above, that you will be expected to use knowledge gained through the *reading* exercises to help with the development of your *writing* skills. This knowledge focuses not only on aspects of grammar and syntax, but also on appropriate levels of language for a particular target audience as well as elements of format and organization. In general, the characteristics of formal written German in the business setting will be pointed out to you in the reading exercises; while the formal writing exercises will require you to actually use some of these characteristics in your own writing. In addition, it should be noted here that German customs for format and organization of formal written business documents differ substantially from American usage. Indeed, even in this area we can talk about developing cross-cultural sensitivity to differences in the organization and format of business communication documents.

While working with these longer writing assignments, please keep in mind that writing, whether in German, English, or any other language, is process-oriented. That is, effective written communication for business, or any other purpose, usually requires revision and one's focus should be on the *process* of writing, rather than on the *product*. It is a very rare piece of writing which is so perfect that it cannot be repeatedly improved through successive revisions. It is through this process that one perfects writing skills. In the business world, for instance, newly hired employees are frequently required to prepare drafts of reports and other formal writing for immediate supervisors, who then make comments and suggestions for revision. These comments and suggestions usually focus on areas for improvement of both the language and the content and organization.

All of the formal writing assignments in this textbook will contain a provision for revision, so it would be most efficient for you to prepare these assignments on a computer. Also, try to maintain a positive attitude toward the revision process; every suggestion for improvement in language or content and organization made by your instructor should be regarded as an opportunity to make progress in developing your formal writing style in German.

Remember: Excellent written communication skills
are highly valued by any employer.

Kurzbericht 1

Details über Sie und Ihre Firma:

Sie sind vor einigen Wochen von einem amerikanischen Chemieunternehmen mittlerer Größe (AmeriChemists) angestellt worden. Im letzten Jahr haben Sie Ihr "MBA" Studium auf der Universität abgeschlossen. Sie sind aber nicht nur wegen Ihrer Betriebswirtschaftskenntnisse von dieser Firma angestellt worden, sondern auch aufgrund Ihrer Kenntnisse der deutschen Sprache und Kultur. Der Präsident der Firma, Friedrich Klebstoff, dessen Eltern aus Deutschland ausgewandert sind, hat seit Jahren mit dem Gedanken gespielt, ob er den Sprung auf den internationalen Markt wagen soll oder nicht. Obwohl seine Firma bisher gute Exporterfolge hatte, denkt Herr Klebstoff, daß es von Vorteil sein könnte, eine Fabrik in Deutschland zu errichten, um die Produkte direkt an Ort und Stelle herzustellen und zu verkaufen. (Weitere Details über das Unternehmen und seine Produkte usw. dürfen Sie nach Ihrer Vorstellungskraft frei erfinden!)

Ihre Aufgabe:

Der Präsident hat von Ihnen und Ihren Deutschkenntnissen gehört und verlangt von Ihnen einen deutschen (!) Kurzbericht von 4 maschinenschriftlichen Seiten in doppeltem Zeilenabstand (Schrifttyp: Times, Größe: 12). In diesem Kurzbericht sollen Sie zu folgender Frage Stellung nehmen:

Soll AmeriChemists jetzt eine deutsche Produktionsstätte errichten?

Heute in einer Woche ist die erste Fassung Ihres Kurzberichts an Ihre unmittelbare Vorgesetzte (Frau Wilma Loesemittel, Leiterin der Abteilung Planung und Investition) fällig. Frau Loesemittel ist geborene Deutsche und verfügt daher über ausgezeichnete Deutschkenntnisse. Sie wird diese erste Fassung durchlesen und Vorschläge zur Verbesserung von Sprache sowie Inhalt und Organisation machen.

Zum Inhalt und zur Organisation:

In dem ersten Abschnitt müssen Sie Stellung zu der Frage nehmen und eine kurze Übersicht Ihrer Argumentationsfolge geben. In den darauffolgenden Paragraphen sollen Sie die relevanten Tatsachen und Beweise wiedergeben, die Ihre Stellungnahme unterstützen. Sie sollen alle relevanten Materialien in den ersten vier Kapiteln des Lehrwerks noch einmal durchlesen und zur Unterstützung Ihrer Position benutzen. Vergessen Sie nicht, daß Sie auch visuelle Merkmale wie z. B. Überschriften, oder Fett- und Kursivdruck zur Gliederung Ihres Textes verwenden können.

Zur Sprache:

Ein Teil der Aufgabe ist auch, auf die Benutzung der wiederholten Konjunktionen zu achten. Bevor Sie sich zum Schreiben niedersetzen, wiederholen Sie die Konjunktionen in den Kapiteln 1 und 2 noch einmal. Versuchen Sie, Ihre einfacheren Sätze durch Konjunktionen zu etwas längeren, komplizierteren Sätzen zu verbinden. Vergessen Sie dabei nicht, bei subordinierenden Konjunktionen die finite Verbform ans Ende der Phrase zu stellen. Unterstreichen Sie alle Konjunktionen, die Sie in Ihrem Kurzbericht benutzen.

Da Sie diesen Kurzbericht revidieren müssen, sollten Sie die Arbeit auf dem Computer verfassen. Ihre Arbeit wird nicht nur auf Basis des Inhalts und des Aufbaus bewertet, sondern auch auf Basis der Sprachfertigkeiten. Versuchen Sie, in Ihrem besten Deutsch zu schreiben! Sie werden den größten Erfolg bei dieser Aufgabe haben, wenn Sie sofort eine erste Fassung schreiben, diese Fassung ein paar Tage zur Seite legen und dann später in der Woche diese erste Fassung nochmals durchlesen, verbessern und überarbeiten, bevor Sie das Endprodukt an Frau Loesemittel, d. h. Ihre Lehrkraft abgeben.

Zur Wiederholung des Wortschatzes

Wichtigste Nomen aus den Kapiteln 1, 2 und 3:

die Ansiedlung, -en
die Arbeitskraft, -kräfte
die Ausfuhr, -en
die Beförderung, -en
die/der Beschäftigte, -en
die Beschränkung, -en
die Bevölkerung, -en
die Beziehung, -en
die Binnenwirtschaft
die Datenverarbeitungsanlage, -n
die Dichte, -n
die Dienstleistung, en
die Einfuhr, -en
die Entfernung, -en
die Entwicklung, -en
die Fachkraft, Fachkräfte
die Firma, Firmen
die Forschung, -en
die Gesellschaft, -en
die Handelsbilanz, -en
die Herstellung, -en
die Industrie, -n
die Infrastruktur, -en
die Landschaft, -en
die Lieferantin, -nen
die Maschine, -n
die Milliarde, -n
die Million, -en
die Nähe, -n
die Produktion, -en
die Produktionsstätte, -n
die Produktivität
die Quelle, -n
die Regel, -n
die Regierung, -en
die Rohstoffquelle, -n
die Schwerindustrie, -en
die Schwierigkeit, -en
die Stelle, -n
die Stütze, -n
die Technik, -en
die Technologie, -n
die Ursache, -n
der Überschuß, Überschüsse
die Vereinigung, -en
die Vielfältigkeit, -en
die Volkswirtschaft, -en
die Voraussetzung, -en
die Wahl
die Werbung, -en
die Wirtschaft
die Zahl, -en

der Absatz
der Anstieg,-
der Aufpreis, -e
der Ballungsraum, -räume
der Bedarf
der Begriff, -e
der Bereich, -e
der Betrieb, -e
der Dienst, -e
der Ertrag, Erträge
der Export, -e
der Fahrzeugbau
der Handel
der Lieferant, -en
der Markt, Märkte
der Maschinenbau
der Nachteil, -e
der Rohstoff, -e
der Schwerpunkt,-e
der Standort, -e
der Transport, -e
der Umsatz, Umsätze
der Verbrauch
der Verkehr
der Verkehrsknotenpunkt, -e
der Vorteil, -e
der Wettbewerb
der Wohlstand
der Zweig, -e

das Absatzgebiet, -e
das Angebot, -e
das Baugewerbe
das Defizit, -e
das Erzeugnis, -se
das Fahrzeug, -e
das Gebiet, -e
das Gepäck
das Gewerbe,-
das Kontingent, -e
das Mittel, -
das Nahrungsmittel, -
das Netz, -e
das Recht, -e
das Unternehmen, -
das Wachstum
das Werk, -e

abhängen
sich ansiedeln
ansteigen
ausgleichen
ausweiten
beeinflussen
sich befinden
beschäftigen
besiedeln
bestehen (aus)
betragen
sich entscheiden
entsprechen

entspringen
entstehen
entwickeln
sich ergänzen
sich ergeben
erhöhen
erreichen
errichten
erzielen
etablieren
handeln
herstellen
konkurrieren

profitieren
regeln
schützen
umfassen
unterscheiden
unterstützen
vereinbaren
vereinigen
verfügen über
vorhanden sein
vorkommen
wiederaufbauen
sich zusammensetzen (aus)

Wichtigste Adjektive/Adverbien aus den Kapiteln 1, 2 und 3:

abhängig
anspruchsvoll
außerordentlich
ausgebildet
ausreichend
beispielsweise
chemisch
damalig
ehemalig

einheitlich
elektrotechnisch
entscheidend
erheblich
feinmechanisch
finanziell
führend
günstig
hauptsächlich

heutig
industriell
jährlich
konkurrenzfähig
landwirtschaftlich
leistungsfähig
mengenmäßig
orientiert
ökonomisch

sogenannt
technologisch
unmittelbar
überragend
verfügbar
vielfältig
weltweit
wesentlich
wirtschaftlich

Übung 1: Zum Aufbau des Wortschatzes

Nomen

(a) Die Mehrzahl aller Nomen aus den ersten drei Kapiteln ist:

femininum (die)   **masculinum (der)**   **neutrum (das)**

(b) Die häufigste Endung für diese Nomen ist -*ung*, wie zum Beispiel *die Beziehung*.
Welche anderen Endungen kommen sehr oft vor?
_____schaft_____   _____keit_____   _____e_____   _____

Von dieser Häufigkeit könnten Sie vielleicht folgende Regel für diese Nomen ableiten:
Alle Nomen, die in _ung_ , _schaft_ , _keit_ **und** _heit_
enden und die meisten Nomen, die in _e_ **, oder** _____ **enden,**
sind _"femininum"_ .

(c) Maskuline Nomen sind sehr oft von Verbformen abgeleitet, z.B. *der Begriff* von
begreifen, *begriff*, begriffen. Bei welchen anderen maskulinen Nomen aus der Liste der
wichtigsten Nomen erkennen Sie Verbformen wieder? Stellen Sie eine Liste auf!
_____Absatz, Anstieg, Aufpreis, Bedarf, Ertrag,_____
_____

(d) Die meisten Infinitivformen enden in _en_ ; ab und zu findet man eine Endung in _ern/eln_ (h).

(e) Welche Information über das Verb können Sie von der Infinitivform erkennen? Warum heißt die Form eigentlich "Infinitiv?" Was hat diese Bezeichnung mit dem Begriff "Finite Verbform" zu tun? (N.B. Erkennen Sie die Begriffe "infinit" und "finit" aus der Mathematik wieder?)
Wählen Sie drei Verben aus der Liste der wichtigsten Verben und schreiben Sie drei Sätze mit verschiedenen "finiten Verbformen" zu diesen Infinitiven. Sie müssen diese finiten Verbformen auch identifizieren, z.B.

abhängen : Deutschland <u>hängt</u> von seinem Exportgeschäft <u>ab</u>.   dritte Person Singular/Präsens

1. _Die Ritter schützen die Damen._   _3. Person Plural Präsens_

2. _Goethe beeinflusste mich._   _3. Person sing. Vergangenheit_

3. _Deutschland hat sich vereinigt._   _3. Person Perfekt_

(f) Einige Infinitive enden in _-ieren_. Diese Verben haben lateinische Wurzeln und haben deswegen sehr oft verwandte englische Verben, z. B. _etablieren, to establish_

profitieren = _profit_
existieren = _exist_
exportieren = _export_
importieren = _import_
strukturieren = _structure_

konkurrieren #

Die meisten solcher Verben sind leicht erkennbar; _konkurrieren_ ist aber eine Ausnahme.
Dieses Verb ist von "Konkurrenz" abgeleitet und bedeutet _compete_ .

Adjektive/Adverbien

(g) Die häufigsten Endungen für Adjektive/Adverbien sind _ig_ , _lich_ , _isch_ , _bar_ und _end, t_ .

(h) Sie haben auch 4 Beispiele von Adjektiven/Adverbien, die in "d" enden.
Sie sind:
ausreichend , _führend_ ,
entscheidend und _überragend_ .

Alle diese Adjektive/Adverbien kommen von Verbinfinitiven.
Die entsprechenden Verbinfinitive sind:
ausreichen , _führen_ ,
entscheiden und _überragen_ .

Wenn man ein "d" an das Ende eines Infinitivs setzt, dann erhält man das _Partizip Präsens_ (present participle), das sehr oft mit "_infinitive_-ing" ins Englische übersetzt werden kann. Dieses Partizip findet man häufig in der wirtschaftlichen Fachsprache, besonders in komplizierteren Formulierungen. Deswegen ist es gut, wenn Sie jetzt lernen, diese Partizipien in ihren Funktionen als Adjektive/Adverbien zu erkennen.

(i) Welche Beispiele des _Partizip Perfekts_ (past participle), die als Adjektive/Adverbien funktionieren, haben Sie in der Liste gefunden?
ausgebildet   orientiert   sogenannt

Übung 2: Zur Wiederholung der Konzepte

Ergänzungsübung:

Bitte vervollständigen Sie die Sätze mit dem unten aufgeführten Vokabular. Benutzen Sie jedes Wort nur einmal. Die Vokabeln sind bereits in ihrer korrekten grammatischen Form.

1. Deutschland ist industriell und landschaftlich _____vielfältig_____ und verschiedenartig.
2. Arbeitskräfte sind auch _____Beschäftigte_____.
3. Frankfurt ist ein äußerst wichtiger _____Verkehrsknotenpunkt_____ der Bundesrepublik.
4. _____Herstellung_____ und *Produktion* sind gleichbedeutend.
5. Deutschlands Exportprodukte _____umfassen_____ Fahrzeuge, Chemikalien, Pharmazeutika und Maschinenbauerzeugnisse.
6. Das _____Wirtschaftswachstum_____ ist ein wichtiger Wirtschaftsindikator.
7. Um _____konkurrenzfähig_____ zu bleiben, müssen US-Produzenten bessere Produkte zu niedrigeren Preisen anbieten.
8. Standortgebundene Betriebe _____errichten_____ ihre Produktionsstätten dort, wo die nötigen Rohstoffe zu finden sind.
9. Nach dem Zweiten Weltkrieg war Deutschland zerstört. Die _____damaligen_____ Verhältnisse führten zu der unerhörten Wachstumsrate der deutschen Wirtschaft in den 50er und 60er Jahren.
10. _____Unternehmen_____ und *Gesellschaft* sind fast gleichbedeutend.
11. Deutschland _____verfügt_____ über ein relativ modernes Verkehrsnetz.
12. Unter dem Begriff *Kontingent* versteht man _____mengenmäßige_____ Beschränkung.
13. Der _____jährliche_____ Umsatz von Daimler-Benz ist ständig groß.
14. *Region, Gegend, Revier* und _____Gebiet_____ sind ungefähr gleichbedeutend.
15. Welche Konsequenzen _____ergeben_____ sich aus einer hohen Arbeitslosenquote?
16. Die _____sogenannten_____ "neuen Bundesländer" sind Territorien der ehemaligen DDR.
17. *Bereich, Branche* und _____Zweig_____ sind ungefähr gleichbedeutend.
18. Für die Mikroelektronik sind _____Forschung_____ und Entwicklung entscheidend.
19. Die deutsche Arbeitslosenquote ist jetzt _____überdurchschnittlich_____ groß.
20. Eine _____leistungsfähige_____ Infrastruktur ist unbedingt notwendig für eine hoch industrialisierte Wirtschaft.
21. Die Europäische Union _____besteht_____ aus 15 Ländern.
22. *Computer* und _____Datenverarbeitungsanlage_____ sind gleichbedeutend.
23. Amerikanisch "billion" heißt deutsch _____Milliarde_____; Deutsch "Billion" heißt amerikanisch "trillion"—bitte vorsichtig sein beim Ausdrücken dieser größeren Zahlen.
24. Deutsche Exportumsätze sind _____wesentlich_____ höher als die anderer Länder.
25. In Deutschland sind nackte Körper in der _____Werbung_____ erlaubt.

Datenverarbeitungsanlage
mengenmäßige
Wirtschaftswachstum
sogenannten
Unternehmen
konkurrenzfähig
ergeben
damaligen
Beschäftigte

leistungsfähige
überdurchschnittlich
errichten
vielfältig
Werbung
Verkehrsknotenpunkt
jährliche
verfügt

wesentlich
Milliarde
besteht
Herstellung
umfassen
Forschung
Gebiet
Zweig

Übung 3: Zur Vorbereitung auf die Lektüre zur Anwendung

Orientierung am Thema und schnelles Durchlesen:

Bevor Sie den folgenden Artikel lesen, denken Sie bitte daran, daß es Techniken gibt, die Sie beim Lesen eines Artikels in Ihrer Muttersprache anwenden, ohne darüber nachzudenken.
Diese Techniken können auch das Lesen in einer Fremdsprache leichter machen.

Hier sind einige **STRATEGIEN**, die Sie anwenden sollten:

1. Überfliegen Sie den Text ganz kurz und schauen Sie nach visuellen Merkmalen, die Ihnen helfen, sich einen Überblick über das Thema des Artikels zu orientieren.

2. Lesen Sie den Text mehrere Male relativ schnell durch, ohne Vokabeln nachzuschlagen. Danach sollten Sie eine ungefähre Vorstellung des Inhalts des Artikels haben.

3. Lesen Sie den Artikel dann ein bißchen langsamer und genauer.

Denken Sie an folgende **REGELN**:

1. Konzentrieren Sie sich auf das Globalverständnis! Man muß nicht jedes Wort verstehen, um den Text im großen und ganzen verstehen zu können.

2. Bei vielen Vokabeln kann man die Bedeutung auch gut bestimmen, zum Beispiel
   - weil es ein englisches Synonym gibt.
   - weil man ein anderes ähnliches Wort schon kennt.
   - weil es durch den Kontext klar ist.

3. Übersetzen Sie die Lesetexte nie direkt ins Englische! Das ist reine Zeitverschwendung!

Übung:

(a) Überfliegen Sie den folgenden Artikel und machen Sie sich Notizen:

    1. Haupttitel des Artikels:

    2. Untertitel des Artikels:

    3. Überschrift der Karte:

    4. Überschrift der ersten Statistik:

    5. Überschrift der zweiten Statistik:

(b) Der Artikel ist ein Bericht über eine Studie.
Beantworten Sie bitte die folgenden Fragen <u>auf englisch</u>!

   1. Wer hat die Studie durchgeführt?
   2. Was wurde untersucht?
   3. Nach welchen Kriterien wurden die Regionen untersucht und bewertet?
   4. Welche Regionen in Deutschland wurden als der beste und der schlechteste Standort klassifiziert?

(c) Von dem, was Sie jetzt schon vor dem intensiven Lesen über diese Studie wissen, schreiben Sie jetzt bitte <u>auf englisch</u> ein paar Sätze über das Thema des Artikels!

Lektüre zur Anwendung

Ein harter Positionskampf

**Europas Regionen im Vergleich:
Deutschlands westliche Standorte gehören
zu den besten, der Osten liegt am Schluß.**

Wenn eines Tages Microsoft-Chef Bill Gates aus dem Hofbräuhaus tritt und ruft „Ich bin ein Münchner", würde das in Bayern niemand wundern. Denn die rund zwölf Millionen Bajuwaren sind felsenfest davon überzeugt, daß ihr Fleckchen Erde nicht nur zu den schönsten, sondern auch den erfolgreichsten in Europa gehört. „Der Fortschritt spricht bayrisch", predigt Landeschef Edmund Stoiber, der vor allem stolz darauf ist, „viele Impulse für Bayern geben zu können".

Das Selbstbewußtsein kommt nicht von ungefähr: Oberbayern avanciert zum Topstandort, und auch Niederbayern gehört zu den dynamischsten Flecken in Europa. Das ergibt ein Vergleich von 221 europäischen und 46 Efta-Regionen, den das Kölner Forschungsinstitut Empirica für die *Wirtschaftswoche* erarbeitet hat.

Wer hat die qualifiziertesten Mitarbeiter, die beste Verkehrsanbindung, die billigsten Arbeitskräfte, das dynamischste Wachstum und das angenehmste Ambiente? Anhand dieser fünf Kriterien ermittelten die Forscher die „Zukunftsstandorte in Westeuropa 1998".

Weit vorne rangieren die Oberbayern bei Wachstumsdynamik und Verkehr, gute Plätze belegen sie bei Qualifikationsniveau und Lebensqualität – gewichtet erhalten sie damit die beste Bewertung.

Erstaunlicher noch: Unter den besten 22 Regionen Westeuropas befinden sich nicht weniger als neun deutsche Regionen (siehe Grafik), darunter Hannover, Köln und Braunschweig.

Größter Wermutstropfen: Die ostdeutschen Länder liegen nach wie vor auf hinteren Rängen. Einzig Mecklenburg-Vorpommern rückt ins Mittelfeld auf.

Die zehn besten Investitionsstandorte in Westeuropa

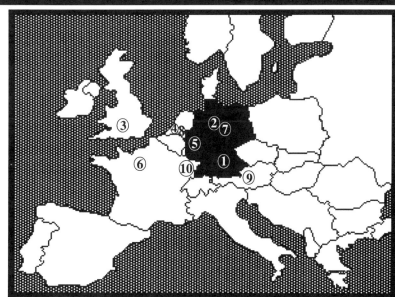

1 Oberbayern
2 Hannover
3 Berkshire
4 Utrecht
5 Köln
6 Ile de France
7 Braunschweig
8 Gelderland
9 Wien
10 Elsaß

Die Kriterien:
- qualifizierteste Mitarbeiter
- beste Verkehrsanbindung
- billigste Arbeitskräfte
- dynamischstes Wachstum
- angenehmstes Ambiente

Nur, dahinter steckt weniger eine Erfolgsstory denn Tragik: Die „größere Dynamik" nämlich besteht darin, daß der Arbeitsplatzabbau dort weniger dramatisch voranschritt als in den anderen neuen Ländern. Während die Arbeitslosenquote in Mecklenburg-Vorpommern von 17,7 Prozent im Jahr 1992 auf 21,9 im Dezember 1997 kletterte, stieg sie etwa in Sachsen von 13,9 auf 19,8 Prozent schneller an. Verantwortlich hierfür ist die unterschiedliche regionale Bedeutung konjunkturanfälliger Branchen wie etwa der Bauwirtschaft.

Die Manager des Freistaates Bayern überrascht ihr gutes Abschneiden nicht sonderlich. Manfred Pfeifer, Leiter des Referats Industrieansiedlung beim Bayerischen Wirtschaftsministerium weiß um die Pfunde des größten deutschen Flächenstaates. „Das Isar-Valley zieht Unternehmen der Informationstechnologie magnetisch an", beobachtet Pfeifer: „Es ist fast wie im Silicon Valley."

Allein in der Landeshauptstadt samt ihrer näheren Umgebung gibt es rund 4000 High-Tech-Firmen im Dunstkreis der großen Computerfirmen Microsoft, Intel, Netscape oder Oracle, die alle ihren Firmensitz in Bayern haben und die Vorzüge des Standorts über die Maße loben.

„Es gibt viele gut ausgebildete junge Leute, und München ist eine der schönsten Städte Europas zum Arbeiten und Leben", schwärmt da Microsoft-Chef Bill Gates in der bayrischen PR-Broschüre für Investoren. Auch Intel-Chef Andrew Grove stimmt in den Lobreigen ein: „München ist schlicht das High-Tech-Mekka in Deutschland."

Doch nicht nur Computerfirmen lockt der Freistaat Bayern, auch Pharma- und Biotechunternehmen sprießen im Raum München wie Pilze aus dem Boden. „Konsequente Technologieorientierung" ist für Bayerns Wirtschaftsminister Otto Wiesheu das Erfolgsgeheimnis des Freistaates, der die niedrigste Arbeitslosenquote und die höchste Investitionsquote in Deutschland hat.

Dabei hilft der bayrische Staat tatkräftig:
- Mit 5,4 Milliarden Mark fördert er „Neue Technologien, Neue Produkte, Neue Unternehmen".
- Über die Bayern Innovativ GmbH (100 Millionen Mark Grundkapital) stimuliert er den Technologietransfer zwischen Wirtschaft und Wissenschaft jährlich mit 7,5 Millionen Mark.
- Die Förderung technologieorientierter Existenzgründungen ist eine der Hauptaufgaben der Bayern Kapital, die sich in den vergangenen anderthalb Jahren mit 76 Millionen Mark an jungen Technologiefirmen beteiligt hat.
- Weitere 43 Millionen Mark flossen in technologiespezifische Gründerzentren.

Alles in allem geben die Bayern denn auch deutlich mehr Geld für Forschung aus als andere Bundesländer – drei Prozent gegenüber 2,5 Prozent des BIP im Bundesdurchschnitt – und sind damit auch europaweit an der Spitze.

Bescheidenheit allerdings regiert beim Standortmarketing. Während andere Bundesländer eigene Investmentagenturen und Wirtschaftsförderungsgesellschaften betreiben, begnügen sich die Bayern mit gerade einmal acht Mitarbeitern – einer Abteilung beim Wirtschaftsministerium – und einem Etat von 2,1 Millionen Mark, um ihr Image zu pflegen. „Bayern ist ein Markenartikel", erklärt Pfeifer, „den wir ausländischen Investoren nicht groß vorstellen müssen." Mit Bayern assoziiert jeder das Oktoberfest und Schloß Neuschwanstein, aber auch Hochtechnologie und Mediengeschäft.

Lombardei im Sturzflug

Aufsteiger – Absteiger im Vergleich zum Ranking 1993

Region	Rang 1993	Rang 1998
Gelderland (Niederlande)	1	8
Hannover (Deutschland)	2	2
Elsaß (Frankreich)	3	10
Oberbayern (Deutschland)	4	1
Salzburg (Österreich)	5	16
Overijssel (Niederlande)	6	24
Nord-Holland (Niederlande)	7	25
Lothringen (Frankreich)	8	54
Nord-Pas-de-Calais (Frankreich)	9	26
Lombardei (Italien)	10	127
Quelle: Empirica		

Gute Verkehrsanbindung, hohe Qualifikation hat auch die erneut zweitplazierte Region Hannover zu bieten. Bei den Kosten, der großen Schwäche der Deutschen, büßt die Region allerdings 24 Plätze ein und landet im hinteren Mittelfeld.

Dabei kurbelt vor allem die Expo die Wirtschaft in der Norddeutschen Tiefebene an. Allein im stagnierenden Baugewerbe entstehen rund 13 000 zusätzliche Jobs. In die Infrastruktur des Raumes Hannover fließen rund vier Milliarden Mark. Um die 40 Millionen Besucher zur Expo zu kutschieren, hat die Stadt ein neues S-Bahn-Netz mit 226 Kilometern gebaut, Tramnetz und Flughafen erweitert.

Auch als Messestadt baut Hannover dank Expo seine Spitzenstellung weiter aus. Fast eine Milliarde Mark investiert die Deutsche Messe AG in Renovierung und neue Hallen. Aus dem Gelände mit 50 Pavillons soll später ein Gewerbepark werden. Ausländische Investoren lockt die Expo an. Auf die Anwerbung des niederländischen Softwareunternehmens Baan ist Klaus von Voigt, Geschäftsführer der Investment Promotion Agentur Niedersachsen, besonders stolz: Die Nummer zwei hinter SAP bei Unternehmenssoftware managt die Expo-Datenverarbeitung.

Dennoch: Beim Kampf um Investoren droht den deutschen Regionen zusehends Konkurrenz aus Irland und dem Großraum London. Die Verkehrsanbindung ist ähnlich gut und das Personal hochqualifiziert – zusätzlich aber bieten sie bis zu 40 Prozent niedrigere Arbeitskosten.

Shooting-Star ist vor allem Irland. In der Kategorie Wirtschaftsdynamik siegt der keltische Tiger vor Luxemburg und Oberbayern und klettert 61 Plätze. Seit 1994, dem Ende der letzten Rezession, hat das BIP acht Prozent im Jahr zugelegt, viermal soviel wie im EU-Schnitt. Das Pro-Kopf-Einkommen des einstigen Armenhauses liegt heute höher als das der Briten. Großer Pluspunkt der Grünen Insel ist ihr gut ausgebildetes Personal mit einem Durchschnittsalter von 29 Jahren. In Irland verlassen mehr Ingenieure die Uni als in jedem anderen Industrieland der Welt mit Ausnahme von Japan. Kauften früher Firmen wie Siemens ganze Ingenieurjahrgänge auf, kehren nun viele Iren aus Deutschland und den USA zurück, da immer mehr ausländische Computerfirmen, Banken oder Chemieunternehmen händeringend Leute für ihre Dependancen in Dublin, Limerick oder Cork suchen. Folge: In puncto Arbeitskosten sind die Iren deutlich zurückgefallen und bereits teurer als das Elsaß und das Gelderland.

Angelockt durch die niedrigen Steuersätze, haben 470 Firmen allein aus den USA dort investiert. In drei Produktionsstätten stellt Intel Chips her, über Microsofts Dubliner Betriebszentrale läuft ein Drittel des weltweiten Umsatzes. Zusätzliche wirtschaftliche Impulse könnte der jetzt unterzeichnete Friedensabschluß mit Nordirland bringen.

Ihren Spitzenplatz beim Regionenwettbewerb indes spielen die Iren lieber herunter – aus Angst, daß die Subventionen aus Brüssel, die immerhin mit ein bis zwei Prozent zum BIP-Wachstum beigetragen haben, versiegen.

MONIKA DUNKEL ∎

Plazierung der deutschen Regionen

1	Oberbayern	19	Freiburg
2	Hannover	20	Arnsberg
3	Köln	21	Oberfranken
4	Braunschweig	22	Trier
5	Darmstadt	28	Mittelfranken
6	Karlsruhe	29	Niederbayern
7	Hamburg	30	Münster
8	Tübingen	31	Saarland
9	Detmold	32	Oberpfalz
10	Düsseldorf	33	Schleswig-Holstein
11	Stuttgart	34	Weser-Ems
12	Schwaben	35	Koblenz
13	Gießen	36	Lüneburg
14	Unterfranken	37	Sachsen
15	Kassel	38	Thüringen
16	Oberfranken	39	Rheinhessen-Pfalz
17	Berlin	40	Brandenburg
18	Mecklenburg-Vorpommern	41	Sachsen-Anhalt

Übung 4: Zum Leseverständnis

(a) Nachdem Sie den Wirtschaftswoche-Artikel gelesen haben, streichen Sie die Begriffe durch, die nicht zu der Gruppe gehören:

1. Deutschland	Bayern	Empirica	München
2. Berkshire	Ile de France	Utrecht	Lombardei
3. Mecklenburg-Vorpommern	Bayern	Arbeitsplatzabbau	Bauwirtschaft
4. Ingenieure	Irland	hohe Steuern	470 US-Firmen
5. bestbezahlte Arbeitskräfte	angenehmstes Ambiente	qualifizierteste Mitarbeiter	dynamischstes Wachstum
6. Oktoberfest	Neuschwanstein	Zentrum der Agrar- u. Bioforschung	Hochtechnologie
7 Thüringen	Mecklenburg-Vorpommern	Sachsen-Anhalt	Brandenburg
8. Computerfirmen	Biotech-unternehmen	Bauwirtschaft	Pharmaunternehmen
9. Gelderland	Rang 1	High-Tech Mekka	Isar-Valley
10. Tramnetz	Flughafen-erweiterung	S-Bahn-Netz	Oberbayern

(b) Geben Sie in stichwortartiger Form die im Artikel erwähnten Standortfaktoren für die folgenden Regionen wieder:

OBERBAYERN	**HANNOVER**	**IRLAND**
gut ausgebildete, junge Leute	gute Verkehrsanbindung	niedrige Steuern

Kapitel 5
Wirtschaftsordnungen

Kapitel 5/Lesetext 1:
Wirtschaftsordnungen

Wirtschaftsordnungen

Wenn wir über Wirtschaftsordnungen sprechen, müssen wir zwei Typen grundsätzlich unterscheiden. Einerseits gibt es nämlich die idealtypischen, andererseits die realtypischen Wirtschaftsordnungen.

Idealtypische Wirtschaftsordnungen

Diese Typen existieren nur als Theorie bzw. als Ideal. Sie kommen in der Wirklichkeit nicht vor, aber sie machen die Grundprinzipien der unterschiedlichen Wirtschaftsordnungen sehr deutlich.
Als idealtypische Wirtschaftsordnungen kennen wir erstens die freie Marktwirtschaft und zweitens die Zentralverwaltungswirtschaft.

Die Freie Marktwirtschaft

Die wichtigsten Regeln für die Marktwirtschaft als Idealtyp lauten: der Staat darf in die Vorgänge auf dem Markt überhaupt nicht eingreifen. Der Markt wird durch den Preis gelenkt: je weniger es von einem begehrten Produkt gibt, desto teurer ist es. Ist

Durch Geld als Tauschmittel bekommt man nicht nur lebensnotwendige Güter, sondern alle Produkte der Marktwirtschaft

das Angebot aber größer als die Nachfrage, dann sinkt der Preis dieses Produktes. Hier sind die Prinzipien der Marktwirtschaft kurz zusammengefaßt:

- Märkte mit freiem Angebot, freier Nachfrage und freier Preisbildung
- Vertragsfreiheit
- Gewerbefreiheit
- freie Berufswahl
- freie Arbeitsplatzwahl
- Privateigentum an den Produktionsmitteln

Die Zentralverwaltungswirtschaft

Dieser Idealtyp wird auch häufig als Planwirtschaft bezeichnet. In diesem System plant eine Zentralstelle, was für Produkte hergestellt werden dürfen, von wem und in

Lebensnotwendige Güter werden in der Zentralverwaltungswirtschaft zu festgesetzten Preisen an alle Bürger zugeteilt. Durch eine Zentralstelle wird für die Wirtschaft geplant.

welcher Menge. Auch der Preis der Güter wird festgelegt und nicht durch Angebot und Nachfrage bestimmt. Die Produkte werden den Verbrauchermärkten zugeteilt. Es gibt keine direkte Verbindung zwischen Produzenten und Konsumenten. Hier sind die Prinzipien der Zentralverwaltungswirtschaft kurz zusammengefaßt:

- kein freier Markt mit freiem Angebot, freier Nachfrage und freier Preisbildung
- keine Vertragsfreiheit
- keine Gewerbefreiheit
- keine freie Berufswahl
- keine freie Arbeitsplatzwahl
- kein Privateigentum an den Produktionsmitteln

Realtypische Wirtschaftsordnungen

Dieses sind die Systeme, die in der Wirklichkeit existieren. Als Basis haben diese Systeme entweder die Marktwirtschaft (zum Beispiel die Soziale Marktwirtschaft Deutschlands) oder die Zentralverwaltungswirtschaft (zum Beispiel die Sozialistische Planwirtschaft der Ex-DDR).

Die Soziale Marktwirtschaft der BRD

In dieser Wirtschaftsordnung darf der Staat dann in die Vorgänge auf dem Markt eingreifen, wenn diese Vorgänge unsoziale Folgen haben. Das heißt:
- die Einkommensverteilung muß sozial sein;
- die freie Preisbildung darf sich nicht unsozial auswirken;
- die Vertragsfreiheit kann nicht mißbraucht werden (Verbot von Kartellen und Monopolen).

Der Staat versucht außerdem, die soziale Gerechtigkeit durch seine Wettbewerbs-, Konjunktur- und Beschäftigungspolitik zu fördern.

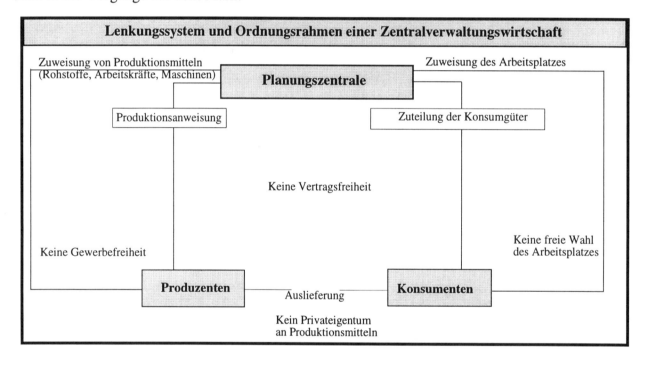

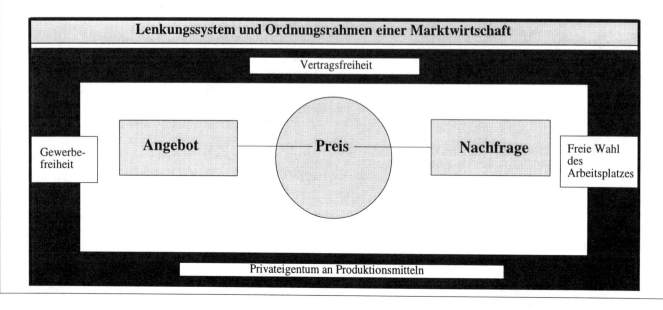

(e) Welche finiten Verbformen *aus dem Lesetext* gehören zu diesen verwandten Nomen?

die Sprache _____ sprechen _____

die Herstellung _____ hergestellt _____

der Mißbrauch _____ missbraucht _____

der Unterschied _____ unterscheiden _____

der Eingriff _____ eingreifen _____

die Lenkung _____ gelenkt _____

die Kenntnis _____ kennen _____

die Bestimmung _____ bestimmt _____

die Gabe _____ gibt _____

Lesetext 1: Wichtigste Vokabeln

Nomen

die Basis	der Arbeitsplatz, Arbeitsplätze	das Eigentum, Eigentümer
die Beschäftigung, -en	der Beruf, -e	das Einkommen, -
die Folge, -n	der Konsum	das Ideal, -e
die Konjunktur	der Konsument, -en	das Kartell, -e
die Konsumentin, -nen	der Markt, Märkte	das Monopol, -e
die Marktwirtschaft	der Plan, Pläne	das Prinzip, -ien
die Menge, -n	der Preis, -e	das Produktionsmittel, -
die Nachfrage	der Typ, -en	das System, -e
die Planwirtschaft	der Vertrag, Verträge	
die Politik	der Vorgang, Vorgänge	
die Preisbildung		
die Theorie, -n		
die Verbindung, -en		
die Wirklichkeit		
die Zentrale, -n		

Verben

bezeichnen
eingreifen
existieren
festlegen
lauten
lenken
mißbrauchen
planen
versuchen
zusammenfassen
zuteilen

Adjektive/Adverbien

andererseits (einerseits ...)
außerdem
begehrt
beziehungsweise (bzw.)
deutlich
einerseits (andererseits)
grundsätzlich
häufig
je ... desto
kurz
sozialistisch
unterschiedlich

Welche Überschriften gehören jeweils zu den Sätzen? (Dieselbe Überschrift kann auch mehrmals eingesetzt werden.)

Beispiel: Es existieren zwei grundsätzlich unterschiedliche Formen: idealtypisch und realtypisch. (<u>Wirtschaftsordnungen</u>)

1. Der Markt wird nicht von Angebot und Nachfrage gelenkt. (die Zentralverwaltungswirtschaft

2. Diese Wirtschaftsordnungen gibt es in Wirklichkeit nicht. (idealtypische Wirtschaftsordnungen

3. Der Staat beeinflußt den Markt nur dann, wenn die Resultate sozial ungerecht sind. (Soziale Marktwirtschaft

4. Hersteller und Verbraucher sind über eine zentrale Planstelle miteinander verbunden. (~~idealtypische W.O.~~ Zentralverwaltungswirtschaft)

5. Ohne Ausnahme dürfen alle Geschäftsverträge frei vereinbart werden. (freie Marktwirtschaft

6. Diese Systeme sind Modifikationen der idealtypischen Wirtschaftsordnungen. (realtypische W.O.)

7. Die Preise für alle Produkte sind unbegrenzt. (freie Marktwirtschaft

Übung 3: Zum Schreiben und zur Diskussion

mündlich schriftlich wirksam

(a) Sie haben sicher an der Uni und durch die Medien viel von den Nachteilen der *Zentralverwaltungswirtschaft* gehört (z. B. Warenmangel, niedrige Produktivität, kein Privatbesitz). Schreiben Sie all diese Nachteile auf und überlegen Sie dann bitte, welche Vorteile es in diesem System geben könnte. Denken Sie daran, daß kein System <u>nur</u> schlecht oder <u>nur</u> gut ist. So können Sie bestimmt über die *Marktwirtschaft* hauptsächlich positive Argumente vorbringen (z. B.: Wohlstand, Mobilität, unternehmerische Freiheit). Schreiben Sie auch alle Vorteile auf und überlegen Sie dann, welche Nachteile es in der Marktwirtschaft geben könnte. Sie sollten mindestens drei Argumente für bzw. gegen diese Systeme finden. Denken Sie besonders an die Marktwirtschaft und an die Zentralverwaltungswirtschaft als <u>idealtypische</u> Wirtschaftsordnungen.

(b) Nachdem Sie Ihre Liste mit Vor- und Nachteilen zusammengestellt haben, schreiben Sie bitte einen Paragraphen über die potentiellen Probleme eines marktwirtschaftlichen Systems und über die positiven Faktoren einer Zentralverwaltungswirtschaft.

Von der Planwirtschaft ...

zur Marktwirtschaft

Der Warenmarkt

Der Arbeitsmarkt

Waren Frauen die Verlierer?

Hörtext: Wichtigste Vokabeln

Nomen

die Aufstiegsmöglichkeit, -en
die Bürgerin, -nen
die Chancengleichheit
die Konkurrenz
die Leistung, -en
die Umstellung, -en
die Veränderung, -en
die Ware, -n

der Aspekt, -e
der Bürger, -
der Individualismus
der Kollektivismus
der Laden, Läden

das Regal, -e
das Verhalten

Verben

ausgeben
bedeuten
einstellen
erfahren
füllen
regieren
übernehmen
verändern
verdienen
verlieren
wählen
wegnehmen

Adjektive/Adverbien

arbeitslos
früher
gewohnt
immerhin
knapp
lebenswichtig
schließlich
ständig
täglich

Zur Vorbereitung auf Lesetext 2

Bitte bearbeiten Sie folgende Fragen mit einem/r Partner/in oder in einer Kleingruppe:

1. Wenn Sie vorhaben, einen neuen Fernseher oder einen Computer zu kaufen, wie treffen Sie Ihre Entscheidung, welches Fabrikat Sie kaufen werden?

   Meine Kriterien bei der Wahl eines Produktes sind:

   a) _Preis_

   b) _Qualität_

   c) _Beratung_

   d) _____

   e) _Design_

2. Warum können einige Geschäfte dasselbe Produkt billiger verkaufen als andere Geschäfte?

   Gründe für unterschiedliche Preise für ein Produkt sind:

   a) _Herstellungsland_

   b) _Löhne_

   c) _____

   d) _____

   e) _____

3. Welche Interessen verfolgen Sie als KonsumentIn bzw. NachfragerIn, und welche Interessen verfolgt das Geschäft bzw. der Anbieter?

   Meine Interessen als KonsumentIn: Die Interessen des Geschäfts:

   a) _Auswahl - selection_   _der Gewinn_

   b) _____   _Absatz - der Konsum_

   c) _____   _zufriedene Kunden_

   d) _____   _____

   e) _Dienstleistung_   _____

Kapitel 5/Lesetext 2:
Markt und Preisbildung

Was ist ein *Markt*?
---> jedes Zusammentreffen von
Angebot und **Nachfrage**.

Märkte werden in *Gütermärkte* und
Faktorenmärkte unterteilt.

Die **Gütermärkte** lassen sich in den Markt für Konsumgüter und den Markt für Produktions- oder Investitionsgüter einteilen. Daneben gibt es noch die **Faktormärkte**, auf denen die Produktionsfaktoren Boden, Arbeit und Kapital gehandelt werden.

Auf den Märkten treffen Angebot und Nachfrage zusammen und bestimmen die Preise. Angebot und Nachfrage sind aber nicht einfach aus sich heraus vorhanden. So richtet sich die Nachfrage nicht nur nach der Bedürfnisintensität, sondern wird maßgeblich vom Einkommen begrenzt. Wer auf der Angebotsseite über eine ausgeprägte Machtposition am Markt verfügt, ist selbst bei sinkender Nachfrage nicht genötigt, den Preis für seine Produkte zu senken.

Preisbildung bei vollkommener Konkurrenz

Der **Preis** ist der in Geld ausgedrückte Tauschwert einer Ware, zu dem Anbieter und Nachfrager bereit sind, den Tausch zu vollziehen. Damit sich für ein Gut ein Preis bilden kann, muß
- das Gut nach subjektiver Einschätzung des Käufers zu seiner Bedürfnisbefriedigung beitragen;
- das Gut ökonomisch „knapp" sein, d.h. es darf jeweils nur *einem* Konsumenten die Nutzung möglich sein (Luft z. B. ist in diesem Sinne nicht knapp, weil niemand von ihrer Nutzung ausgeschlossen werden kann – von der Qualität der Luft wollen wir zunächst einmal absehen);
- es zu einem tatsächlichen Tausch zwischen Anbieter und Nachfrager kommen.

Anbieter und Nachfrager verfolgen dabei unterschiedliche Interessen. Der Anbieter möchte einen möglichst hohen Preis für sein Produkt erzielen, der Nachfrager möchte möglichst wenig bezahlen.

Die Angebotskurve zeigt, zu welchen Preisen die Anbieter jeweils welche Menge eines bestimmten Gutes anzubieten bereit sind. Normalerweise wird die Menge bei steigendem Preis ebenfalls steigen. Umgekehrt verläuft die Nachfragekurve. Bei steigendem Preis sehen mehr und mehr Nachfrager vom Kauf des Produktes ab.

Diese **idealtypische Form der Preisbildung** gilt allerdings nur unter ganz bestimmten Annahmen oder Prämissen, wie der Fachmann sagt, die zusammengenommen als Situation der **vollkommenen Konkurrenz** oder des **vollkommenen Wettbewerbs** bezeichnet werden:

- Es gibt auf dem Markt sehr viele Anbieter und Nachfrager, so daß der Marktanteil des einzelnen Wirtschaftssubjektes sehr gering ist (**atomistischer Markt**).
- Jeder Marktteilnehmer ist in der Lage, den ganzen Markt zu überschauen, d.h. Käufer und Verkäufer kennen alle Preise an jedem Ort (**Markttransparenz**).

- Der Konsument entscheidet unter rein sachlichen Gesichtspunkten (**Abwesenheit von** persönlichen, räumlichen und zeitlichen Vorlieben oder **Präferenzen**).

- Die gehandelten Güter müssen völlig gleichartig sein, d.h. sie dürfen keine Unterschiede in Qualität, Farbe, Abmessung, Geschmack usw. aufweisen (**Homogenität der Güter**).

Nur wenn alle diese Bedingungen erfüllt sind, kann man von „vollkommener Konkurrenz" sprechen.

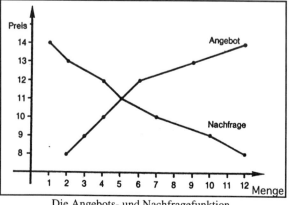

Die Angebots- und Nachfragefunktion

revidiert aus Kaiser und Kaminski, <u>Telekolleg II:</u> <u>Volkswirtschaftslehre</u> München: TR-Verlagsunion, 1989, Ss. 28-29. Reprinted with permission of the publisher

Lesetext 2: Wichtigste Vokabeln

Nachholbedarf
catchup-need

Wohnungen
Essen
Reisen

Nomen

die Annahme, -n
die Einschätzung, -en
die Fachfrau/der Fachmann
die Fachleute
die Homogenität
die Kurve, -n
die Menge, -n
die Präferenz, -en
die Prämisse, -n
die Preisbildung, -en
die Vorliebe, -n
die Wirtschaftswissenschaft, -en

der Boden, Böden   das Kapital
der Gesichtspunkt, -e
der Tausch

Adjektive/Adverbien

atomistisch   sachlich
ausgeprägt   subjektiv
genötigt   transparent
gleichartig   umgekehrt
graphisch   zeitlich
idealtypisch
maßgeblich
persönlich
räumlich

Verben

absehen (von)   sich bilden
ausdrücken   einteilen
beitragen   sich richten (nach)
                  senken

hinzufügen
verfügen

Übung 4: Leseverständnis

(a) Ergänzen Sie nach Informationen aus Lesetext 1!

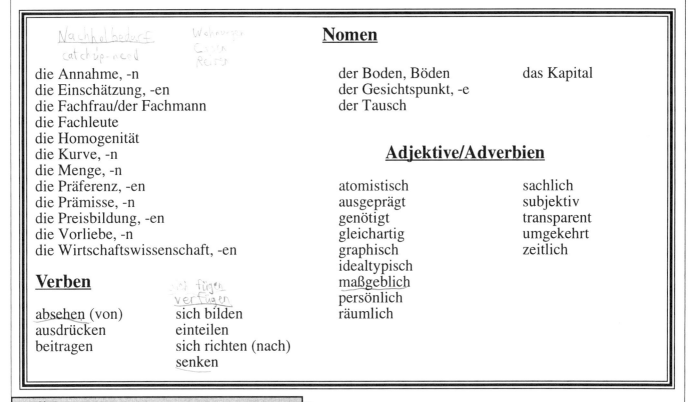

(b) Ergänzen Sie mit den Vokabeln aus der Liste. Benutzen Sie jedes Wort nur einmal!

Tauschwert / Profit / Bedürfnisintensität / Wettbewerb / Angebots- und Nachfragefunktion

1. Auch wenn jemand sehr gerne einen BMW haben will (d.h. hohe _____ hat), wird sein Kaufimpuls normalerweise durch sein Einkommen beschränkt.
2. Auch wenn die Nachfrage geringer wird, kann es sein, daß die Produzentin ihren Preis nicht senkt. Das bedeutet mit anderen Worten, sie möchte ihren _____ maximieren.
3. Der _____ einer Ware ist sein Preis.
4. Die _____ stellt die entgegengesetzten Interessen der Konsumenten und Produzenten dar.
5. Die idealtypische Form der Preisbildung gilt nur im Falle vom perfekten _____.

(c) Finden Sie im Lesetext die richtigen Begriffe für folgende Definitionen:

_____ Die Verbraucherin basiert ihren Kauf auf Fakten.

_____ Individuelle Produzenten und Konsumenten spielen eine sehr kleine Rolle im Wirtschaftsablauf, weil der Markt sehr groß ist.

_____ Die getauschten Waren sind einheitlich.

_____ Der Konsument verfügt über alle marktrelevanten Informationen.

(d) Ergänzen Sie den folgenden Satz mit Adjektiven, die Sie von den oben eingeführten Phrasen ableiten.

In Wirklichkeit ist aber die Preisbildung <u>nicht</u> idealtypisch und kein Markt ist

_____, _____, von Präferenzen frei und

_____.

(e) Bringen Sie die Synonyme aus dem Lesetext zusammen!

Produktionsgüter	Prämissen
Produktionsfaktoren	Anbieter
Verkäufer	Homogenität
Käufer	Marktteilnehmer
Annahmen	Boden, Arbeit, Kapital
Wettbewerb	Investitionsgüter
Wirtschaftssubjekt	Nachfrager
Vorliebe	Konkurrenz
Gleichartigkeit	Präferenz

Discourse: Connecting Messages

Characteristic Two:
The Sequencing of German Sentence Elements

The second of the six features, and the subject of grammar and syntax exercises for Unit Two, is *The Sequencing of German Sentence Elements*. As you may remember even from your earliest encounters with German, "word order" in German sentences is far more flexible than in English. Formal written German is characterized by sentences in which this "word order" flexibility is used by the writer to help guide the reader through the text. At this point in your study of German, most of the sentences you generate in German probably follow the English pattern of *Subject-Verb-Object*. While this sequencing pattern is also perfectly acceptable in German, it does not occur with the same frequency as it does in English. Overuse of this pattern makes for a written style in German which is extremely stilted. In this unit you will be shown ways to use variation in sentence element sequencing as a transitional device.

A: Sentence Element Sequencing

We are intentionally turning away from such a designation as "word order inversion" which is used in most introductory German textbooks, because it is misleading. While one does, of course, often deal with the order of individual words in sentences, one is also just as likely to deal with the order of whole groups of words, i.e. phrases. For this reason, "sentence element" works better because it can include both individual words and very long word groupings. In fact, the more complicated the level of language with which one is dealing, the more likely one is to be dealing not so much with individual words as with the longer groupings. In working with sentence element sequencing, the most important rule for statements is:

> The *finite verb* <u>must</u> occupy the *second position*
> and *any verb complements* (separable prefixes, for example)
> and *verb phrase completions* (i.e. infinitives, past participles)
> <u>must</u> occupy the *final position* in the sentence.

This is absolutely binding! Aside from this binding rule, the field before the finite verb (position 1), the field immediately after the finite verb (position 3) and all others may contain any one of a number of different sentence elements. In texts which contain comprehensive descriptions of German grammar and syntax, one can find explanations of the very complicated rules which govern the sequencing of sentence elements. It is not all as simple as:

Der Anbieter möchte einen hohen Preis.

Einen hohen Preis möchte der Anbieter.

We don't need to discuss all those complicated rules, though, and you really don't need them anyway; you simply need to (1) be more aware of sentence element variation as a potential source of misunderstanding or comprehension problems when you read German, and (2) learn to work with sentence element variation on a somewhat more simplified level so that you can feel confident in using such variation in your own developing style in formal written German. Now, let's turn to the first step beyond remembering the position of the finite verb and its completions or complements.

B: Identifying Sentence Elements

For our purposes, the most important elements besides all parts of the **finite verb phrase** are the **subject phrase**, the **object phrase(s)**, **subordinate clauses** and all other **adverbials** (including **prepositional phrases**). Once you are more comfortable with identifying these phrases, the rules governing their sequencing will be discussed. The simple sentence in our previous section provides the first example for such phrase identification:

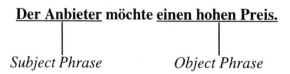

Der Anbieter möchte **einen hohen Preis.**

Subject Phrase   Object Phrase

The **subject (or object) phrase** consists of the subject (or object) noun and all of its modifiers, whether those modifiers occur before the noun (as adjectives/limiting words) or after the noun in the form of genitive constructions. **Subordinate clauses** include the subordinating conjunction and its phrase. Other **adverbials** include all those adverbs and **prepositional phrases** (defined as a preposition and its noun phrase object) which tell how, when, where, by what means, etc., actions happen. Let's look at the phrasing in a different sentence:

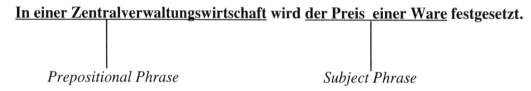

In einer Zentralverwaltungswirtschaft wird **der Preis einer Ware** festgesetzt.

Prepositional Phrase   Subject Phrase

This sentence is typical of those you will find in business and economics texts--it has no object phrase, its subject phrase is in third position, its first position is occupied by a prepositional phrase, and it is in the passive voice (a grammar subject for later discussion).

Übung 5: Grammatik und Syntaktik

(a) The following sentences have been taken directly from the *Lesetexte* and *Hörtext* of Chapter 5. Identify the finite verb phrase with ( ), the subject phrase with _____, the object phrase with _____ , adverbials (also prep. phrases)

with [_____] , and subordinate clauses with [_____] .

Example: Idealtypen (kommen) [in der Wirklichkeit] [nicht] (vor), [aber] sie (machen) die Grundprinzipien der unterschiedlichen Wirtschaftsordnungen [sehr deutlich.]

1. Der Staat darf in die Vorgänge auf dem Markt überhaupt nicht eingreifen.

2. Durch Geld als Tauschmittel bekommt man alle Produkte der Marktwirtschaft.

3. Durch eine Zentralstelle wird für die Wirtschaft geplant.

4. Eine Zentralstelle plant in diesem System, was für Produkte hergestellt werden.

5. Hier sind die Prinzipien der Zentralverwaltungswirtschaft kurz zusammengefaßt.

6. Die Produktivität in diesen Ländern ist viel niedriger als in den marktwirtschaftlich organisierten.

7. Für die Frauen der neuen Bundesländer brachte die Vereinigung neben den Vorteilen die größten Probleme.

8. Ein Gut muß zu der Bedürfnisbefriedigung des Käufers beitragen, damit sich ein Preis bilden kann.

9. Normalerweise wird die Menge bei steigendem Preis ebenfalls steigen.

10. Der Konsument entscheidet unter rein sachlichen Gesichtspunkten.

(b) Some adverbials are not directly concerned with the immediate content of a sentence, but are rather rhetorical devices which the writer uses to help direct the flow of a text. Examples of such adverbials in English would be **on the one hand, on the other hand, thus, however, nevertheless, on the contrary, first, in conclusion** etc. Go back through *Lesetext 1* and the *Hörtext* for this unit and find at least six such adverbials.

1. _____   4. _____

2. _____   5. _____

3. _____   6. _____

(c) Do these adverbials always occur at the beginning of sentences? In what other sentence positions did you find them?

Geschäftskommunikation

Unten sehen Sie ein Beispiel von einem **Memorandum** (oder **Hausmitteilung**) von Herrn Klebstoff an Frau Loesemittel. Schreiben Sie nach diesem Format ein Memo an Ihre Chefin, Frau Wilma Loesemittel, in dem Sie ihr mitteilen, daß Ihr Kurzbericht über die Standortfrage [siehe Kapitel 4] mit den von Frau Loesemittel vorgeschlagenen Verbesserungen fertig ist. Sie sollen ihr auch mitteilen, daß sie Ihren Bericht an Herrn Klebstoff weiterleiten soll, und daß der Bericht Ihrem Memo als Anlage beiliegt.

 **AmeriChemists**

A Klebstoff Company

Hausmitteilung

13. September 1999

_An_: Frau Wilma Loesemittel
Abteilung Planung und Investition

Von: Friedrich Klebstoff
Geschäftsleitung

Betreff: Standort Deutschland

Wie Sie wissen, habe ich seit Jahren an eine internationale Expansion unserer Firma und zwar in Deutschland gedacht. Es scheint mir, als ob es jetzt vielleicht am günstigsten wäre, dieser Idee nachzugehen. Unsere Geschäfte im westlichen Europa laufen sehr gut, und ein Produktionsstandort in Deutschland ist nun zu erwägen, um den Export in die osteuropäischen Länder zu verfolgen und späterhin zu intensivieren.
Ich habe erfahren, daß Sie eine neue Mitarbeiterin in Ihrer Abteilung haben, die ausgezeichnet Deutsch kann, und darüberhinaus über gute Kenntnisse der deutschen Kultur und Geschäftsszene verfügt. Bitte beauftragen Sie sie, für mich auf deutsch einen Kurzbericht zu verfassen, in dem sie der Frage eines Standorts in Deutschland nachgeht und dann persönlich dazu Stellung nimmt.

Ich erwarte diesen Bericht innerhalb von 14 Tagen.

Anlagen: keine

Kapitel 6
Soziale Marktwirtschaft

Volkseinkommen

So wie ein privater Haushalt ein Familieneinkommen hat, hat jeder Staat ein *Volkseinkommen.* Das Familieneinkommen wird von allen Familien- mitgliedern zusammen verdient. Der Vater kann zum Beispiel Arbeitnehmer bei GM sein und jeden Monat einen Lohn von $3000 bekommen. Der Lohn ist sein Einkommen. Die Mutter ist vielleicht Unternehmerin und besitzt eine Werbeagentur. Der Gewinn aus ihrem Unternehmen ist ihr Einkommen. Das kann zum Beispiel im Monat $5000 betragen. Das Familieneinkommen beträgt dann $8000.

Auch das Volkseinkommen wird von allen BürgerInnen zusammen verdient. Zu dieser Einkommensgemeinschaft gehören ArbeitnehmerInnen und UnternehmerInnen. Der prozentuale Anteil der ArbeitnehmerInnen am Volkseinkommen heißt die *Lohnquote,* der prozentuale Anteil der UnternehmerInnen *Gewinnquote.* Diese prozentualen Anteile bzw. Quoten informieren den Staat darüber, wie das Einkommen zwischen ArbeitnehmerInnen und UnternehmerInnen verteilt ist. Nach dem Prinzip der sozialen Gerechtigkeit sollte die Lohnquote höher liegen als die Gewinnquote, da es wesentlich mehr ArbeitnehmerInnen gibt. Und das ist auch so.

Allerdings ist die Lohnquote seit Anfang der 80er Jahre erheblich gesunken, nämlich von rund 77% im Jahre 1982 auf ca. 66% im Jahre 1998. Auf der anderen Seite ist die Gewinnquote in demselben Zeitraum entsprechend gestiegen: während sie im Jahre 1982 noch unter einem Viertel des Volkseinkommens lag, beträgt sie mittlerweile gut ein Drittel. Sollte dieser Trend weitergehen, besteht die Gefahr, daß die Einkommensverteilung unsozial wird. In diesem Falle muß ein Staat der Sozialen Marktwirtschaft das Einkommen der vielen Arbeitnehmer fördern.

Einkommen der privaten Haushalte

Das durchschnittliche verfügbare Einkommen der privaten Haushalte in Deutschland ist seit Anfang der 90er Jahre um knapp 20% gestiegen - von durchschnittlich 4330 Mark pro Haushalt und Monat im Jahre 1991 auf 5140 Mark im Jahre 1998. Zu dem verfügbaren Einkommen gehören nicht nur Löhne und Gewinne, sondern auch Renten, Pensionen, Zinsen, Dividenden, bare Sozialleistungen, etc. Da das verfügbare Einkommen der Haushalte ständig zunimmt, können die Menschen in Deutschland sich auch immer mehr leisten, oder?

Preise

Leider wachsen mit den Löhnen und Gewinnen auch die Verbraucherpreise. Durch steigende Preise kommt es zu einem Verlust an Kaufkraft, d.h. man kann jetzt für dieselbe Geldsumme weniger kaufen. Steigen die Preise sogar schneller als die Löhne, ist der Kaufkraftverlust besonders groß. So muß man bei jeder Einkommenserhöhung den Preisanstieg abziehen, dann erst erhält man den *realen* Einkommens- anstieg. Der reale Einkommensanstieg zeigt uns, was wir real an Kaufkraft gewonnen haben. Doch wie kann man einen Preisanstieg exakt kalkulieren?

Der Anstieg der Verbraucherpreise wird an einem festgelegten *Warenkorb* gemessen. Dieser Warenkorb umfaßt die Kosten für lebenswichtige Güter und Dienstleistungen, wie zum Beispiel Energiekosten, Wohnungsmieten, Nahrungsmittel, Kleidung, etc. Zur Zeit umfaßt der Warenkorb eine Mischung aus 750 Waren und Dienst- leistungen.

Das Realeinkommen der Deutschen lag 1997 nur um 0,7% höher als 1991; d.h. die Kaufkraft stieg lediglich um 15 Mark an. Daß die ArbeitnehmerInnen ihren Lebensstandard kaum verbessern konnten, liegt nicht nur an dem Anstieg der Verbraucherpreise, sondern auch an den relativ geringen Lohnerhöhungen und den erhöhten Abgaben; diese Maßnahmen waren nötig, um die Wiedervereinigung finanziell zu unterstützen.

Inflation

Wenn die Preise für die Lebenshaltung ansteigen und damit die Kaufkraft des Geldes vermindern, spricht man auch von einer *Inflation*. Die *Inflationsrate* ist der durchschnittliche prozentuale Anstieg der Lebenshaltungskosten in einem bestimmten Zeitraum, meistens in einem Jahr. Je stabiler die Preise bleiben, desto geringer die Inflation.

Für die Deutschen ist die Stabilerhaltung der Preise von großer Wichtigkeit. Das ist erklärlich, da es in Deutschland im zwanzigsten Jahrhundert schon zwei große Inflationen gegeben hat, die jeweils den Zusammenbruch der Währung zur Folge hatten. Viele Deutsche haben dabei große Vermögen verloren. Zur Zeit ist die Inflationsrate Deutschlands ziemlich niedrig und liegt seit 1995 sogar unter 2%. Der Staat kann auf verschiedene Weise auf die Inflationsrate Einfluß nehmen. So gibt es zum Beispiel die Konjunkturpolitik, Preispolitik, Finanzpolitik etc., von denen wir später mehr erfahren werden.

gering
verringern

Übung 1: Aufbau des Wortschatzes

(a) Bitte ergänzen Sie die fehlenden Informationen.

1.   Einkommen der ArbeitnehmerInnen
   + <u>Einkommen der UnternehmerInnen</u>

   =

2.   Einkommen der ArbeitnehmerInnen = Lohn

   Einkommen der UnternehmerInnen =

3.   Lohnquote
   + _____
   100% des Volkseinkommens

4.   100%   99%   100%
   - <u>die Hälfte</u>   - _____   - _____
   = 50%   = 66%   = 75%

5.   Einkommenserhöhung
   - <u>Preisanstieg</u>
   _____ _____

6.   Güter
   + _____
   = Warenkorb

(b) Was beschreibt diese Aussage?

1. Da es mehr ArbeitnehmerInnen als UnternehmerInnen gibt, soll das Einkommen der ArbeitnehmerInnen als Gruppe größer sein als das Einkommen der UnternehmerInnen als Gruppe.
   a. unsoziale Einkommensverteilung
   b. soziale Gerechtigkeit
   c. reale Einkommenssteigerung

2. Die Löhne steigen zwar, aber die Preise steigen schneller.
   a. Einkommenserhöhung
   b. Preisanstieg
   c. Kaufkraftverlust

3. Die Lebenshaltungskosten sind 1998 gegenüber 1997 um 0,9% gestiegen.
   a. realer Einkommensanstieg
   b. durchschnittliches Nettoeinkommen
   c. Inflationsrate

(c) Finden Sie das Synonym im Lesetext.

Beispiel: alle   *jede(r)* _____

Beginn   _____

Konsument/in   _____

Prozentsatz   _____

Produkte   _____

im Durchschnitt   _____

fallen   _____

unterstützen   _____

beeinflußen   _____ _____

mehr werden   _____

weniger werden   _____

wirklich   _____

andererseits   _____

genau   _____

unterschiedlich   _____

(d) Welches ist die richtige Bedeutung für die Vokabel aus dem Lesetext?

1. *bare Sozialleistungen*

>   a. Sozialleistungen, die aus Geld bestehen
>   b. Sozialleistungen, die dem sozialen Leben dienen (Bar, Restaurant etc.)

2. *Renten*

>   a. Einkommen, das aus Wohnungsmieten besteht
>   b. Einkommen, das aus Altersruhegeld besteht

3. *Zinsen*

>   a. Einkommen von verschiedenen Sünden (Prostitution etc.)
>   b. Einkommen von gespartem Geld auf der Bank

4. *Lebenshaltungskosten*

>   a. Kosten, die für das tägliche Leben notwendig sind
>   b. Kosten, die für die medizinische Erhaltung des Lebens notwendig sind.

Lesetext 1: Wichtigste Vokabeln

Nomen

die Abgabe, -n	der Gewinn, -e	das Mitglied, -er
die Dividende, -n	der Lohn, Löhne	das Nettoeinkommen, -
die Erhöhung, -en	der Vergleich, -e	das Viertel, -
die Gefahr, -en	der Verlust, -e	das Vermögen, -
die Gemeinschaft, -en	der Warenkorb, Warenkörbe	das Volkseinkommen, -
die Gewinnquote, -n	der Zeitraum, Zeiträume	
die Inflation, -en	der Zins, -en	
die Inflationsrate, -n	der Zusammenbruch,	
die Kaufkraft	Zusammenbrüche	
die Lebenshaltung		
die Lohnquote, -n		
die Pension, -en		
die Quote, -n		
die Rente, -n		
die Sozialleistung, -en		
die Stabilerhaltung, -en		
die Weise, -n		
die Werbeagentur, -en		

Verben	Adjektive/Adverbien
abziehen	allerdings
erarbeiten	bar
gehören	durchschnittlich
gewinnen	erklärlich
klettern	gegenüber
sich leisten	jeweils
messen	nämlich
steigen	prozentual
vermindern	stabil
verteilen	zuvor

(a) Für welchen Begriff aus dem Lesetext wird hier eine Definition gegeben?

Beispiel: Alle Familienmitglieder arbeiten hierfür zusammen. (*Familieneinkommen*)

1. Eine bestimmte Kombination von Gütern und Dienstleistungen wird als Basis genommen, um Preisveränderungen festzustellen. (Warenkorb)

2. Es ist das Einkommen, nachdem Steuern und Sozialabgaben abgezogen wurden. (verfügbare Einkommen)

3. Dieser Begriff zeigt, wie hoch die Verbraucherpreise in einem oder mehreren Jahren angestiegen sind. (Inflation)

4. Von diesem Begriff spricht man hauptsächlich, wenn die Preise schneller steigen als die Löhne. (Kaufkraftverlust)

(b) Bitte bringen Sie die folgenden Sätze in die richtige Reihenfolge. Sie brauchen die Wortstellung der verschiedenen Satzteile nicht zu verändern. Bitte beachten Sie besonders die Adverbien und adverbialen Bestimmungen.

Beispiel: - zum anderen sind die Lohnerhöhungen wichtig - die folgenden Aspekte spielen eine große Rolle - zum einen ist der Preisanstieg wichtig -

Die folgenden Aspekte spielen eine große Rolle: zum einen ist der Preisanstieg wichtig, zum anderen sind die Lohnerhöhungen wichtig.

1. -³und erst dann erhält man den realen Einkommensanstieg - ¹zuerst einmal muß man die Größe der Lohnerhöhung beachten -²dann muß man den Preisanstieg abziehen -

2. -²spielt für die Deutschen eine große Rolle - ¹daß die Inflationsrate in Deutschland relativ niedrig ist -³weil es in Deutschland schon zwei große Inflationen gegeben hat.

3. - ²sind am Volkseinkommen beteiligt -³sondern auch die UnternehmerInnen - ¹nicht nur die ArbeitnehmerInnen -

4. -³aber auf der anderen Seite auch die Preise wenig gestiegen sind -²daß auf der einen Seite die Löhne zwar kaum erhöht wurden -¹die Entwicklung der letzten Jahre zeigte -

(c) Bitte beantworten Sie die folgenden Fragen:

1. In Deutschland betrug der Anstieg der Verbraucherpreise von 1997 auf 1998 0,9%.
    Wie hoch ist die Inflationsrate?

    _____%

2. In Großbritannien betrug der Preisanstieg von 1996 auf 1997 2,5%. Einige
    ArbeitnehmerInnen bekamen Lohnerhöhungen zwischen 2,8% und 4%. Erzielten sie einen
    realen Einkommensanstieg? Warum bzw. warum nicht?

3. Sie haben $10 000 auf Ihrem Sparbuch. Die Bank garantiert Ihnen eine jährliche Zinsrate von
    5%. Die Inflationrate der USA soll nach einer Prognose im nächsten Jahr 3% betragen.
    Wie hoch ist wahrscheinlich Ihr Gewinn am Ende des Jahres?

    ungefähr $_____

4. Ein Freund in Italien hat ebenfalls $10 000 auf seinem Sparbuch und eine garantierte Zinsrate
    von 5%. Die Inflationsrate in Italien soll aber im nächsten Jahr 6% betragen. Hat Ihr Freund am
    Ende des Jahres auch einen Gewinn?

5. Eine Brieffreundin aus Europa hat Ihnen geschrieben, daß sie zwar seit drei Jahren nur jeweils
    eine kleine Lohnerhöhung von 1% - 2% bekommen hat, daß sie sich aber trotzdem mehr leisten
    kann als vor drei Jahren. Was muß in dem Heimatland der Briefreundin passiert sein?

Übung 3: Zum Schreiben und zur Diskussion

Bitte schreiben Sie einen Kommentar zu dieser Grafik über
"Inflation: Deutschland und westliche Industrieländer."
Folgende Stichworte sollten in Ihrem
Text enthalten sein:

    Preisanstieg
    Euroland vs. Deutschland
    Inflationsrate
    Entwicklung der Preise
    Preisstabilität

    Zeitraum

    andererseits
    einerseits
    gegenüber

    anziehen
    eine Rolle spielen
    steigen
    fallen

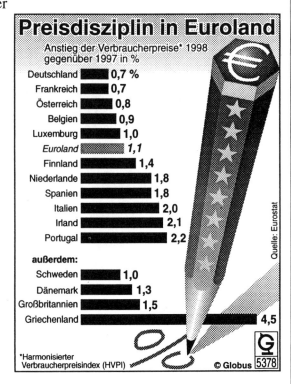

Preisdisziplin in Euroland

Anstieg der Verbraucherpreise* 1998
gegenüber 1997 in %

Land	%
Deutschland	0,7 %
Frankreich	0,7
Österreich	0,8
Belgien	0,9
Luxemburg	1,0
Euroland	*1,1*
Finnland	1,4
Niederlande	1,8
Spanien	1,8
Italien	2,0
Irland	2,1
Portugal	2,2

außerdem:

Land	%
Schweden	1,0
Dänemark	1,3
Großbritannien	1,5
Griechenland	4,5

*Harmonisierter
Verbraucherpreisindex (HVPI)

Quelle: Eurostat

© Globus 5378

Keith Leitmeyer

Inflation: Deutschland und westliche Industrieländer

Der Preisanstieg in Deutschland ist am niedrigsten von den europäischen Ländern. Deutschland hat Preisstabilität gegenüber Griechenland, der großen Preisanstieg hat. Der Zeitraum für diese Inflationsraten ist ein Jahr.

Eine hohe Inflationsrate ist schlecht. Die Preise steigen bis man nichts kaufen kann.

Eine hohe Nachfrage spielt eine Rolle in Inflation. Einerseits ist ein Aufschwung gut für Wirtschaft, aber andererseits kann es Inflation schaffen.

Donnerstag
  www.germany.info
    Messen + Messestädte
    (Tradefairs)
  Wähle eine Messe
    drücke etwas aus

Donnerstag, UM 10:30 BEIM VORNE EINGANG

American Thinktanks

Währungreform
1948
1.J 1999

R

Euro
Common currency
conditions

Welche WP Massnahmen   Plau
eine Regierung

um eine Inflation zu dämmen

das Darlehen, –   Steuern erhöhen
  (loans, credits)   Banknoten zurückkaufen
                          Zinsen erhöhen

Alle Übungen

Konjunkturzyklen

Konjunktur

Zyklen

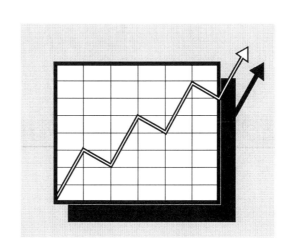

Finanzpolitik   *Geldpolitik*   *Preispolitik*

Wirtschaftswachstum   *Bruttosozialprodukt*

Hörtext: Wichtigste Vokabeln

Nomen

die Anzahl
die/der Arbeitslose, -n
die Ausgabe, -n
die Investition, -en
die Methode, -n
die Prognose, -n
die Zunahme, -n

der Abschwung
der Auftrag
der Extremfall,
      Extremfälle
der Faktor, -en
der Indikator, -en
der Kredit, -e
der Kurs, -e
der Wert, -e
der Zyklus, Zyklen

das Bruttosozialprodukt
das Gegenteil, -e
das Niveau
das Wirtschaftswachstum

Verben

aussehen
erklären
funktionieren
kontrollieren
vermeiden
verteuern
zurückhalten

Adjektive/Adverbien

einige
dennoch
innerhalb
irgend(wo, wie etc. ...)
kompliziert
möglichst
schwach
und so weiter (usw.)
zunächst

Zur Vorbereitung auf Lesetext 2

(a) Schauen Sie sich die Grafik an und lesen Sie den Text durch. Dann geben Sie bitte den Inhalt des Texts und der Grafik kurz auf Englisch wieder. Denken Sie daran, daß dies keine Übersetzungsaufgabe ist. Übersetzen Sie den Text nicht Wort für Wort, sondern schreiben Sie eine englische Wiedergabe des Texts und der Grafik. Bitte verwenden Sie für diese Übung maximal 15 Minuten.

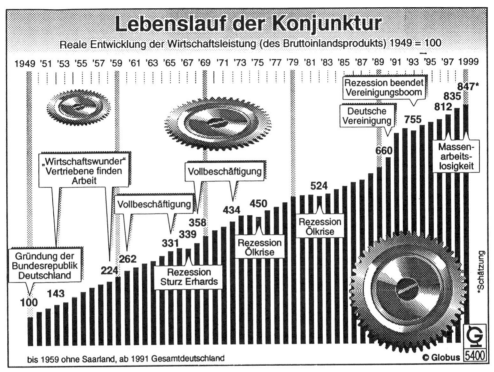

Erfolgsgeschichte

Mit der Währungsreform 1948 und der Geburt der Bundesrepublik Deutschland 1949 begann die Geschichte der deutschen Konjunktur. „Wirtschaftswunder" und „Wohlstand für alle" (Wirtschaftsminister Ludwig Erhard), Vollbeschäftigung und Überbeschäftigung, Ölkrisen und Rezessionen, Vereinigungsboom und Massenarbeitslosigkeit – so könnten die Kapitel im Buch der deutschen Wirtschaft überschrieben werden. Es ist alles in allem eine Erfolgsgeschichte, wie ein Blick auf die bundesrepublikanische Wirtschaft von 1949 bis heute zeigt. Denn in diesen 50 Jahren hat sich die gesamtwirtschaftliche Leistung mehr als verachtfacht – und zwar real, also nach Abrechnung der Preissteigerungen. Das heißt, daß die Enkel von heute achtmal so viele Güter und Dienstleistungen produzieren wie ihre Großeltern.   Globus

(b) Schreiben Sie bitte einen Abschnitt (300 Wörter) darüber, was Sie im Hörtext über die deutsche Konjunktur gelernt haben und den oben dargestellten und beschriebenen Tatsachen. Folgende Stichwörter sollen in Ihrem Text vorkommen:

Abschwung	Prognose/prognostizieren	erklärlich	fallen
Anfang	Rezession	gegenüber	steigen
Aufschwung	Schwankung	in der Regel	wachsen
Erwartung/erwarten	Vereinigung		
Konjunkturzyklen			

Kapitel 6/Lesetext 2:
Zielsetzungen der Wirtschaftspolitik

Die Konjunkturpolitik

In entwickelten Industriegesellschaften verläuft die Wirtschaftsentwicklung in Schwankungen um einen Trend, d. h. die Auslastung des Produktionspotentials (="Konjunktur") ist nicht immer gleichmäßig. In mehr oder weniger regelmäßigen Abständen treten **Konjunkturschwankungen** auf, die unerwünschte Begleiterscheinungen wie sinkende Nachfrage, Inflation, Zinssteigerungen oder Arbeitslosigkeit mit sich bringen.

Die Konjunkturschwankungen finden zyklisch statt. Ein Zyklus bezeichnet den Zeitraum, der bis zum Wiedereintritt der gleichen Phase vergeht (z.B. von einem Boom zum nächsten).

Diese Zyklen zu dämpfen und ihre Folgen abzumildern, ist Aufgabe der Konjunkturpolitik. Der Staat versucht, durch wirtschaftspolitische Maßnahmen die gesamtwirtschaftlichen Größen in diesem Sinne zu beeinflussen.

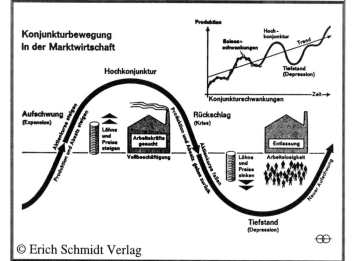

© Erich Schmidt Verlag

Grafik aus: Grundbegriffe der Wirtschaft.
Erich Schmidt Verlag, Berlin: 1975. S. 57.
Reprinted with permission of the publisher.

Wirtschaftspolitische Ziele:

- *Vollbeschäftigung*
- *Preisniveaustabilität*
- *gerechte Einkommensverteilung*
- *stetiges und angemessenes Wachstum*
- *außenwirtschaftliches Gleichgewicht*
- *lebenswerte Umwelt*

Die Hauptziele der Wirtschaftspolitik sind:

(1) **Vollbeschäftigung:** Die Wirtschaftspolitik muß dafür sorgen, daß alle Menschen, die arbeiten wollen, auch arbeiten können.

(2) **Preisstabilität:** Die Wirtschaftspolitik muß sicherstellen, daß die Preise stabil bleiben. Es darf keine Inflation geben.

(3) **Gerechte Einkommens- und Vermögensverteilung:** Die Wirtschaftspolitik muß dafür sorgen, daß Einkommen und Vermögen in der Gesellschaft gerecht verteilt werden.

(4) **Wachstum:** Die Wirtschaftspolitik soll dazu beitragen, daß die Wirtschaft Jahr für Jahr wächst und den Menschen immer mehr Wohlstand bringt.

(5) **Außenwirtschaftliches Gleichgewicht:** Die Wirtschaftspolitik soll dafür Sorge tragen, daß keine Ungleichgewichte in der Zahlungsbilanz auftreten.

Neuerdings fügen einige Autoren das Ziel
– lebenswerte **Umwelt** hinzu.

Die Zielbeziehungen

Betrachtet man die fünf bzw. sechs wirtschaftspolitischen Globalziele genauer, so wird einem rasch auffallen, daß sie nicht unabhängig voneinander sind, sondern alle in einer Beziehung zueinander stehen. Folgende Zielbeziehungen sind denkbar:

- **Identität**
  Die Ziele unterscheiden sich nicht.

- **Komplementarität**
  Die Ziele ergänzen sich, die Verfolgung eines Zieles begünstigt zugleich andere Ziele.

- **Neutralität**
  Die Ziele beeinflussen einander nicht, ihre jeweilige Verfolgung wirkt sich nicht auf die anderen Ziele aus.

- **Konflikt**
  Die Verfolgung eines Zieles beeinträchtigt eines oder mehrere andere Ziele.

- **Antinomie**
  Die Verfolgung eines Zieles macht die Erreichung anderer Ziele unmöglich, sie stehen im Widerspruch zueinander.

Die wirtschaftspolitischen Globalziele führen im Hinblick auf ihre Realisierung nicht selten zu Konflikten.

Konflikte gilt es aber auch in der Wirtschaftspolitik grundsätzlich zu akzeptieren und zu bewältigen.

Dieser Sachverhalt wird mit dem Begriff **„magisches Fünfeck"** (hier also noch ohne das „Umwelt-Ziel") zum Ausdruck gebracht. „Magisch" deutet schon darauf hin, daß nur mit der Kunst der Magie ein gleichzeitiges Erreichen der aufgeführten Zielsetzungen erreicht werden könnte.

Zielkonflikte am Beispiel der Umweltpolitik

Ein aktuelles und für die Zukunft höchst bedeutsames Problem ist das der Beziehung zwischen den Zielen „Wirtschaftswachstum" und „lebenswerte Umwelt". Die Proteste gegen die Nutzung der Atomenergie machen die gesellschaftliche Dimension dieses Problems deutlich. Wirtschaftliches Wachstum sichert uns einerseits die Versorgung mit Gütern auf einem Niveau, das wir bereits als „Lebensstandard" betrachten. Andererseits gefährdet wirtschaftliches Wachstum zunehmend unsere natürliche Umwelt. Das wirkt sich besonders gravierend aus, weil die Umwelt kein „freies" Gut ist, das in unbegrenzter Menge und unveränderter Qualität zur Verfügung steht. Unternehmen in der Marktwirtschaft müssen sich im Wettbewerb behaupten. Das bedeutet, daß sie jede Chance einer kostengünstigeren Produktion nutzen müssen. Ihr Bestreben wird es also sein, möglichst viele Kosten auf Dritte abzuwälzen. Diese Abwälzung wird auch als Verursachung **externer Effekte** bezeichnet. Alle Emissionen in die Umwelt, zu denen u. a. auch Lärmbelästigungen gehören, sind solche externen Effekte. Sie müssen keineswegs immer in Geld meßbar sein. Das Problem besteht nun darin, diese externen Effekte zu „internalisieren", d. h. die Kosten dem Verursacher anzulasten oder die Emissionen überhaupt zu verhindern, und zwar möglichst so, daß die anderen Ziele nicht beeinträchtigt werden. Als ein einfacher Weg erscheint auf den ersten Blick der Vorschlag, der Staat solle dafür sorgen, daß Betriebe mit schädlichen Emissionen ihre Produktion einstellen. Doch dann würde mindestens das „Vollbeschäftigungsziel" in Frage gestellt und wohl auch die Güterversorgung beeinträchtigt. Die Wirtschaftspolitik muß also bestrebt sein, andere Lösungen zu finden.

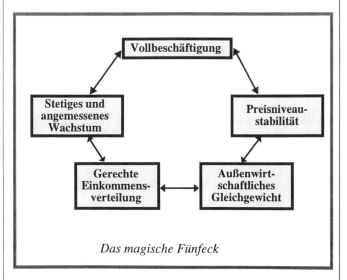

Das magische Fünfeck

Revidiert aus: Kaiser, Franz-Josef und Hans Kaminski. Telekolleg II: <u>Volkswirtschaftslehre</u>. München: TR-Verlagsunion, 1989. Ss. 63-67. Reprinted with permission of the publisher.

Lesetext 2: Wichtigste Vokabeln

Nomen

die Belästigung, -en
die Durchführung, -en
die Entscheidung, -en
die Erwartung, -en
die Schwankung, -en
die Tatsache, -n
die Umwelt
die Verminderung
die Verursachung

der Effekt, -e
der Erfolg, -e
der Lebensstandard
der Mißerfolg, -e
der Sektor, -en
der Vorschlag, Vorschläge

das Dreieck, -e
(Viereck, Fünfeck etc.)
das Gesetz, -e
das Gleichgewicht

Verben

abmildern
sich äußern
auftreten
beeinträchtigen
beschließen
betrachten
sich erweisen (als)
hinzufügen
sorgen (für)
stattfinden
verlangen

Adjektive/Adverbien

angemessen
bedeutsam
bereits
gerecht
hinsichtlich
magisch
regelmäßig
schwierig
selten
stetig
zugleich

Übung 4: Leseverständnis

(a) Im Lesetext werden die 6 Hauptziele der deutschen Wirtschaftspolitik genannt.
Welches Ziel wird in den folgenden Sätzen jeweils beschrieben?

1. Der Lebensstandard soll ständig steigen.

   Ziel: _Wachstum_

2. Man soll für Güter im Allgemeinen nicht im nächsten Jahr sehr viel mehr oder weniger
zahlen müssen.

   Ziel: _Preisniveaustabilität_

3. Die ökonomischen Beziehungen mit dem Ausland sollen ausgeglichen sein.

   Ziel: _Außenwirtschaftliches Gleichgewicht_

4. Es müssen genügend Arbeitsplätze geschaffen werden.

   Ziel: _Vollbeschäftigung_

5. Atomkraftwerke, Abgase, Chemikalien etc. dürfen nicht die Gegenwart und Zukunft des Lebens gefährden.

   Ziel: _lebenswerte Umwelt_

6. Lohn- und Gewinnquote müssen in einem prozentual fairen Verhältnis zueinander stehen.

   Ziel: _Gerechte Einkommensverteilung_

(b) Welche Satzhälfte passt? Bitte setzen Sie die folgenden Satzhälften jeweils inhaltlich und grammatisch logisch zusammen.

1. Man nennt das Fünfeck *magisch*,

   (a) weil man nur mit Hilfe der Magie alle fünf Ziele gleichzeitig und einheitlich verwirklichen kann.
   (b) nachdem man nur mit Hilfe der Magie alle fünf Ziele gleichzeitig und einheitlich verwirklichen kann.
   (c) da man andererseits nur mit Hilfe der Magie alle fünf Ziele gleichzeitig und einheitlich verwirklichen kann.

2. Die Umwelt muß geschützt werden,

   (a) so daß wir sicher sein können, damit es auch in der Zukunft Leben auf der Erde gibt.
   (b) damit wir sicher sein können, daß es auch in der Zukunft Leben auf der Erde gibt.
   (c) als wir sicher sein können, daß es auch in der Zukunft Leben auf der Erde gibt.

3. Einerseits muß der Staat das Wirtschaftswachstum fördern,

   (a) aber zweitens dürfen auch die übrigen Ziele nicht ignoriert werden.
   (b) sondern auch die übrigen Ziele dürfen nicht ignoriert werden.
   (c) aber andererseits dürfen auch die übrigen Ziele nicht ignoriert werden.

(c) Am Ende des Texts wird über die Interessenkonflikte zwischen den Zielen "Wirtschaftswachstum" und "lebenswerte Umwelt" berichtet. Geben Sie Beispiele von solchen Interessenkonflikten in den USA und schlagen Sie Lösungen vor!

Autounternehmen machen Autos, die viel Benzin brauchen. Es wäre besser, wenn sie neue Technologie benutzten. Ein Vorschlag ist, dass die Forschung und Entwicklung der Autobauindustrie gefördert werden soll.

Characteristic Two:
The Sequencing of German Sentence Elements

A: Variation in Sentence Element Sequencing

In the previous chapter we worked with identifying sentence elements mostly in the form of phrases, i.e. the verb phrase (which is often made up of components occurring in second and last position),the subject phrase, object phrases (direct and indirect objects), and prepositional phrases. Adverbials of all kinds are also important sentence elements for our study, even though they frequently occur not as phrases, but as single words. Now that we have improved our ability to identify such elements, it is time to turn our attention to the variation of their sequencing in statements. For this purpose, a few simple rules must be remembered. It might not hurt to repeat here our prime directive in sequencing:

> The *finite verb* <u>must</u> occupy the *second position*
>
> and *any verb complements* (separable prefixes, for example)
>
> and *verb phrase completions* (i.e. infinitives, past participles)
>
> <u>must</u> occupy the *final position* in the sentence.

Remember also that the field before the finite verb (position 1) and the field immediately after the finite verb (position 3) and all others may contain any one of a number of different sentence elements. This degree of flexibility may make it difficult for you to know whether you have generated a correct German sentence when you begin to switch your sentence elements into more unfamiliar places, but if you follow this simple rule, you will not only generate acceptable German sentences 99% of the time, but also form sentences which will be quite consistent with German business and economics language usage:

> Place an object phrase or prepositional phrase (or other adverbial)
>
> in Position 1 and then place the subject phase in Position 3.
>
> Any additional elements in a sentence will simply fall back into their
>
> old positions.

<u>Arbeitnehmer und Unternehmer</u> gehören <u>zu dieser Einkommensgemeinschaft.</u>
Subject Phrase   *Prepositional Phrase*

<u>Zu dieser Einkommensgemeinschaft</u> gehören <u>Arbeitnehmer und Unternehmer.</u>
Prepositional Phrase   *Subject Phrase*

When you are working with sentence element variation within your own compositions, try to work only with sentences in which you are fairly confident of your identification of the phrases.

B: Function of Sentence Element Variation

It is all well and good to show you how to generate different sentence element variations of a particular sentence, but you might be asking: "So, what's the purpose?" "Why would anyone want to vary the sequence of the elements in the first place?"

Sentence element variation has two primary functions which sometimes overlap:

> **(1) to place added emphasis on the particular element which occurs at the beginning of the sentence;**
> **(2) to aid in the "flow" of the text, i.e. as a device to facilitate smooth transition from thought to thought from one sentence to the next, from one paragraph to the next.**

Remember that all text types are written with an audience in mind; the formal written styles of both English-speaking and German-speaking cultures are highly audience-oriented. In these cultures writers are taught to use different kinds of devices as "signposts" for the reader to help guide the reader along through the flow of the ideas in the text. Signposts can vary from the more obvious **bold text**, *italicized text*, headlines, graphs, pictures, etc. to somewhat more subtle things like adverbs such as "andererseits." Sentence element variation is another such device, but it is even more subtle and you may not even have recognized this function in your study of German to date.

In texts written for business and economics at all levels sentence element variation used as a transitional device is extremely common. Usually one finds that a prepositional phrase or other adverbial element has been placed at the beginning of the sentence. In this chapter we will do some exercises designed to help us recognize this function and in the next chapter you will be asked to apply what you have learned.

Übung 5: Grammatik und Syntaktik

(a) Rewrite the following sentences, placing an object phrase or adverbial phrase (including prepositional phrases) in Position 1. Remember to place the subject in Position 3. Think about the phrasing exercises you did in the previous chapter!

1. Die Lohnquote ist allerdings seit Anfang der 80er Jahre erheblich gesunken.

   Seit Anfang der 80er Jahre ist die Lohnquote allerdings erheblich gesunken.

2. Die Gewinnquote ist auf der anderen Seite in demselben Zeitraum entsprechend gestiegen.

   Auf der anderen Seite ist die Gewinnquote in demselben Zeitraum entsprechend gestiegen.

3. Ein Staat der sozialen Marktwirtschaft muß in diesem Falle das Einkommen der vielen Arbeitnehmer fördern.

   In diesem Falle muss ein Staat der sozialen Marktwirtschaft das Einkommen der vielen Arbeitnehmer fördern.

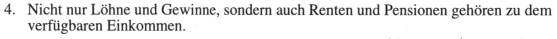

4. Nicht nur Löhne und Gewinne, sondern auch Renten und Pensionen gehören zu dem verfügbaren Einkommen.

Zu dem verfügbaren Einkommen gehören nicht nur Löhne und Gewinne, sondern auch Renten und Pensionen.

5. Die Verbraucherpreise wachsen leider auch mit den Löhnen und Gewinnen.

Leider wachsen die Verbraucherpreise auch mit den Löhnen und Gewinnen.

6. Die Stabilerhaltung der Preise ist für die Deutschen von großer Bedeutung.

Für die Deutschen ist die Stabilerhaltung der Preise von großer Bedeutung.

7. Die Inflationsrate Deutschlands ist zur Zeit ziemlich niedrig.

Zur Zeit ist die Inflationsrate Deutschlands ziemlich niedrig.

(b) You may have recognized that all of the above sentences were taken from *Lesetext 1* of this chapter. They were simply rewritten with the subject phrase in Position 1. Go back to *Lesetext 1* and find the original sentences. Copy them under your own rewritten version. If you didn't "cheat" by looking at the originals before you did part (a), you probably generated some sentences which show a different sentence element variation from that of the author of the *Lesetext*, but are nevertheless perfectly legitimate variations.

(c) Look at those sentences once again in the **context** of the passage in which they occur. Think about the following questions:
   1. How does the particular sentence element variation chosen by the author help to guide the reader.
   2. What did the author wish to stress?
   3. Was the author enumerating the reasons for something, or was she trying to show contrast with the previous idea, or was she perhaps interjecting a personal perspective, which may or may not be shared by the reader, in order to start a sort of critical dialog with the reader?

(d) Now take a close look at *Lesetext 2*.

   1. Underline all sentences which begin with an element other than the subject.
   2. Roughly how often do such sentences occur in this text in comparison to subject-verb-object sentences?
   3. Does this technique make *Lesetext 2* more or less complex in comparison to *Lesetext 1*?

Kapitel 7
Träger und Instrumente der Wirtschaftspolitik

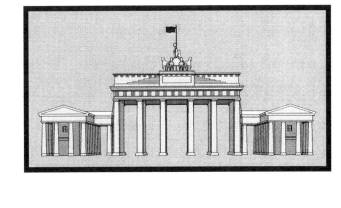

Carrier

Der Staat

Wir wissen bereits, daß der Staat einer der Träger der deutschen Wirtschaftspolitik ist. Wenn man ganz genau sein will, muß man noch hinzufügen, daß der Staat sich aus der *Regierung* und dem *Parlament* zusammensetzt. Sie alle sind an den Entscheidungen um das *magische Fünfeck* herum beteiligt. An dieser Stelle sollen noch einmal die Ziele des *magischen Fünfecks* präsentiert werden: Preisstabilität, Vollbeschäftigung, außenwirtschaftliches Gleichgewicht, Wirtschaftswachstum und gerechte Einkommens- und Vermögensverteilung. Manchmal wird die letztere Forderung nicht zu den Hauptzielen der Wirtschaftspolitik dazugezählt, weil diese als einzige nicht im Stabilitätsgesetz vorkommt. Dann bleiben nur noch vier Ziele übrig, und so spricht man dann logischerweise vom *magischen Viereck*.

Alle diese Forderungen glcichzeitig zu verwirklichen ist - wie wir gelesen haben - nicht immer leicht und manchmal sogar unmöglich. Man muß eine möglichst gute Mischung finden, so daß keines der Ziele zu sehr bevorzugt oder aber vernachlässigt wird. Doch Parlament und Regierung müssen diese oft schwierigen Entscheidungen nicht allein treffen. Weitere Partner sind zum Beispiel die Deutsche Bundesbank und die Europäische Zentralbank.

Die Europäischen Währungshüter

Mit Beginn der Währungsunion am 1. Januar 1999 gingen die Aufgaben der nationalen Notenbanken auf die Europäische Zentralbank (EZB) über. Die EZB, die wie die Deutsche Bundesbank ihren Sitz in Frankfurt am Main hat, ist seit Einführung des Euro für die Geldpolitik in den Euroländern zuständig. Die Struktur der EZB entspricht der Deutschen Bundesbank: sie ist autonom, d.h. sie kann ihre Entscheidungen unabhängig von Regierungen und EU-Organen treffen.
Hauptaufgabe der EZB ist es, die Preisstabilität zu gewährleisten. Sie steuert die Geldpolitik im

garantieren

Euroraum, verwaltet die Währungsreserven und genehmigt die Ausgabe der Banknoten. Wir haben bereits erfahren, daß Preisstabilität vielen Deutschen besonders wichtig ist, da es in diesem Jahrhundert bereits zwei schwere Inflationen in Deutschland gegeben hat. Die Inflation kann mit Hilfe ganz bestimmter geldpolitischer Instrumente kontrolliert werden.

Die Richtlinien zur Kontrolle der europäischen Geldstabilität werden im EZB-Rat festgelegt: darin sind die PräsidentInnen der Zentralbanken der an der Währungsunion ⁻Euro Zone (16) teilnehmenden Euroländer vertreten, sowie das sechsköpfige Direktorium der EZB. Erster Präsident der EZB ist der Niederländer Wim jetzig Traatet fünfth Duisenberg. Die nationalen Zentralbanken - also Axel auch die Deutsche Bundesbank - helfen bei der Belber Umsetzung der Geldpolitik. * Deutsche Bank (Privat)

Und schließlich gibt es neben dem Staat, der Deutschen Bundesbank und der EZB noch einen weiteren Entscheidungsträger in der Wirtschaftspolitik.

Die Tarifpartner

Die Tarifpartner setzen sich aus zwei Parteien zusammen: das sind zum einen die Vertreter der ArbeitnehmerInnen - also die *Gewerkschaften* - und zum anderen die Vertreter der ArbeitgeberInnen, also die *Arbeitgeberverbände*. Über deren spezielles Verhältnis soll in einem der folgenden Kapitel noch eingehend berichtet werden. Durch die *Tarifverhandlungen* bestimmen die Tarifpartner die Einkommensentwicklung maßgeblich und damit auch auf die Gewinnerwartungen der Unternehmen.

Trade Unions

Weitere internationale Einrichtungen

Eine immer größere Rolle spielen diverse internationale Einrichtungen. Hier sei zum Beispiel das *Europäische Parlament* erwähnt.

Es ist die direkt gewählte Vertretung der BürgerInnen der Europäischen Union. Die Zahl der Sitze ist festgelegt und richtet sich nach der Einwohnerzahl des jeweiligen Landes. Als größtes EU-Land hat Deutschland auch die meisten Sitze. Das Europäische Parlament ist für länderübergreifende Angelegenheiten zuständig.

Zusätzlich verhindern die Gesetze der internationalen Märkte und die Internationalisierung der Produktion, daß die Entscheidungen in der Wirtschaftspolitik allein auf nationaler Ebene getroffen werden können.

Einflußträger

Und schließlich gibt es auch noch Beeinflusser der Wirtschaftspolitik, die aber keine Entscheidungsfunktion haben. Zu den Einflußträgern gehören zum Beispiel die Medien, die die öffentliche Meinung stark beeinflussen. Dann auch die politischen Parteien und schließlich der Sachverständigenrat. Der Sachverständigenrat setzt sich aus fünf unabhängigen BeraterInnen zusammen. Sie sollen unabhängige Fachpersonen sein, die über ein spezielles Wissen und viel Erfahrung im Bereich der Wirtschaftswissenschaften verfügen.

[Handschriftliche Notizen:] Regierung Brussels Belgien — Supreme Court → Gerichtshof theHague Netherlands — EZB — Parlament Frankreich — DL

Übung 1: Aufbau des Wortschatzes

(a) Bitte vervollständigen Sie die folgende Skizze.

Träger der deutschen Wirtschaftspolitik

	Limitierende Einrichtungen	Einflußträger
1 der Staat a. b. die Parlamente 2 - a. b. 3 -	zum Beispiel: 1 -	zum Beispiel: 1 - 2 - 3 -

(b) Bilden Sie neue, <u>sinnvolle</u> Zusammensetzungen mit den Nomen. Raten Sie die Bedeutung der neuen Komposita. Welcher Artikel ist richtig?
(Hilfe: Die Kombination *das Bundesgesetz* ist sinnvoll. Sie bedeutet: das Gesetz des Bundes. Die Kombination *die Bundesverteilung* ist nicht sinnvoll. Sie bedeutet: die Verteilung des Bundes und das macht keinen Sinn.)

Einige Komposita des Lesetextes:

der	Arbeitgeber-	verband
die	Tarif-	verhandlung
die	Gewinn-	erwartung
die	Wirtschafts-	politik
die	Preis-	stabilität
die	Einkommens-	entwicklung
die	Vermögens-	verteilung
das	Stabilitäts-	gesetz
die	Bundes-	bank
das	Euro-	land
die	Kredit-	versorgung
der	Bank-	rat

Neue, sinnvolle Komposita sind:

1. _____ _____   2. _____ _____
3. _____ _____   4. _____ _____
5. _____ _____   6. _____ _____
7. _____ _____   8. _____ _____
9. _____ _____   10. _____ _____
11. _____ _____   12. _____ _____

(c) Finden Sie bitte das Verb in dem Lesetext, das ungefähr dasselbe ausdrückt wie die Paraphrase. Sie sollten die Verben im Kontext erkennen.

<u>Beispiel</u>: etwas dazu tun   -   <u>hinzufügen</u>

1. etwas wirklich erreichen   -   _____

2. etwas lieber mögen, mehr beachten   -   _____

3. etwas kaum beachten, sich kaum um etwas kümmern   -   _____

4. etwas erlauben   -   _____

5. etwas sicherstellen, garantieren   -   _____

6. etwas nicht passieren lassen, abblocken   -   _____

Lesetext 1: Wichtigste Vokabeln

Nomen

die Bekämpfung, -en
die Beraterin, -nen
die Bundesbank
die Ebene, -n
die Einrichtung, -en
die Erfahrung, -en
die Forderung, -en
die Gewerkschaft, -en
die Internationalisierung
die Mischung, -en
die Partei, -en
die Richtlinie, -n
die Stabilität
die Trägerin, -nen
die Verhandlung, -en
die Vertreterin, -nen

der Arbeitgeberverband
der Berater, -
der Sachverständigenrat,
    Sachverständigenräte
der Tarif, -e
der Träger, -
der Vertreter, -
der Zentralbankrat,
    Zentralbankräte

das Direktorium
das Medium, Medien
das Organ, -e
das Parlament, -e
das Verhältnis, -se

Verben

genehmigen
gewährleisten
hüten
verhindern
vernachlässigen
vertreten
verwalten
verwirklichen

Adjektive/Adverbien

autonom
detailliert
eingehend
(länder)übergreifend
logischerweise
maßgeblich
möglich
zuständig

Übung 2: Leseverständnis

(a) Bitte lesen Sie sich die folgenden Sätze gut durch und entscheiden Sie dann, von welchem Entscheidungs- oder Einflußträger jeweils gesprochen wird.

1. Nachdem diese Träger zusammengekommen sind, wissen die Arbeitnehmer, wieviel Lohn sie in der Zukunft bekommen werden.

Träger: _Tarifverhandlung_ _Tarifpartner_

2. Dieser Träger hat die meisten Möglichkeiten, eine Inflation zu verhindern

Träger: _die Europäischen Währungshüter / EZB_

3. Dieser Träger hilft, die wirtschaftlich besten Entscheidungen zu treffen. Oft wird er "Die fünf Weisen" genannt.

Träger: _Sachverständigenrat_

4. Diese beiden Träger können die Meinung der Massen ganz erheblich steuern.

   Träger: _die Medien_ und _politische Parteien_

5. Diese Träger haben die Pflicht, die Forderungen des Stabilitätsgesetzes so gut wie möglich zu erfüllen

   Träger: _Regierung_ und _Parlament_

6. Dieser Träger kann mit länderübergreifenden Entscheidungen die Wirtschaftspolitik der Euroländer beeinflussen.

   Träger: _das Europäische Parlament_

(b) Jeder der folgenden Sätze enthält einen inhaltlichen Fehler.
Bitte unterstreichen und korrigieren Sie ihn.

1. Die Ziele des magischen ~~Vierecks~~ Fünfecks sind Vollbeschäftigung, gerechte Einkommens- und Vermögensverteilung, Preisstabilität, Außenwirtschaftliches Gleichgewicht und Wirtschaftswachstum.

2. Die Europäische Zentralbank muß sich in ihren Entscheidungen nach ~~den~~ keinen Regierungen richten.

3. Die Inflation wird hauptsächlich von den ~~Tarifpartnern~~ Europäischen Währungshütern / EZB kontrolliert.

4. Der Sachverständigenrat ist an den Entscheidungen in der Wirtschaftspolitik ~~direkt~~ indirekt beteiligt.

5. ~~Die Gesetze~~ ~~Das Europäische Parlament ist~~ die einzige internationale Einrichtung Institution in Europa, die durch ihre Gesetze und Regulierungen die ~~nationale~~ europäische Wirtschaftspolitik mitbestimmt.
Außer der Internationalisierung der Produktion ist das Europäische Parlament

Formen der Inflation

Offene Inflation

Verdeckte Inflation

Schleichende Inflation

Galoppierende Inflation

Hyperinflation

Hörtext: Wichtigste Vokabeln

Nomen

die Banknote, -n
die Entwertung, -en
die Hyperinflation, -en
die Rationierung, -en
die Reparation,-en
die Währungsreform, -en

der Umlauf (in Umlauf bringen)
der Wiederaufbau

das Geldwesen
das Zahlungsmittel, -

Verben

anwenden
beschleunigen
galoppieren
schleichen
(sich) überschlagen
zusammenbrechen

Adjektive/Adverbien

ebenfalls
offen
reichlich
riesig
sichtbar
verdeckt

Zur Vorbereitung auf Lesetext 2

Die Wirtschaftspolitik eines Staates wird durch seine Einnahmen- und Ausgabenpolitik beeinflußt. Jeder Staat hat bestimmte Ausgaben, die er u. a. durch Steuereinnahmen finanzieren muß. Steuern sind die wichtigste Einnahmequelle eines Staates. So kann der Staat durch Erhöhung oder Senkung der Steuern die gesamtwirtschaftliche Nachfrage beeinflussen. Wenn die Steuern niedriger sind, haben Privatpersonen und auch Unternehmer mehr Geld in der Hand, um z. B. Konsumgüter zu kaufen oder in neue Fabriken zu investieren. Steuersenkungen werden normalerweise durchgeführt, um eine schwache Konjunktur anzukurbeln.

Die wichtigsten Steuern der Bundesrepublik Deutschland sind in der Grafik abgebildet. "Der Staat" wird hier durch seine verschiedenen Ebenen, nämlich Bund, Länder und Gemeinden repräsentiert. Steuern werden auf verschiedene Weise eingeteilt, und zwar erstens danach, wer das Geld bekommt, und zweitens nach dem Kriterium, ob die Steuern für den Güter/Kapitalbesitz sind, für eine bestimmte Art der Einkommensverwendung, oder für Güter- oder Kapitaltransaktionen.

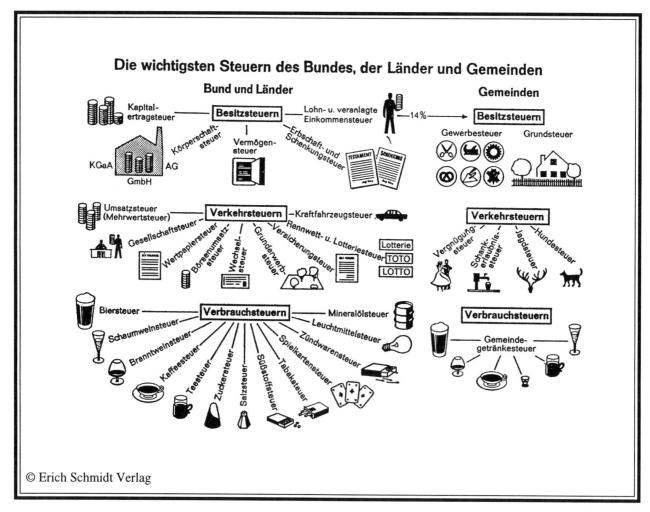

© Erich Schmidt Verlag

Grafik aus: Grundbegriffe der Wirtschaft.
Erich Schmidt Verlag, Berlin: 1975. S. 57.
Reprinted with permission of the publisher.

Bitte bearbeiten Sie die folgenden Aufgaben mit einem Partner oder einer Partnerin:

(a) Welche der drei Überbegriffe für Steuerarten gehören zu folgenden Definitionen:

    1. Steuern auf Güterbesitz heißen   _____

    2. Steuern auf Einkommensverwendung heißen   _____

    3. Steuern auf Güter/Kapitaltransaktionen heißen   _____

(b) 1. Welche ist die einzige Besitzsteuer, die sowohl von Bund und Ländern als auch von Gemeinden geteilt wird?

      _____

    2. Welche ist die einzige Verbrauchssteuer, die die Gemeinden nicht mit dem Bund und den Ländern teilen?

      _____

    3. Welche Verkehrssteuern teilen alle drei Ebenen, nämlich Bund, Länder und Gemeinden?

      _____

(c) Wählen Sie von den in der Grafik dargestellten Steuertypen den jeweils richtigen für die folgenden Definitionen:

_____   Eine Form der Umsatzsteuer. Sie wird beim Verkauf von Gütern und Dienstleistungen erhoben.

_____   Steuer auf das Einkommen von größeren Unternehmen und Organisationen.

_____   Steuer auf den An- und Verkauf von Wechseln.

_____   Steuer auf das Einkommen von Einzelpersonen.

_____   Steuer z.B. auf Kinokarten.

_____   Steuer auf Häuser und Boden.

_____   Steuer auf kleinere Unternehmen.

_____   Steuer z.B. auf Benzin

_____   Steuer z.B. auf Haustiere

_____   Steuer auf den Verkauf (mit Profit) von Aktien

_____   Steuer auf Zigaretten

Kapitel 7/Lesetext 2:
Die Geldpolitik: Der Staat und die Europäische Zentralbank

Der Staat und die Fiskalpolitik

Wir wissen bereits, daß die Fiskalpolitik des Staates dem Konjunkturzyklus entgegenlaufen soll. Doch mit welchen Mitteln kann der Staat überhaupt die gesamtwirtschaftliche Nachfrage beeinflußen? Da gibt es zum einen die staatlichen

Auch mit Hilfe der *Ausgabenpolitik* kann die Bundesregierung die Konjunktur ankurbeln. Durch staatliche Investitionen können Arbeitsplätze geschaffen und mehr Geld in Umlauf gebracht werden. So kann der Staat zum Beispiel

Die öffentlichen Finanzen

Wichtigste <u>Einnahmequelle</u> des Staates sind die Steuern.

Wichtigste Steuern sind:

Mehrwertsteuer

Körperschaftssteuer

Einkommenssteuer

Mineralölsteuer

Tabaksteuer

Größte <u>Ausgabenposten</u> des Staates sind:

Soziale Sicherung

Finanzwirtschaft

Verteidigung

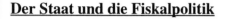

Ausgaben und zum anderen die Einnahmen von den Steuern. Bei der *Einnahmepolitik* beeinflußt die Regierung das Einkommen der privaten Haushalte und den Gewinn der Unternehmen durch direkte und indirekte Steuern. Damit legt der Staat fest, wieviel Geld den Haushalten und Unternehmen zum Konsum und zur Investition zur Verfügung steht. Und das beeinflußt wiederum die gesamtwirtschaftliche Nachfrage. Die Bundesregierung kann jederzeit die Steuern erhöhen oder senken. Allerdings müssen auch der Bundesrat und der Bundestag (= das Parlament) mit der Erhöhung bzw. Senkung übereinstimmen.

Straßen und öffentliche Gebäude bauen lassen, mehr Kindergärten einrichten, mehr Lehrkräfte in den Schulen und Universitäten einstellen, Krankenhäuser modernisieren etc. Und schließlich kann der Staat noch Investitionszulagen an die UnternehmerInnen zahlen, durch Subventionen den Export deutscher Produkte fördern und zum Beispiel durch Zollerhöhungen den Import erschweren. Die letzten beiden Maßnahmen lassen sich jedoch mit der internationalen Orientierung der Märkte und dem Prinzip des Freihandels kaum noch verbinden.

Die EZB und die europäische Geldpolitik

Was die Deutsche Bundesbank für die D-Mark war, ist die Europäische Zentralbank (EZB) für den Euro: Hüterin der Währung und der Geldwertstabilität. Wie die Deutsche Bundesbank ist die EZB ein selbstständiges Organ, das gegenüber den jeweiligen Regierungen völlige Autonomie besitzt. Die Nationalen Zentralbanken (NZB) - in Deutschland die Deutsche Bundesbank - helfen bei der Umsetzung der Geldpolitik: ihre PräsidentInnen sind im EZB-Rat vertreten. Der EZB-Rat, der außer den NZB PräsidentInnen noch aus einem sechsköpfigen Direktorium besteht, ist das wichtigste Gremium. Die EZB regelt den Geldumlauf und die Kreditversorgung der Wirtschaft. Ihre oberste Aufgabe ist die Sicherung der Preisstabilität. Um diese Aufgaben erfüllen zu können, stehen der EZB folgende Mittel zur Verfügung:

Die Mindestreservepolitik

Alle Geschäftsbanken der an der Währungsunion teilnehmenden Länder müssen einen bestimmten Prozentsatz der Geldeinlagen ihrer KundInnen bei der EZB hinterlegen. Diesen Betrag nennt man die Mindestreserve. Wenn die EZB die Mindestreserve erhöht, haben die Kreditinstitute weniger Geld zur Verfügung, das sie an Unternehmen oder Privatpersonen verleihen können. Die Kredite werden also knapper und damit teurer. Dadurch wird natürlich die Kreditnachfrage gebremst. Senkt die EZB jedoch die Mindestreserve, erfolgt der ganze Prozeß genau umgekehrt und die Nachfrage wird belebt.

Die Refinanzierungspolitik

Durch die Refinanzierungspolitik regelt die EZB die Gewährung von Krediten an Kreditinstitute. Dies geschieht einerseits durch den Ankauf von Wechseln: die Geschäftsbanken verkaufen Wechsel an die EZB, die sie selbst von ihren KundInnen angenommen haben. Die EZB fordert dafür einen Zinssatz, den man den Diskontsatz nennt. Dieser Typ der Refinanzierung wird daher Diskontpolitik genannt. Andererseits kann Refinanzierung auch durch die Lombardpolitik betrieben werden. Bei der Lombardpolitik verpfänden die Geschäftsbanken der EZB für eine bestimmte Zeit Wertpapiere. Für das verliehene Geld verlangt die EZB auch hier wieder einen Zinssatz, und das ist der sogenannte Lombardsatz. Durch Erhöhung und Senkung des Diskontsatzes (für Wechsel) und des Lombardsatzes (für Wertpapiere) kann die EZB das gesamte Zinsniveau beeinflußen.

Die Offenmarktpolitik

Bei der Offenmarktpolitik kauft und verkauft die EZB Wertpapiere. Wenn die EZB Wertpapiere zu günstigen Konditionen anbietet, werden sie von den Geschäftsbanken gekauft. Die Banken haben dann weniger Geld zur Verfügung, um es an Unternehmen und Privatpersonen zu verleihen. Kredite werden knapper und teurer. So wird der Wirtschaft Geld entzogen. Soll die Geldmenge, die den Banken zur Verfügung steht, jedoch erhöht weden, so kauft die EZB Wertpapiere von den Banken.

Lesetext 2: Wichtigste Vokabeln

Nomen

die Aufgabe, -n
die Autonomie
die Bundesbank
die Fiskalpolitik
die Funktion, -en
die Geldeinlage, -n
die Geschäftsbank, -en
die Gewährung
die Kondition, -en
die Kontrolle, -n
die Mindestreserve
die Offenmarktpolitik
die Refinanzierung
die Regelung, -en
die Umsetzung, -en
die Verfügung, -en
    (zur Verfügung stehen)
die Zulage, -n

der Ankauf, Ankäufe
der Betrag, Beträge
der Bundesrat
der Bundestag
der Diskontsatz
    Diskontsätze
der Lombardsatz
der Prozentsatz,
    Prozentsätze
der Umlauf
    (in Umlauf bringen)
der Wechsel, -
der Zinssatz,
    Zinssätze

das Gebäude, -
das Krankenhaus,
    Krankenhäuser
das Organ, -e
das Parlament, -e
das Prozent, -e
das Wertpapier, -e

Verben

anbieten
ankurbeln
bauen
beleben
betreiben
bremsen
einrichten
entziehen
erfolgen
erfüllen
erhalten
geschehen
hinterlegen
modernisieren
schaffen
übereinstimmen
verkaufen
verlangen
verleihen
verpfänden
zahlen

Adjektive/Adverbien

belebt
daher
entgegen
jederzeit
selbstständig
überhaupt
wiederum

(a) Wer übernimmt die folgenden Aufgaben? Der Staat oder die EZB?

    1. Diese Institution bestimmt, ob und wieviele Banknoten in Umlauf gebracht werden sollen.

       _____

    2. Diese Institution macht mit den Banken Geschäfte.

       _____

    3. Diese Institution verfügt über einen bestimmten Anteil des Einkommens aller Bürger.

       _____

    4. Diese Institution kontrolliert das Kreditvolumen.

       _____

    5. Diese Institution kann Zuschüsse verteilen.

       _____

(b) Welche Form der Geldpolitik wird hier beschrieben?

    Beispiel: Der Staat kann die Konjunktur zum Beispiel dadurch beeinflußen, indem er selbst zum Arbeitgeber wird.

             <u>Ausgabenpolitik</u>

    1. Die Banken sind nicht immer glücklich darüber, daß ein Teil ihres Bargeldes von der EZB einbehalten wird.

       _____

    2. Die Banken verkaufen Wechsel und verpfänden Wertpapiere an die EZB, um dafür Bargeld zu bekommen.

       _____: a. _____ und b. _____

    3. Der Staat muß diese Politik mit dem Bundesrat und dem Bundestag abstimmen.

       _____

    4. Durch ein gutes finanzielles Angebot an die Banken zieht die EZB viel Bargeld ein und vermindert damit das Kreditvolumen der Banken.

       _____

(c) Der Paragraph *Mindestreservepolitik* beschreibt die Folgen einer Erhöhung der Mindestreserve. Beschreiben Sie jetzt bitte den umgekehrten Prozess, also die <u>Senkung</u> der Mindestreserve.

    Folge 1: _____

    Folge 2: _____

    Folge 3: _____

Kulturverständnis

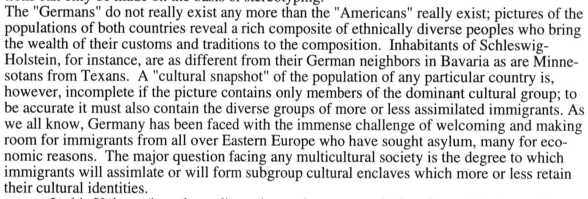

In our first encounter with cross-cultural awareness-building exercises in Unit 1 we dealt with the German image of Americans and the American image of Germans and found that most of the characteristics of those images, both positive and negative, were based on stereotypes. We discussed the nature of stereotypes and how they are formed. Stereotypes exist, however, not only of peoples inhabiting a different country, but also, of course, of cultural groups within any particular country. This leads us further to a discussion of the generalization we made in Unit 1 about "Germans" and "Americans." Such generalizations can only be made on the basis of stereotyping. The "Germans" do not really exist any more than the "Americans" really exist; pictures of the populations of both countries reveal a rich composite of ethnically diverse peoples who bring the wealth of their customs and traditions to the composition. Inhabitants of Schleswig-Holstein, for instance, are as different from their German neighbors in Bavaria as are Minnesotans from Texans. A "cultural snapshot" of the population of any particular country is, however, incomplete if the picture contains only members of the dominant cultural group; to be accurate it must also contain the diverse groups of more or less assimilated immigrants. As we all know, Germany has been faced with the immense challenge of welcoming and making room for immigrants from all over Eastern Europe who have sought asylum, many for economic reasons. The major question facing any multicultural society is the degree to which immigrants will assimlate or will form subgroup cultural enclaves which more or less retain their cultural identities.

In this Unit, we have been discussing various economic theories and their manifestations in reality, and the political and economic driving forces in a free market economy. During this discussion, we talked about the social, political and economic challenges for Germany after its reunification. In terms of cultural assimilation, the residents of East Germany had to begin to assimilate rather quickly from a communistic social system with a centrally controlled economy to the mechanisms of a highly individualistic free enterprise system. Each system has very different core values which encourage and reward very different behaviors.

The experiences we make in our daily lives show us that core values are the essence of behavior. The most common reason for misunderstanding and devaluing another culture is our tendency to judge certain behaviors in the other culture by our own value standards, i.e. to see behaviors of the other cultures through the "glasses" of our own. In order to be able to understand the values of another culture, though, we must come to a better understanding of those which are fundamental to our own. These core values are so deeply embedded that we are usually not conscious of their effect on our behavior and also not conscious of applying these values to our interpretation of the behavior of others.

In the following interview, Nobel-prize winner Amartya Sen talks about core values in our society, and their effect on today's global economy. Please complete the following exercises before reading the text.

1. Als Vorbereitung für das Interview machen Sie bitte eine Liste der Charakteristika des Systems der Freien Marktwirtschaft gegenüber dem der Zentralverwaltungswirtschaft.

Zentralverwaltungswirtschaft	Freie Marktwirtschaft
freie Berufswahl	*keine freie Berufswahl*

2. Was sind die Vor- und Nachteile eines jeden Systems? Notieren Sie Stichwörter.

_____

_____

_____

_____

_____

3. Können Sie sich ein drittes System ausdenken, das diese Probleme beseitigen könnte?

_____

_____

_____

_____

4. Heutzutage sprechen alle Ökonomen und Politiker von der Globalisierung der Wirtschaft. Was sind die Vor- und Nachteile der Globalisierung der Wirtschaft?

_____

_____

_____

_____

_____

_____

_____

„Viele Rezepte für gutes Curry"

Der indische Wirtschaftsnobelpreisträger Amartya Sen über den dritten Weg, Globalisierung und die Rolle von Modellen und Werten in Gesellschaft und Ökonomie.

Sen, 65, studierte in seinem Heimatland Indien und in England Philosophie und Wirtschaftswissenschaften. Er promovierte 1959 in Cambridge und wurde 1963 an die Universität Delhi zum Professor für Ökonomie berufen. Seitdem hat er zahlreiche akademische Ämter in seiner Heimat sowie den USA und England bekleidet. Mit seiner Arbeit über die „ökonomische Ungleichheit" errang der Wohlfahrtstheoretiker weltweit Aufsehen und erhielt 1998 den Nobelpreis für Wirtschaftswissenschaften.

Herr Professor Sen, als Sie vor kurzem Ihr Heimatland Indien besuchten, sind Tausende von Menschen zusammengeströmt wie einst bei Mahatma Gandhi. Sind Sie der neue Hoffnungsträger des Landes – vielleicht sogar eine Art Messias für die Dritte und Vierte Welt?
SEN: Ganz sicher nicht. Die Inder waren ganz einfach erfreut, ja enthusiastisch darüber, daß einer von ihnen den Nobelpreis bekommen hat. Und sie fühlen sich von dem Hauptthema berührt, an dem und für das ich arbeite: der Gleichberechtigung zwischen allen Menschen.

Der Sozialismus ist dabei gescheitert, der Kapitalismus wird wegen des Auseinanderklaffens von Arm und Reich kritisiert. Wollen Sie einen dritten Weg?
SEN: Ich bin kein Anhänger dieser oft geäußerten Idee. Die europäische Aufklärung des 18. Jahrhunderts hat bereits viele der entscheidenden politischen, gesellschaftlichen und ökonomischen Essentials für eine gute und funktionierende Gesellschaft herausgearbeitet. Allen voran steht der Freiheitsgedanke. Dann die Brüderlichkeit – der Solidaritätsgedanke: Niemand soll von der Gesellschaft ausgeschlossen werden. Und selbstverständlich ist die Gleichheit ebenfalls ganz wichtig für eine Gesellschaft. Diese Gedanken müssen weltweit umgesetzt werden.

Fragt sich nur wie. Haben Sie ein Rezept?
SEN: Es kommt mir vor, als ob jemand mich fragt: Was ist das beste Rezept, ein gutes Curry zu machen? Da antworte ich: Es gibt viele Rezepte für ein gutes Curry. Manche Köche geben mehr Knoblauch und andere mehr Pfeffer bei, manche wiederum verwenden andere Gewürze. Vielfalt ist möglich. Deswegen bin ich auch skeptisch gegenüber jedem Versuch, komplexe gesellschaftliche Zusammenhänge in Slogans von einer Zeile Länge umzumünzen.

Doch trotz komplexer Zusammenhänge sind eindeutige Antworten gefragt. Wer, zum Beispiel, profitiert von der Globalisierung?
SEN: Ich möchte drei Punkte in diesem Zusammenhang nennen. Erstens haben wir wirklich keine Alternative zur Globalisierung. Allein die technologische Entwicklung zwingt zum Warenaustausch rund um die Welt. Das kann nicht mehr rückgängig gemacht werden. Zweitens bringt die Globalisierung für einen bedeutenden Teil der Weltbevölkerung großen Nutzen. Aber schon der Nationalökonom Adam Smith wußte, daß nicht alle davon profitieren werden. Man braucht darum drittens eine nationale Wirtschaftspolitik, die dafür sorgt, daß die ärmeren Leute nicht zum Verlierer der Globalisierung werden. Daher sind gute soziale Sicherheitsnetze nötig.

Wer soll das bezahlen?
SEN: Die Gesellschaft, denn sie profitiert ja davon, daß die Globalisierung Wohlstand kreiert. Das hat schon Adam Smith so gesehen. Er forderte Armen- und Gesundheitspolitik oder die Verbesserung der Bildung – und das vor 225 Jahren.

Wieviel Sozialstaat ist denn nötig?
SEN: Vor allem ist mehr Innovation nötig. Wenn es in europäischen Industrieländern Arbeitslosenraten bis zu 20 Prozent gibt, dann hat die Politik ganz sicher versagt.

Machen es die Amerikaner denn besser?
SEN: Es gibt tatsächlich manches, das man vom amerikanischen Weg lernen kann – etwa Flexibilität und Mobilität. Aber auch manches, das man besser nicht lernen sollte. Drei Millionen Amerikaner leben ohne Krankenversicherung, schwarze US-Bürger haben eine viel niedrigere Lebenserwartung als die Menschen in manchen Staaten der Dritten und Vierten Welt. Und über zwei Millionen Amerikaner stecken in Gefängnissen, Gewalt ist an der Tagesordnung.

Wo findet sich das beste Modell für Wirtschaft und Gesellschaft?
SEN: Es gibt keinen Modellstaat. Man muß aus den Erfahrungen verschiedener Länder lernen – von den guten wie den schlechten. Das ist die einzige, wenn auch anspruchsvolle Methode: genau zu prüfen, was sich dann für eine Gesellschaft am besten eignet.

Führt aber nicht die Globalisierung zur Angleichung, indem sie den Nationalstaat zurückdrängt?
SEN: Richtig. Bereits in den frühen Tagen des Kapitalismus haben Adam Smith und David Hume darüber diskutiert, daß die Expansion des internationalen Handels zu einer Schwächung der nationalen Identität führen wird. Es ist ohnehin ein Fehler zu glauben, daß unsere Identität davon abhängt, daß wir Bürger eines Landes sind. Ich bin Inder, lebe aber in England und Amerika ...

... so daß Sie Weltbürger sind. Ist es sinnvoll und möglich, für die Weltgesellschaft soziale und ökologische Standards zu finden und zu etablieren?
SEN: Ich denke, daß es durchaus möglich ist, internationale Verhaltensmuster zu etablieren. Aber wir dürfen solche Standards nicht isoliert betrachten, sondern wir müssen Zusammenhänge erkennen. Wie wir wissen, reduziert nichts so stark die Geburtenrate in der Dritten Welt wie die Ausbildung der Frauen und die Schaffung von Arbeitsplätzen für sie. Man kann also Bevölkerungsprobleme nicht lösen, wenn man nicht gleichzeitig soziale Fragen und die Gleichberechtigung der Geschlechter diskutiert.

Kann eine Weltgesellschaft denn überhaupt entstehen, wenn es unterschiedliche Wertesysteme in Asien, Amerika und Europa gibt?
SEN: Ich glaube nicht, daß es so etwas wie asiatische oder europäische Werte gibt. Das behaupten zwar einige asiatische Politiker wie beispielsweise der große alte Mann Singapurs, Lee Kuan Yew, und der ehemalige chinesische Ministerpräsident Li Peng. Beide verteidigen autoritäre Systeme mit dem Argument, sie nützten der wirtschaftlichen Entwicklung. Doch dafür gibt es schon keinen ökonomischen Beleg. Und wenn Sie chinesische oder indische Literatur lesen, werden Sie feststellen, daß auch Religionsstifter und Philosophen Freiheit und Selbstbestimmung betonen. Die Wertvorstellungen sind viel differenzierter, als Politiker oft glauben machen wollen. Und in einer immer enger zusammenrückenden globalen Wirtschaft beeinflussen sich auch die Wertewelten gegenseitig.

BOLKE BEHRENS/BRIGITTE v. HAACKE ■

© WirtschaftsWoche
Text aus: **WirtschaftsWoche**, Nr. 10/4.3.1999, Ss. 40+41.
Reprinted with permission of publisher.

Bitte beantworten Sie die folgenden Fragen gemeinsam mit einem Partner oder einer Partnerin, nachdem Sie das Interview mit Amartya Sen gelesen haben.

1. Informationen über Amartya Sen:
    Alter: _____
    Studium wann und wo: _____
    Promotion wann und wo: _____
    Professur wann und wo: _____

2. Welche drei Werte hat uns gemäß Prof. Sen die europäische Aufklärung des 18. Jahrhunderts vermittelt?
    _____

3. Wie werden Ihrer Meinung nach diese Werte in der amerikanischen und deutschen Gesellschaft umgesetzt?
    _____
    _____
    _____

4. Zum Thema Globalisierung sagt Prof. Sen, daß es keine Alternative zur Globalisierung gibt. Was meint er damit? Stimmen Sie seiner Meinung zu? Warum? Warum nicht?
    _____
    _____
    _____
    _____
    _____
    _____

6. (a) Welche Kritik übt er der amerikanischen Gesellschaft gegenüber?
    (b) Ist diese Kritik Ihrer Meinung nach gerechtfertigt?
    _____
    _____
    _____
    _____

7. Die Reporter bezeichnen Prof. Sen als "Weltbürger." Was ist das Ihrer Meinung nach? Gibt es so eine Person überhaupt?
    _____
    _____
    _____
    _____

Kapitel 8
Wiederholung und Anwendung

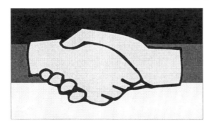

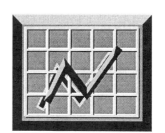

Schreibfertigkeiten: Anwendungsübung

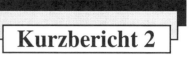

Ihre Aufgabe:

<u>Heute in einer Woche</u> ist die erste Fassung Ihres zweiten Kurzberichts fällig. In Bezug auf den Zweck (Kurzbericht für den Chef) ist die Aufgabe dieselbe wie bei dem ersten Bericht. Dieser zweite Bericht soll aber ein bißchen länger sein, nämlich 5 maschinenschriftliche Seiten in doppeltem Zeilenabstand (Schrifttyp: Times, Größe: 12).

Zum Inhalt und zur Organisation:

Thema des zweiten Berichts bleibt:

Soll AmeriChemists jetzt eine deutsche Produktionsstätte errichten?

Sie sollen also den ersten Bericht als Grundlage für den zweiten Bericht benutzen, allerdings müssen Sie diesmal **die entgegengesetzte Meinung zu der Frage vertreten**. Das heißt, wenn Sie im ersten Bericht die Frage mit "Ja" beantwortet haben, müssen Sie jetzt "Nein" sagen, und umgekehrt. Für den ersten Bericht haben Sie alle relevanten Materialien aus den ersten vier Kapiteln des Lehrwerks benutzt; diesmal sollen Sie alle relevanten Materialien in den Kapiteln fünf bis sieben des Lehrwerks noch einmal lesen und neue Informationen zur Unterstützung Ihrer entgegengesetzten Position zusammenstellen. Was die Organisation betrifft, so müssen Sie im ersten Paragraphen Stellung zu der oben gestellten Frage nehmen und eine kurze Übersicht Ihrer Argumentationsfolge geben. In den darauffolgenden Paragraphen sollen Sie dann die relevanten Tatsachen und Beweise wiedergeben, die Ihre Stellungnahme unterstützen. Denken Sie wieder daran, bei der Verfassung des neuen, etwas längeren Berichts auch visuelle Merkmale zur Gliederung Ihres Texts zu benutzen.

Zur Sprache:

Sie haben schon im ersten Bericht versucht, etwas längere und kompliziertere Sätze zu schreiben. Diesen Anfang sollen Sie jetzt als sprachliche Grundlage für den zweiten Bericht benutzen. Sprachlich sollen Sie diesmal aber besonders auf vernünftige Variationen in der Sequenz der Satzelemente aufpassen. Bevor Sie sich zum Schreiben niedersetzen, wiederholen Sie die Regeln der Sequenzvariation in den Kapiteln 5 und 6 noch einmal. Versuchen Sie, Ihren Stil durch logische Benutzung von Sequenzvariationen auf ein etwas höheres Niveau zu bringen. <u>Unterstreichen</u> Sie alle Satzanfänge in den Sätzen, die keine Subjektphrasen in der ersten Position haben.

Bei Variationen in der Satzelementesequenz sollen Sie auch sogenannte Kommunikationssignale berücksichtigen. Diese Kommunikationssignale werden im Deutschen sehr oft als Satzanfänge benutzt. In jeder Art von Kommunikation gibt es Signale, die den logischen Aufbau des Diskurses unterstützen. Sie sorgen für einen zusammenhängenden Rede- oder Lesefluß, so daß die Kommunikationspartner unseren Gedanken leicht und bequem folgen können. Auf der nächsten Seite finden Sie einige Beispiele dieser Kommunikationssignale im Deutschen. Die meisten davon kennen Sie bereits aus den Lese- und Hörtexten. Sie wurden hier für Sie in Funktionsgruppen zusammengefaßt, so daß Sie leicht erkennen können, auf welche Weise diese Signale den Fluß einer Kommunikation unterstützen.

Wie bei dem ersten Bericht werden Sie den größten Erfolg bei dieser Aufgabe haben, wenn Sie sofort eine erste Fassung schreiben, sie dann ein paar Tage weglegen und später in der Woche diese erste Fassung nochmals durchlesen und überarbeiten, bevor Sie das Endprodukt an Frau Loesemittel bzw. Ihre Lehrkraft abgeben.

Kommunikationssignale

Gruppe 1: Die Kommunikationssignale dieser Gruppe helfen Ihnen, **Informationen aufzulisten und zu strukturieren**.

- erstens, zuerst (einmal), zunächst, anfänglich, am Anfang, zu Beginn
- zweitens, drittens ..., und dann, als nächstes, im Folgenden, anschließend,
- im Anschluß
- zuletzt, schließlich, zum Schluß
- et cetera (etc.), und so weiter (usw.)

Gruppe 2: Die Kommunikationssignale dieser Gruppe helfen Ihnen, **unterstützende oder wiederholende Informationen hinzuzufügen**.

- und, außerdem, ebenso
- auch, weiterhin, zusätzlich
- gleichermaßen, auf gleiche Weise
- ähnlich, auf ähnliche Weise

Gruppe 3: Die Kommunikationssignale dieser Gruppe helfen Ihnen, **eine Zusammenfassung der Informationen einzuleiten**.

- insgesamt, alles in allem, zusammengefaßt, kurz gesagt
- daher, somit, aus diesem Grunde, daraus folgt, daraus ergibt sich, daraus läßt sich ersehen, daraus läßt sich schließen
- schlußfolgernd, als Schlußfolgerung, als Konsequenz

Gruppe 4: Die Kommunikationssignale dieser Gruppe helfen Ihnen, **vorangegangene Informationen genauer zu erklären**.

- mit anderen Worten, anders gesagt
- beziehungsweise (bzw.)
- das bedeutet, das heißt (d.h.)

Gruppe 5: Die Kommunikationssignale dieser Gruppe helfen Ihnen, **vorangegangenen Informationen Beispiele hinzuzufügen**.

- zum Beispiel, beispielsweise

Gruppe 6: Die Kommunikationssignale dieser Gruppe helfen Ihnen, **Informationen zu kontrastieren**.

- einerseits, andererseits, auf der einen Seite, auf der anderen Seite
- allerdings, aber
- anstattdessen
- wie dem auch sei, nichts desto trotz

Zur Wiederholung des Wortschatzes

Wichtigste Nomen aus den Kapiteln 5, 6 und 7:

die/der Arbeitslose, -n
die Aufstiegsmöglichkeit, -en
die Bundesbank
die Chancengleichheit
die Entscheidung, -en
die Fiskalpolitik
die Forderung, -en
die Geldeinlage, -n
die Gewaltenteilung
die Gewerkschaft, -en
die Inflationsrate, -n
die Internationalisierung
die Kaufkraft
die Konjunktur
die Landesbank, -en
die Leistung, -en
die Mindestreserve
die Nachfrage
die Notenbank
die Offenmarktpolitik
die Partei, -en
die Planwirtschaft
die Preisbildung
die Refinanzierung
die Rente, n
die Schwankung, -en
die Sozialleistung, -en
die Stabilität
die Umwelt
die Verhandlung, -en
die Wirklichkeit
die Zahlungsbilanz

der Abschwung
der Arbeitsplatz, -plätze
der Arbeitgeberverband
der Bundesrat
der Bundestag
der Diskontsatz
der Gewinn, -e
der Kredit, -e
der Konsum
der Lebensstandard
der Lohn, Löhne
der Lombardsatz
der Prozentsatz, -sätze
der Tarif, -e
der Tausch
der Verlust, -e
der Vertrag, Verträge
der Warenkorb, -körbe
der Wechsel, -
der Zins, -en

das Bruttosozialprodukt
das Eigentum, Eigentümer
das Gesetz, -e
das Gleichgewicht
das Kapital
das Kartell, -e
das Kreditinstitut, -e
das Medium, Medien
das Monopol, -e
das Nettoeinkommen, -
das Parlament, -e
das Volkseinkommen
das Wertpapier, -e
das Wirtschaftswachstum

Wichtigste Verben aus den Kapiteln 5, 6 und 7:

anbieten *provide*
ankurbeln *boost*
sich äußern *express*
auftreten *to appear*
beitragen
beschließen
bezeichnen

bremsen
einstellen
erhöhen
erwarten
hinterlegen
sich leisten
senken

stattfinden
übereinstimmen *concur*
verändern
verleihen
vermindern
verteuern
verwirklichen

Wichtigste Adjektive/Adverbien aus den Kapiteln 5, 6 und 7:

außerdem
allerdings
autonom
bar
bedeutsam
bereits
beziehungsweise (bzw.)

daher
deutlich
durchschnittlich
einerseits/andererseits
entgegen
hinsichtlich
je ... desto

jeweils
lebenswichtig
schließlich
sogenannt (sog.)
und so weiter (usw.)
wiederum
zunächst

Übung 1: Zum Aufbau des Wortschatzes

Adjektive/Adverbien

Die Sätze des folgenden Textes sind durcheinander geraten. Bitte bringen Sie sie wieder in die richtige Reihenfolge.

Denken Sie dabei daran, daß die Kommunikationssignale bei der Organisation eines Textes eine große Rolle spielen.

Die Medien

Aber andererseits spiegeln die Medien selbst auch die Meinungen der Öffentlichkeit wieder. 3

Daher kann man das Verhältnis der Medien zur Öffentlichkeit nicht als Einbahnstraße 4 betrachten.

... und je mehr Leser bzw. Hörer sie haben, desto größer ist ihr Einfluß. 2

Und schließlich muß man noch bedenken, daß die Journalisten auch ein Teil der 5 Öffentlichkeit sind.

Einerseits kann man sagen, daß die Medien bei der Bildung der Öffentlichen Meinung eine große Rolle spielen, ... 1

_____

_____

_____

_____

_____

_____

Verben

Bitte setzen Sie das inhaltlich richtige Verb aus der vorangegangenen Vokabelliste ein.

1. Wenn die Banken wenig Bargeld haben, _____erhöhen_____ (äußern) sich die Zinssätze der Kredite.

2. Der Staat muß eine antizyklische Konjunkturpolitik betreiben; d.h. also, wenn die Konjunktur am Fallen ist, muß der Staat sie wieder _____ankurbeln_____.

3. Für die Mindestreserve müssen die Banken bei der Bundesbank Geld _____hinterlegen_____.

4. Je mehr bares Geld die Banken zur Verfügung haben, desto mehr können sie an Unternehmen und Privatpersonen _____verleihen_____.

5. Wenn die Preise schneller steigen als die Löhne, kann man sich weniger _____leisten_____.

Nomen

Bitte suchen Sie aus der folgenden Liste immer zwei Nomen heraus, die zusammen ein inhaltliches Begriffspaar bilden.

<u>Beispiele für Begriffspaare</u>:

der Arbeitgeber	-	der Arbeitnehmer (entgegengesetzte Bedeutung)
die Wirklichkeit	-	die Realität (gleichbedeutend)

<u>Liste</u>:

~~der Gewinn~~	der Diskontsatz
das Monopol	das Wirtschaftswachstum
die Stabilität	die Arbeitsplätze
die Arbeitslosen	die Preisbildung
das Parlament	der Arbeitgeberverband
die Gewerkschaft	das Kartell
die Kaufkraft	~~der Lohn~~
die Marktwirtschaft	der Bundestag
der Wechsel	das Gleichgewicht
das Bruttosozialprodukt	die Planwirtschaft

1. der Gewinn - der Lohn

2.

3.

4.

5.

6.

7.

8.

9.

10.

Übung 2: Zur Wiederholung der Konzepte

(a) Wählen Sie bitte jeweils drei Begriffe aus der Liste der wichtigsten Nomen und ordnen Sie sie den folgenden Stichworten zu. Die Begriffe müssen inhaltlich derselben Gruppe angehören. Benutzen Sie bitte jeden Begriff nur einmal.

<u>Beispiel</u>:   Stichwort: *Gewerkschaft*

        1. Lohn   2. Arbeitgeberverband   3. Tarif

1.   Stichwort: *Konjunktur*

        1. Aufschwung   2. Abschwung   3. Konjunkturpolitik

2.   Stichwort: *Wirtschaftswachstum*

        1. Kaufkraft   2. Inflation   3. Aufschwung

3.   Stichwort: *Bundesbank*

        1.   2.   3.

4.   Stichwort: *Parlament*

        1. Bundestag   2. Bundesrat   3.

5.   Stichwort: *Fiskalpolitik*

        1. Einnahmepolitik 2. Ausgabenpolitik   3. Steuern

(b) Suchen, unterstreichen und korrigieren Sie bitte die 8 Fehler, die in dem folgenden Text enthalten sind.

<u>Beispiel</u>:   Wenn eine Zentralstelle bestimmt, von wem und in welcher Menge Produkte hergestellt werden sollen, spricht man von einer <u>Marktwirtschaft.</u>

           Korrektur: Planwirtschaft

So wie ein privater Haushalt ein Familieneinkommen hat, hat jeder Staat ein Volkseinkommen. Zu diesem Volkseinkommen zählt man die <u>Gewinne</u> [*Löhne*] der ArbeitnehmerInnen genauso wie die <u>Löhne</u> [*Gewinne*] der UnternehmerInnen. Bei einem steigenden Wirtschaftswachstum steigt normalerweise auch das Pro-Kopf-Einkommen der privaten Haushalte. Aber meistens wachsen mit den Löhnen und Gewinnen auch die Preise. Steigen die Preise schneller als die Löhne, kommt es zu einer Zunahme der Kaufkraft. Der Anstieg der Verbraucherpreise wird an einem Warenkorb gemessen, der sogenannte <u>Luxus</u>güter und Dienstleistungen umfaßt. Für die deutschen Bundesbürger ist die Stabilerhaltung der Preise von großer Wichtigkeit. Der Staat kann vor allem durch die Konjunktur- und <u>Refinanzierungs</u>politik [*Fiskal*] auf die Preisstabilität einwirken. Die Konjunkturpolitik des Staates verläuft antizyklisch. Steigt das Wirtschaftswachstum besonders schnell, wird die Konjunktur <u>angekurbelt</u> [*gebremst*] und umgekehrt. Die Europäische Zentralbank hat auf die Preisstabilität in Deutschland einen <u>geringen</u> [*bedeutenden*] Einfluß und sie muß sich in allen ihren Entscheidungen nach der deutschen Bundesregierung richten.

Übung 3:
Zur Vorbereitung auf die Lektüre zur Anwendung

1. Wie wir schon in Kapitel 4 diskutiert haben, kann man bereits vor dem intensiven Lesen eines Artikels sehr viel über seinen Inhalt erraten, wenn man sich zuerst die visuellen Signale der Bilder und Schlagzeilen anschaut. Ohne den Artikel "Instabile Lage" zu lesen, schauen Sie sich die Schlagzeilen und Bilder an, die zu dem visuellen Kontext dieses Artikels beitragen. Von diesen visuellen Signalen können Sie Folgendes über den Inhalt des Artikels spekulieren:

   (a) Die IG Metall ist eine _____.
   (b) Die IG Metall streikt um höhere _____.
   (c) Die gewünschte Erhöhung beträgt _____.
   (d) Diese Erhöhung kann sich negativ auf die _____ auswirken.

2. Wir wissen also bereits vor dem intensiven Lesen, daß der Artikel den Tarifkonflikt zwischen Gewerkschaften und Arbeitgebervertretern beschreibt. Genauer gesagt will die Gewerkschaft IG-Metall eine Lohnerhöhung für ihre Mitglieder erkämpfen. Aber in der Schlagzeile steht auch, daß dadurch Arbeitsplätze in Gefahr sind. Warum ist das so? Erklären Sie kurz den Zusammenhang zwischen Lohnerhöhungen, Verlust von Arbeitsplätzen, Erhöhung der Arbeitslosigkeit, Konjunktur und Wirtschaftswachstum.

   _____

   _____

   _____

   _____

   _____

   _____

3. Spekulieren Sie nun ganz kurz, welche weiteren Detailinformationen Sie in diesem Artikel erwarten. Welche Verhandlungsparteien außer den Gewerkschaften und den Arbeitnehmervertretern werden wohl eingeführt? Welche Gesichtspunkte und Argumente werden diskutiert? Welche Lösungen werden vorgeschlagen?

   _____

   _____

   _____

   _____

   _____

   _____

   _____

Lektüre zur Anwendung

Heute Warnstreik der Metall- arbeiter!

W+P TARIFPOLITIK

Instabile Lage

Mit ihrem aggressiven Lohnkurs gefährdet die IG Metall weitere Arbeitsplätze – und schwächt damit Bundeskanzler Gerhard Schröder.

Der Dienstag war kein guter Tag für Bundeskanzler Gerhard Schröder: Erst verkündete Bernhard Jagoda, Chef der Nürnberger Bundesanstalt für Arbeit, daß die Zahl der Arbeitslosen im Januar um 257 900 auf 4,46 Millionen gestiegen sei. Damit liegt sie um knapp 489 800 höher als bei Amtsantritt von Rot-Grün.

Am Abend kam es noch dicker: Begleitet von massiven Warnstreiks, brachen die Tarifpartner der Metall- und Elektroindustrie die Lohnverhandlungen für die 3,4 Millionen Beschäftigten der Branche ab. Die Arbeitgeber hatten ihr Angebot von 2,3 Prozent mehr Lohn plus einer gewinnabhängigen Einmalzahlung von 0,5 Prozent nicht mehr nachgebessert.

„Wir sind wieder dort, wo wir vor 14 Tagen angefangen haben", schimpfte der baden-württembergische IG-Metall-Verhandlungsführer Berthold Huber. In der Metallindustrie stehen jetzt die Zeichen auf Streik, wenn die Gewerkschaften ihre Drohung wahrmachen und an diesem Wochenende die Urabstimmung beschließen.

Mit ihrer hartnäckigen Forderung nach 6,5 Prozent mehr Lohn in den laufenden Tarifverhandlungen gefährdet die IG Metall nicht nur das Bündnis für Arbeit. Zu hohe Lohnabschlüsse drohen bei der ohnehin wackeligen Konjunktur verheerende Auswirkungen auf dem Arbeitsmarkt zu haben.

Ständig korrigieren die Konjunkturforscher ihre Wachstumsprognosen für Deutschland nach unten. Denn sämtliche Warnlampen leuchten bereits: Die Auftragseingänge der Unternehmen sacken seit Monaten ab, das Geschäftsklima bei Managern und Unternehmern wird immer mieser, wie das Münchner Ifo-Institut in mehr als 7000 Unternehmen ermittelt hat. Auch Umfragen des Kölner Instituts der deutschen Wirtschaft (IW) zeigen einen Rückgang bei Einstellungen und Investitionen.

Besonders pessimistisch ist das Deutsche Institut für Wirtschaftsforschung (DIW) in Berlin, das für dieses Jahr ein kümmerliches Wachstum von gerade mal 1,4 Prozent vorhersagt. Die Konjunkturexperten fürchten, daß die Krisen in Asien, Rußland und Südamerika die Exporte weiter unter Druck setzen werden.

Gerade in der Metallindustrie werden die Aussichten von Monat zu Monat trüber. Rund 15 Prozent ihrer Exporte gehen in Krisenregionen dieser Erde – das entspricht einem Umsatzvolumen von rund 75 Milliarden Mark. Vom Einbruch bei den Aufträgen sind die einzelnen Unternehmen sehr unterschiedlich betroffen. So liefern etwa Hütten- und Walzwerke, Bergbau- und Textilmaschinenhersteller und Produzenten von Nahrungsmittel- und Verpackungsmaschinen über 20 Prozent ihrer Produkte in die Krisenregionen.

Über 900 000 Arbeitsplätze, warnt der Arbeitgeberverband Gesamtmetall, hängen an Unternehmen, bei denen die Ertragslage – anders als bei vielen Großunternehmen – kritisch ist.

Ein zu hoher Lohnabschluß in der diesjährigen Tarifrunde träfe die Firmen so ausgerechnet zu einem Zeitpunkt, an dem die Konjunktur auf der Kippe steht – Chancen für den Abbau der Arbeitslosigkeit würden leichtfertig vertan, ja, weitere Jobverluste drohen, warnen Wirtschaftswissenschaftler.

Dies zeigen auch die Berechnungen, die das Rheinisch-Westfälische Institut für Wirtschaftsforschung in Essen (RWI) exklusiv für die *Wirtschaftswoche* durchgeführt hat. Das anerkannte Institut hat mit seinem Konjunkturmodell die Auswirkungen alternativer Lohnabschlüsse zwischen zwei und 6,5 Prozent auf Konjunktur und Arbeitsmarkt simuliert.

Das Ergebnis: „Je kräftiger der Lohnzuwachs, desto höher die Arbeitslosigkeit und geringer das Wirtschaftswachstum", so György Barabas, Konjunkturexperte des RWI.

In Zeiten kräftig sprudelnder Gewinne in vielen Unternehmen fordern die Arbeitnehmer ihren Anteil. Fast täglich veröffentlichen große Konzerne der Branche glänzende Umsatz- und Gewinnzahlen. Seit 1993, argumentiert die IG Metall, sind die Nettogewinne der Unternehmen von 5 auf 27 Milliarden Mark gestiegen. Gleichzeitig seien die Nettoeinkommen der Arbeitnehmer jedoch gesunken, weil der Staat mit Steuern und Abgaben ordentlich zulangte.

Doch die Gewinne von gestern sind ein schlechter Maßstab für die Löhne von morgen. „Die Gewerkschaften begründen ihre Lohnforderungen mit Zahlen der Vergangenheit", kritisiert Commerzbanker Solveen, „der vereinbarte Lohnzuwachs aber muß durch zukünftige Gewinne finanziert werden."

Fällt der Tarifabschluß zu hoch aus, belastet er die Unternehmen just in dem Moment, wo es mit der Konjunktur ohnehin bergab geht. Die Personalkosten schnellen in die Höhe, Entlassungen sind unvermeidlich.

Der Kanzler durchschaut diese Zusammenhänge – und fürchtet um seine Arbeitsmarktbilanz. Doch Schröder kann an die Gewerkschaftsfunktionäre nur appellieren.

In einem Interview der französischen Tageszeitung „Le Figaro" warnte er zuletzt eindringlich, die Gewerkschaften dürften nicht nur auf die hohen Gewinne der vergangenen Jahre, sondern müßten auf die gegenwärtig „labilere Lage" sehen. Er hoffe auf ein Verhandlungsergebnis, „das den gesamtwirtschaftlichen Erfordernissen gerecht wird". Nicht zuletzt, weil die mächtige Metallindustrie Pilotcharakter hat für andere Branchen, die zeitgleich und wenig später über Lohnerhöhungen verhandeln.

Übung 4: Zum Leseverständnis

1. Bitte ergänzen Sie mit Informationen aus dem Artikel:

   (a) Im Januar 1999 stieg die Zahl der Arbeitslosen um _____ auf insgesamt _____ in der ganzen Bundesrepublik.

   (b) Die Arbeitgeber machten ein Angebot von _____ mehr Lohn und einem einmaligen Bonus von _____.

   (c) Die Arbeitgeber argumentierten, daß zu hohe Lohnzuschüsse schlimme Auswirkungen auf den _____ und die _____ haben werden.

   (d) Die sogenannten Konjunkturforscher sagten, daß _____ _____.

   (e) Ein großes Problem liegt auch bei den Exporten. Rund 15% der Exporte der Metallindustrie gehen in sogenannte _____ dieser Erde. Diese Krisenregionen sind _____, _____ und _____.

   (f) Das Rheinisch-Westfälische Institut für Wirtschaftsforschung (RWI) hatte ein Konjunkturmodell entwickelt und machte folgende Prognose: Je _____ die Lohnerhöhung, desto _____ die Arbeitslosigkeit und desto _____ das Wirtschaftswachstum.

   (g) Die IG-Metall argumentierte, daß viele Unternehmen seit 1993 _____ _____.

   Auf der anderen Seite sind aber für die Arbeitnehmer _____ _____.

   (h) Herr Solveen von der Commerzbank kommentierte das Argument der Gewerkschaften damit, daß _____.

   (i) Kanzler Gerhard Schröder verstand zwar folgende Zusammenhänge: Ein zu _____ Tarifabschluß bedeutet eine zu _____ Belastung für die Unternehmen und ein _____ Zeichen für die Konjunktur, da sich die _____ kosten erhöhen und Entlassungen dann _____ sind.

   (k) Aber Schröder hat auch Angst, daß er sein Wahlversprechen, nämlich die Senkung der Arbeitslosigkeit, nicht halten kann. Er hoffte daher, daß _____ _____.

2. Vergleichen Sie nun die Informationen, die Ihnen der Artikel vermittelt, mit Ihren Spekulationen über den Inhalt des Artikels in Übung 3, # 3. Gibt es eine Diskrepanz zwischen Ihren Erwartungen und dem eigentlichen Inhalt des Artikels? Welche?

   _____
   _____
   _____
   _____
   _____
   _____
   _____
   _____

Kapitel 9
Der Arbeitsmarkt

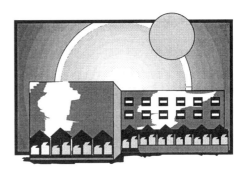

Berufe

Bis jetzt haben wir eigentlich immer nur zwei Berufsgruppen voneinander unterschieden, und zwar einerseits die *ArbeitnehmerInnen* und andererseits die *ArbeitgeberInnen*. In diesem Lesetext soll zuerst die Arbeitswelt in weitere Untergruppen eingeteilt werden, je nachdem ob es sich um *Arbeiter, Angestellte, Beamte* oder *Freiberufler* handelt. Anschliessend wird das Verhältnis zwischen ArbeitnehmerInnen und ArbeitgeberInnen diskutiert.

Die ArbeiterInnen

Zu den Berufen, die als Arbeiterberufe bezeichnet werden, gehört zum Beispiel der Beruf des Maurers, der Elektrikerin, des Bauarbeiters und der Fließbandarbeiterin. Die Bezahlung der ArbeiterInnen wird als *Lohn* bezeichnet. Der Lohn kann monatlich oder wöchentlich ausbezahlt werden. Bei bestimmten Tätigkeiten gibt es auch einen Stundenlohn, nach dem die arbeitende Person täglich ausbezahlt wird.

ArbeiterInnen können entweder für *Privatpersonen* oder für eine *Firma* tätig sein. Als Altersversorgung bekommen sie nach ihrem altersbedingten Ausscheiden aus dem Betrieb eine *Rente*.

Die Angestellten

Auch die Angestellten sind ArbeitnehmerInnen, gehören aber in eine andere Kategorie. In dieser Kategorie findet man zum Beispiel Berufe wie die des Verkäufers, der Sekretärin, des Ingenieurs und der Direktorin. Personen in einer Führungsposition werden meistens als leitende Angestellte oder Manager bezeichnet. Die Bezahlung der Angestellten wird nicht Lohn, sondern *Gehalt* genannt. Der Unterschied liegt aber hauptsächlich nur in der Vokabel. Allerdings bekommen sie das Gehalt nur monatlich ausbezahlt. Auch die Angestellten erhalten eine *Rente* als Altersversorgung und auch ihre ArbeitgeberInnen sind entweder *Privatpersonen* oder eine *Firma*.

Die BeamtInnen

Die BeamtInnen sind nicht, wie die Mitglieder der vorangegangenen beiden Gruppen, in der Privatwirtschaft, sondern beim Staat beschäftigt. Der Dienst beim Staat - *Staatsdienst* oder *Öffentlicher Dienst* genannt - findet auf verschiedenen Ebenen statt: Arbeitgeber kann der Bund, das Land, der Kreis und auch die Kommune (= Gemeinde) sein. Typisch für den Öffentlichen Dienst sind zum Beispiel folgende Berufe: die Polizistin, der Offizier, der Lehrer, die Professorin, der Post- und Bahnbeamte und die Richterin. Auch die BeamtInnen bekommen ein monatlich ausbezahltes *Gehalt*. Die Altersversorgung nennt sich im Staatsdienst allerdings *Pension*.

Die FreiberuflerInnen

Diese Gruppe gehört nicht zu den ArbeitnehmerInnen. Die Freiberufler werden auch als *Selbstständige* bezeichnet, weil sie selbstständig in der freien Wirtschaft tätig sind. Sie arbeiten entweder allein für sich, oder sie stellen weitere Personen ein. Dann werden sie zu *ArbeitgeberInnen*. In dieser Kategorie befinden sich zum Beispiel ÄrztInnen, JuristInnen, Landwirte und UnternehmerInnen. Ihr Einkommen wird als *Honorar* (ÄrztInnen, JuristInnen) oder *Gewinn* bezeichnet. Für ihre Altersversorgung müssen sie selbst sorgen.

Strukturwandel der Arbeitswelt

In den letzten Jahrzehnten hat sich die Struktur der Arbeitswelt stark gewandelt. Unsere moderne Industriegesellschaft benötigt immer mehr Arbeitskräfte in den Servicebereichen, in der Forschung und auf den Gebieten der Informationsvermittlung. Auf der anderen Seite ist die Zahl der Erwerbstätigen im primären (Landwirtschaft) und sekundären (Industrie) Bereich rückläufig. Am stärksten von einer Rezession sind das Baugewerbe und die Landwirtschaft betroffen, während der größte Zulauf an Arbeitskräften auf die Gebiete der Informationstechnik, Werbung, Beratung, Medien, Kunst und Unterhaltung entfällt. Die Dienstleistungen (tertiärer Bereich) sind ohne Zweifel der Trend der Zukunft. Auch in der umstrukturierten Arbeitswelt werden die

ArbeitnehmerInnen, nämlich die Gewerkschaften und die Arbeitgeberverbände, eine genauso wichtige Rolle spielen wie in der Vergangenheit.

Die Gewerkschaften

Unmittelbar nach dem Zweiten Weltkrieg wurde in Deutschland der *Deutsche Gewerkschaftsbund (DGB)* gegründet. Der DGB ist eine Dachorganisation, die zur Zeit ~~12~~ 8 Einzelgewerkschaften umfaßt. Als Dachorganisation repräsentiert er hauptsächlich die allgemeinen politischen Positionen der Einzelgewerkschaften. Diese funktionieren nach dem sog. *Industrieverbandsprinzip*; d.h. ihre Mitglieder sind nach Branchen (z.B. Metallindustrie, Einzelhandel etc.) und nicht nach Berufsgruppen organisiert.

Neben dem DGB gibt es noch einige weitere Arbeitnehmerverbände: die Deutsche Angestelltengewerkschaft (DAG), der Deutsche Beamtenbund (DBB) und der Christliche Gewerkschaftsbund Deutschlands (CGB). Die Gewerkschaften sind parteipolitisch und konfessionell unabhängig, und jede Person entscheidet individuell über den Beitritt in eine Gewerkschaft; d.h. das Prinzip des "closed shop" existiert in Deutschland nicht. Der Anteil der organisierten ArbeitnehmerInnen ist unterschiedlich in den verschiedenen Wirtschaftszweigen, liegt aber im Durchschnitt unter ~~50%~~. 40%

Look up:
American union participation rate

Arbeitgeberverbände

Die Dachorganisation ist die *Bundesvereinigung der Deutschen Arbeitgeberverbände (BDA)*. Auch sie vertritt die Interessen der Einzelverbände in allgemein politischer Hinsicht. Die Arbeitgeberverbände sind ebenfalls nach Branchen organisiert. Der Anteil der organisierten ArbeitgeberInnen beträgt ca. 80%.

Tarifverträge

Arbeitgeberverbände und Gewerkschaften setzen sich regelmäßig zusammen, um sog. *Tarifverträge* auszuhandeln. Die Tarifverträge legen die Arbeitsbedingungen zwischen ArbeitgeberInnen und ArbeitnehmerInnen auf eine bestimmte Zeit verbindlich fest. Man unterscheidet zwei Typen: zum einen die *Lohn-* und *Gehaltstarifverträge*, die die Bezahlung regeln und deren Geltungsdauer bzw. Laufzeit meistens ein Jahr beträgt; zum anderen die *Mantel-* oder *Rahmentarifverträge*, in denen Regelungen allgemeiner Art (z. B. Arbeitsbedingungen, Arbeitszeit, Urlaubszeit usw.) festgelegt werden. Diese behalten ihre Gültigkeit oft für zwei bis sechs Jahre.

Übung 1: Aufbau des Wortschatzes

(a) Bitte finden Sie in dem Lesetext die Synonyme für die unterstrichenen Verben und setzen Sie sie in die korrespondierenden Sätze ein.

Beispiel: Diese Berufsgruppe muß selbst für die finanzielle Sicherheit im Alter <u>planen.</u>

Verbsynonym aus dem Lesetext: Diese Berufsgruppe muß selbst für die finanzielle Sicherheit im Alter <u>sorgen.</u>

1. Wir können verschiedene Berufsgruppen <u>differenzieren</u>.

Verbsynonym aus dem Lesetext: unterscheiden

das Gehalt

2. Der Lohn kann monatlich oder wöchentlich <u>ausgegeben</u> werden.

   Verbsynonym aus dem Lesetext: ausbezahlt

3. Personen in einer Führungsposition sind <u>führende</u> Angestellte.

   Verbsynonym aus dem Lesetext: leitende

4. Die Struktur der Arbeitswelt hat sich sehr <u>verändert.</u>

   Verbsynonym aus dem Lesetext: gewandelt

5. In dem tertiären Arbeitsbereich werden immer mehr Arbeitskräfte <u>gebraucht.</u>

   Verbsynonym aus dem Lesetext: benötigt

6. Nach dem Zweiten Weltkrieg wurde der DGB <u>geschaffen.</u>

   Verbsynonym aus dem Lesetext: gegründet

7. Der DGB <u>vertritt</u> die allgemeinen politischen Positionen der Einzelgewerkschaften.

   Verbsynonym aus dem Lesetext: repräsentiert

8. Manteltarifverträge <u>haben</u> ihre Gültigkeit oft für zwei bis sechs Jahre.

   Verbsynonym aus dem Lesetext: behalten

(b) Bitte schreiben Sie hinter die folgenden Berufe, ob Sie zum primären (Landwirtschaft), sekundären (Industrie) oder tertiären (Dienstleistung) Arbeitsbereich gehören.

1. Krankenpflegepersonal   Dienstleistung
2. BauarbeiterInnen   Industrie
3. JournalistInnen   Dienstleistung
4. EDV-Fachleute   DL   ~~Industrie~~
5. FließbandarbeiterInnen   Industrie
6. Landwirtschaftspersonal   Landwirtschaft
7. Bergleute   Ind.   ~~Landwirtschaft~~
8. PR-BeraterInnen   Dienstleistung
9. ProfessorInnen   Dienstleistung

(c) Bitte ordnen Sie die folgenden Berufe den richtigen Gruppen zu:

(Hilfe: In jeder Kategorie gibt es unterschiedlich viele Beispiele. In der größten Kategorie gibt es fünf, in der kleinsten zwei Beispiele.)

Arzthelfer, Kriminalkommissarin, Zahnärztin, Boutiquebesitzer, Managerin bei BASF, Direktor einer Schule, Landesbankdirektorin, Postbote, Pilotin, Dachdecker, Kellner, Friseur, Schlosserin, freier Künstler, Richterin.

	ArbeiterInnen	Angestellte	leitende Angestellte	FreiberuflerInnen	BeamtInnen
1.	Dachdecker	Arzthelfer	Managerin bei BASF	Zahnärztin	Kriminalkommissarin
2.	Kellner	Pilotin		Boutiquebesitzer	Direktor einer Schule
3.	Schlosserin	Friseur		freier Künstler	Landesbankdirektorin
4.					Postbote
5.					Richterin
6.					

(d) Bitte ordnen Sie die zusammengehörenden Begriffe auf bestmögliche Weise einander zu. Jeder Begriff soll nur einmal verwendet werden.

DAG	langfristig
Lohntarif-Laufzeit	Arbeitszeitbedingungen
in Kraft	Dachorganisation
Gehaltstarif	Industrieverbandsprinzip
BDA	Angestelltengewerkschaft
Manteltarif-Laufzeit	kurzfristig
Manteltarifvertrag	gültig
Einzelgewerkschaften	Bezahlung

Lesetext 1: Wichtigste Vokabeln

Nomen

die Altersversorgung
die/der Angestellte, -n
die Arbeiterin, -nen
die Ärztin, -nen
die Beamtin, -nen
die Bezahlung, -en
die Branche, -n
die Dachorganisation, -en
die Direktorin, -nen
die Einzelgewerkschaft, -en
die Elektrikerin, -nen
die/der Erwerbstätige
die Freiberuflerin, -nen
die Geltungsdauer
die Gültigkeit
die Informationsvermittlung, -en
die Ingenieurin, -nen
die Juristin, -nen
die Kategorie, -n
die Kunst, Künste
die Laufzeit, -en
die Maurerin, -nen
die Mechanikerin, -nen
die Polizistin, -nen
die Richterin, -nen
die Sekretärin, -nen
die/der Selbstständige, -n
die Unterhaltung, -en
die Verkäuferin, -nen

der Arbeiter, -
der Arzt, Ärzte
der Beamte, -n
der Dienst, -e
der Direktor, -en
der Elektriker, -
der Freiberufler, -
der Ingenieur, -e
der Jurist, -en
der Manteltarif, -e
der Maurer, -
der Mechaniker, -
der Polizist, -en
der Rahmentarif, -e
der Richter, -
der Sekretär, -e
der Stundenlohn, -löhne
der Tarifvertrag, -verträge
der Unterschied, -e
der Verkäufer, -
der Zweifel, -

das Ausscheiden
das Fließband, -bänder
das Gehalt, Gehälter
das Honorar, -ien
das Industrieverbandsprinzip,-ien
das Jahrzehnt, -e

Verben

ausbezahlen
aushandeln
ausmachen
behalten
benötigen
betreffen
gründen
sich handeln um
leiten
organisieren
repräsentieren
unterscheiden
sich wandeln

Adjektive/Adverbien

altersbedingt
beschäftigt
ebenfalls
gültig
öffentlich
offiziell
relativ
sekundär
tertiär
typisch
verbindlich
vorübergehend

Der Lesetext 1 ist in neun Paragraphen mit neun Überschriften unterteilt. Die folgenden Sätze paraphrasieren die Paragraphen des Lesetextes. Welche Überschrift gehört jeweils zu den Sätzen?

Beispiel: Auf dem Arbeitsmarkt gibt es nicht nur zwei Gruppen, die einander gegenüberstehen. Der Markt läßt sich noch in mehrere Gruppen weiter untergliedern.

   Überschrift: <u>Berufe</u>

1.   Der Staat allein sorgt für ihre Altersversorgung. Sie haben den sichersten Arbeitsplatz: Entlassungen sind sehr selten und ein Bankrott des Arbeitgebers fast unmöglich.

   Überschrift: _____

2.   Sie sind hauptsächlich körperlich tätig. Nur sehr selten sitzen sie am Schreibtisch, um zum Beispiel Organisatorisches zu bearbeiten oder Schriftverkehr zu erledigen.

   Überschrift: _____

3.   Sie vertreten die ArbeitgeberInnen und sind nach Branchen organisiert.

   Überschrift: _____

4.   Der tertiäre Bereich wird den Arbeitsmarkt der Zukunft bestimmen.

   Überschrift: _____

5.   Hier unterscheiden wir zwei verschiedene Typen; der eine wird längerfristig, der andere kürzerfristig festgelegt. Beide sind verbindlich für ihre Gültigkeit.

   Überschrift: _____

6.   Sie können in allen möglichen Bereichen tätig sein und auch hauptsächlich körperlich arbeiten. Meistens sitzen sie aber am Schreibtisch und erledigen Schriftverkehr, planen und organisieren, verhandeln und managen.

   Überschrift: _____

7.   Sie verdienen als Gruppe das meiste Geld, sind aber auch selbst für ihre Versicherungen und Altersversorgung verantwortlich.

   Überschrift: _____

8.   Sie repräsentieren die Interessen der ArbeitnehmerInnen und funktionieren nach dem sogenannten Industrieverbandsprinzip.

   Überschrift: _____

Auf den Titelseiten vieler Wirtschaftszeitschriften wie z. B. *WirtschaftsWoche* oder *Business Week* werden oft Grafiken und Bilder verwendet, die den Themeninhalt des Hauptartikels veranschaulichen sollen. So wird z.B. der Arbeitsplatzverlust nach Asien oft durch einen wilden, angriffslustigen Tiger mit gefletschten Zähnen verbildlicht. Dieser Tiger soll sicherlich eine gewisse Angst um die einheimischen Arbeitsplätze, die oft nach Asien verloren gehen, einjagen. Auf Basis Ihrer eigenen Informationen über den Arbeitsplatzverlust ins Ausland beantworten Sie bitte die folgenden Fragen in Vorbereitung auf eine Diskussion in der nächsten Unterrichtsstunde.

1. Was für Arbeitsplätze gehen z. B. nach Asien oder Mexiko verloren?

   _____

   _____

   _____

2. Warum?

   _____

   _____

   _____

3. Wie hängt dieses Thema mit NAFTA, der Nordamerikanischen Freihandelszone, zusammen?

   _____

   _____

4. Welchen Einfluß hat wohl die Bildung der anderer Freihandelszonen (wie z.B. die Europäische Union) auf die weltweite Verteilung der Arbeitsplätze?

   _____

   _____

   _____

5. Erklären Sie, wie dieser Arbeitsplatzverlust als Teil eines größeren Wandels auf dem Arbeitsmarkt der Weltwirtschaft gesehen werden kann?

   _____

   _____

   _____

   _____

Der Arbeitsmarkt

Die Sozialpartner

Die schlimme Vergangenheit

Interessenvertretungen

Tarifverhandlungen

Hörtext: Wichtigste Vokabeln

Nomen

die Erschöpfung, -en
die Fabrik, -en
die Großunternehmerin, -nen
die Gründung, -en
die Interessenvertretung, -en
die Schwäche, -n
die Tarifverhandlung, -en
die Verantwortung
die Vergangenheit
die Zurückhaltung

der Abstand, Abstände
der Anspruch, Ansprüche
der Arbeitsmarkt
der Großunternehmer, -
der Industriezweig, -e
der Sozialpartner, -
der Verband, Verbände
der Weberaufstand

das Gemeinsame
das Individuum,
    Individuen
das Zeitalter, -

Verben

antreiben
ausbeuten
beitreten
gliedern
sterben
stimmen
vergessen
verhungern
vertreten

Adjektive/Adverbien

dennoch
durchaus
durcheinander
effektiv
entgegengesetzt
gemeinsam
hoffnungslos
nach und nach
regional
schlimm
teils
trotz
unbedingt
verantwortlich

Zur Vorbereitung auf Lesetext 2

Der Artikel in Lesetext 2 berichtet über eine Idee, die in den jährlich stattfindenden Tarifverhandlungen immer wieder auf den Tisch gebracht wird. Sehen Sie sich bitte zunächst einmal nur
die Überschriften an. Beantworten Sie daraufhin folgende Fragen:

1. Wer?   _____

2. Was?   _____

3. Was für einen Texttyp kann man erwarten, wenn ein Artikel in *pro* und *contra* aufgeteilt ist?

4. Raten Sie mal: Welche Gruppe steht wohl auf der pro-Seite und welche Gruppe ist auf der
   contra-Seite?

   Pro: _____

   Contra: _____

5. Mit welchen Leitphrasen argumentieren die beiden Gruppen?

   Pro: _____

   Contra: _____

6. Bevor Sie den Artikel jetzt genauer lesen, überlegen Sie sich bitte, was für besondere
   Qualifikationen Sie persönlich nach Abschluß Ihres Studiums oder Ihrer Ausbildung besitzen.

   zum Beispiel: *Deutschkenntnisse*   _____   _____
                     _____   _____   _____

   Teilen Sie jetzt bitte ihre persönlichen Qualifikationen in diese drei Kategorien ein:
   Meine persönlichen Qualifikationen habe ich durch:

   Ausbildung   Weiterbildung   Berufserfahrung

LÖHNE: *Pro und Contra zur „Tarifreform 2000" der IG Metall*

Umwertung aller Werte

Die Gewerkschaften haben ein neues Konzept entwickelt: Nicht mehr die Leistung, sondern die Qualifikationen sollen bezahlt werden.

Die deutschen Gewerkschaften setzen sich neue Ziele. In den achtziger Jahren ist es ihnen gelungen, die tarifliche Arbeitszeit deutlich zu verkürzen. In den Neunzigern wollen sie vor allem die Lohn- und Gehaltsstrukturen aufs Korn nehmen.

Die IG Metall fordert in ihrem Diskussionspapier „Tarifreform 2000", daß Gehälter und Löhne nicht mehr wie bisher nach der Leistung, sondern nach der persönlichen Qualifikation der Beschäftigten bemessen werden sollen. Die Gewerkschaft hat damit eine große Kontroverse entfacht, die die politischen Auseinandersetzungen der kommenden Jahre prägen wird.

Pro: Anreize zur Steigerung der Leistung

VON REINHARD BISPINCK

Die Lohn- und Gehaltsstrukturen in der Industrie passen nicht mehr zu den Anforderungen der modernen Arbeitswelt. Die tariflichen Instrumente und Vorschriften stammen vielfach noch aus den fünfziger und sechziger Jahren. Weil aber immer häufiger computergestützte Produktions-, Informations- und Steuerungstechnologien eingesetzt werden, verändern sich nicht nur einzelne Tätigkeiten. Ganze Arbeits- und Produktionsbereiche werden neu strukturiert und betriebliche Hierarchien und Zuständigkeiten neu geordnet. Die veränderten Verhältnisse stellen die Arbeitskräfte vor wachsende Herausforderungen.

Diesem tiefgreifenden Umbruch will die IG Metall mit ihrer „Tarifreform 2000" Rechnung tragen. Ihr geht es darum, das Verhältnis von Arbeit und Einkommen neu zu definieren. Die Gewerkschaft der Metallarbeitnehmer wendet sich dagegen, daß die Unternehmen nur solche Fähigkeiten und Fertigkeiten entlohnen, die in der jeweils ausgeübten Tätigkeit abverlangt werden. Sie beanstandet, daß nur diese bei der Bildung von Entgeltgruppen und der Eingruppierung von Beschäftigten berücksichtigt werden.

Diese anforderungsbezogene Lohn- und Gehaltsdifferenzierung ist problematisch. Sie hat den grundlegenden Nachteil, daß wegen der einseitigen Bewertungskriterien wichtige Merkmale der Qualifikation – wie zum Beispiel Produktionsüberblick, Fähigkeit, flexibel einzugreifen, Störungen korrekt zu diagnostizieren, kleinere Fehler zu beheben, kooperatives Arbeitsverhalten – bei der Arbeitsbewertung nicht erfaßt werden.

Die Betriebe nutzen deshalb bestimmte Fähigkeiten und Kenntnisse ihrer Arbeitnehmer, die sie nicht bezahlen. Diese unbelohnten Qualifikationen sind es aber gerade, die – auch in den unteren, überwiegend von Frauen besetzten Lohngruppen – oftmals erst ein sicheres und produktives Arbeiten ermöglichen.

Gegen die derzeitigen Entgeltsysteme spricht auch, daß sie nicht durchlässig genug sind. Viele Beschäftigte haben keine oder nur begrenzte Aufstiegsmöglichkeiten.

Eine weitere Schwäche der heutigen Entgeltsysteme ist, daß sie künstlich zwischen ArbeiterInnen und Angestellten unterscheiden. Diese Trennung ist sachlich nicht begründet und führt oft zu Ungerechtigkeiten in der Bezahlung.

Die IG Metall fordert nun ein System, das die Eingruppierung der Beschäftigten auf der Grundlage ihrer erreichten Qualifikation regelt. Danach kommt es weniger auf die von den Betrieben abgeforderte Qualifikation an, sondern die mitgebrachte Qualifikation.

Die Beschäftigten sollen entsprechend ihrer in der Metallindustrie verwertbaren Qualifikation eingruppiert werden. Wer beispielsweise eine abgeschlossene Facharbeiterausbildung besitzt, soll entsprechend bezahlt werden, auch wenn er im Betrieb unterqualifiziert eingesetzt wird.

Wenn die Beschäftigten mehrjährige Erfahrung in dem Arbeitssystem (also einem organisatorisch abgegrenzten Aufgabenbereich) erworben haben oder wenn sie sich erfolgreich weitergebildet haben, werden sie in eine höhere Lohngruppe versetzt. Wird das Konzept der IG Metall realisiert, haben die Arbeitnehmer grundsätzlich einen Anspruch, in einem Arbeitssystem beschäftigt zu werden, das ihrer Qualifikation entspricht.

Gleichzeitig bietet dieses Konzept einen zusätzlichen Anreiz für die Beschäftigten, sich weiterzubilden, weil dies grundsätzlich honoriert wird. Es verbessert damit letztlich auch die internationale Wettbewerbsposition Deutschlands. Denn hochbezahlte, aber auch hochqualifizierte, flexibel einsetzbare und deshalb hochproduktive Belegschaften bilden eine wichtige Ressource und sind damit ein zentraler Standortvorteil.

Contra: IG Metall ignoriert den Arbeitsmarkt

Von Markus Scheuer

Geht es nach dem Willen der IG Metall, werden die Löhne künftig an der Qualifikation der Mitarbeiter ausgerichtet. Ob sich die Gewerkschaft damit am Arbeitsmarkt durchsetzen kann, ist fraglich. Auch der Markt für Arbeitskraft unterliegt den Gesetzen von Angebot und Nachfrage, zumindest auf lange Frist. Letztlich entscheidet der Wettbewerb der Nachfrager, in diesem Fall der Arbeitgeber, welche Eigenschaften die von ihnen gewünschte Arbeitsleistung haben soll.

Arbeitgeber bezahlen nur die Leistung, die sie tatsächlich nutzen. Sie behalten sich den Rückgriff auf die weiteren Qualifikationen ihrer Mitarbeiter vor.

Es ist typisch für die abhängige Beschäftigung, daß der Arbeitnehmer nicht einzelne Tätigkeiten verkauft. Statt dessen erhält der Arbeitgeber ein Weisungsrecht über das Arbeitsvermögen seiner Beschäftigten. Ob er von deren Kenntnissen und Fähigkeiten Gebrauch macht oder ob er diese zu gewissen Zeiten nur hortet, hat er allein zu verantworten.

Das Konzept der IG Metall sieht vor, daß derjenige, der Arbeit anbietet, mit der Qualität seines Angebots allein über deren Preis bestimmt. Dem Arbeitgeber als dem Käufer wird die Aufgabe zugewiesen, qualifikationsgerechte hochwertige Arbeitsplätze zu schaffen. Dagegen haben Arbeitgeber nichts einzuwenden, sofern diese rentabel sind, also die dort hergestellten Produkte Abnehmer finden und entsprechende Preise erzielen.

Sollte aber eine Produktion wirtschaftlich nur möglich sein mit Hilfe von Arbeitssystemen, die der hohen Qualifikation der Mitarbeiter nicht gerecht werden können, gibt es zwei Alternativen: Entweder verlassen die Arbeitnehmer den Arbeitgeber, der ihnen keinen adäquaten Arbeitsplatz bietet, und suchen sich etwas, was ihnen mehr gerecht wird, oder sie nehmen hin, daß sie in Hinblick auf die verrichtete Tätigkeit überqualifiziert sind und akzeptieren die damit einhergehende „Unterbezahlung". Es ist durchaus sinnvoll, die Entlohnung gemäß den sich ändernden Anforderungen neu zu gestalten. Die IG Metall sollte jedoch nicht in den Irrtum verfallen, einen gegen die Marktgesetze gerichteten und damit von vornherein aussichtslosen Kampf zu beginnen.

© WirtschaftsWoche
Text revidiert aus *WirtschaftsWoche*, Nr. 31: 26.7.1991, Ss. 52-55.
Reprinted with permission of the publisher.

Lesetext 2: Wichtigste Vokabeln

Nomen

die Anforderung,-en
die Belegschaft, -en
die Kontroverse, -n
die Leistung, -en
die Ressource, -n
die Schwäche, -n
die Tarifreform, -en
die Zuständigkeit, -en

der Anreiz, -e
der Anspruch,
    die Ansprüche
der Umbruch,
    die Umbrüche

das Entgeltsystem, -e
das Konzept, -e

Verben

beheben
eingreifen
sich entfachen
erfassen
honorieren
passen (zu)
prägen
unterliegen
verkürzen
sich wenden (an)

Adjektive/Adverbien

aussichtslos
durchlässig
künstlich
rentabel
verwertbar
zusätzlich

(a) Dem Plan der Gewerkschaften nach sollen die drei Kategorien, nämlich *Ausbildung, Weiterbildung und Berufserfahrung*, mit denen Sie bereits in Frage 6 der Vorbereitungsübung gearbeitet haben, bei der Entlohnung eine größere Rolle spielen. Bitte ordnen Sie die folgenden paraphrasierten Argumente entweder der pro- oder der contra-Gruppe oder beiden Gruppen zu.

1. Auch die Arbeitskraft wird nach dem Prinzip des Angebotes und der Nachfrage behandelt. Wenn eine Qualifikation nicht ständig gebraucht wird, wird sie auch nicht bezahlt.

    pro / contra / beide

2. Die Arbeitgeber haben das Gebrauchsrecht über die Arbeitnehmer. Sie allein bestimmen, welche Qualifikation ihrer Meinung nach gebraucht und daher auch bezahlt wird.

    pro / contra / beide

3. Die Chancengleichheit der Frau würde von einer Belohnung nach Qualifikationen profitieren.

    pro / contra / beide

4. Das Lohn- und Gehaltssystem muß sich ändern, weil sich auch die Anforderungen geändert haben.

    pro / contra / beide

5. Zur Zeit profitieren Arbeitgeber von bestimmten Qualifikationen ihrer Arbeitnehmer, die sie nicht bezahlen.

    pro / contra / beide

6. Eine Betonung der hohen Qualifikation der Arbeitskräfte könnte zu einem zusätzlichen Standortfaktor für Deutschland werden.

    pro / contra / beide

7. Die Trennung zwischen ArbeiterInnen und Angestellten ist heutzutage nicht mehr relevant. Es gibt kein vernünftiges System, um diese beiden Gruppen gerecht zu bezahlen.

    pro / contra / beide

8. Die Arbeitgeber wollen Arbeitsplätze für qualifiziertes Personal schaffen, solange die Unternehmen dabei genug verdienen.

    pro / contra / beide

9. Wenn die Arbeitnehmer eine Unterbezahlung ihrer Qualifikationen nicht hinnehmen wollen, müssen sie eben ihre Arbeitsstelle wechseln.

    pro / contra / beide

(b) Bearbeiten Sie die folgenden Fragen nach nochmaliger Lektüre des Lesetextes:

1. In dem zweiten Paragraphen finden Sie die Prämisse der Gewerkschaften.
Bitte geben Sie sie hier in Ihren eigenen Worten und auf Deutsch wieder!

2. Was ist das Hauptargument der Pro-Seite? Wieviele unterstützende Argumente werden für das Hauptargument in dem Artikel geliefert? Fassen Sie das Hauptargument und seine unterstützenden Argumente hier kurz zusammen!

3. Was ist Ihrer Meinung nach das Hauptargument gegen den Vorschlag der Gewerkschaften? Wieviele und welche unterstützende Argumente gibt es hierfür in dem Artikel? Schreiben Sie!

4. Wer hat Ihrer Meinung nach seine Seite und seine Argumente besser dargestellt? Reinhard Bispinck (Pro-Seite) oder Markus Scheuer (Contra-Seite)? Bitte erklären Sie Ihre Entscheidung!

Characteristic Three: The Passive Voice and Similar Devices

The third of the six features, and the subject of grammar and syntax exercises for Unit Three, is "The Passive Voice and Similar Devices." You have certainly already had some exposure to the passive voice to this point in your study of German, but in most textbooks for first and second year German the passive voice is characterized as somewhat "inferior" to the active voice and is often written off as "poor style" and/or infrequent in occurrence. This bias is due to the fact that such textbooks concentrate on spoken usage, i.e. on conversational German, and it is indeed true that the passive voice occurs far less often in spoken than in written German. The same would be true of English.

The choices which we make for our language use are largely defined by whether we are speaking or writing, and even within those usage areas there are multiple levels. For instance, the language you would choose for writing a letter to your grandmother is far different from the language you would choose for writing a research paper, just as the language you use during a telephone conversation with a close friend is completely different from that of a phone call to a company regarding an interview. Your choices are, as we have seen, determined by the audience for which your message is intended. The passive voice is certainly less appropriate for informal conversation, but it is anything but "poor style" and/or infrequent in formal written German. Indeed, the more technical the material, the higher the frequency of the passive voice. A manual describing the functioning of a diesel engine will be written almost entirely in the passive voice, for instance. In texts within the area of business and economics, the passive voice occurs frequently enough to be considered an identifying characteristic of this language use and its frequency also rises proportional to the technical level of the text.

Formation of the Passive Voice

You remember that *werden* has the forms *werden, wurde, ist geworden*. In a simple use of *werden* (meaning "to become"), its forms would be as follows:

Present:	Anne **wird** Professorin.
Simple past:	Anne **wurde** Professorin.
Present perfect:	Anne **ist** Professorin **geworden**.
Past perfect:	Anne **war** Professorin **geworden**.
Future:	Anne **wird** Professorin **werden**.

The passive voice is formed by using a form of *werden* + the past participle of the lexical verb (i.e. the verb carrying the meaning):

Die Bezahlung der Angestellten <u>wird</u> als Gehalt <u>bezeichnet</u>.

In this rather typical passive voice sentence we have an example of the passive in the present tense. To form all other tenses of this particular sentence, we need only change the verb *werden* to the desired tense.

If we transfer this pattern to our passive voice sentence from above using a form of werden + the past participle, we would generate:

Present:	Die Bezahlung der Angestellten **wird** als Gehalt bezeichnet**.**
Simp. past:	Die Bezahlung der Angestellten **wurde** als Gehalt bezeichnet.
Pres. perfect:	Die Bezahlung der Angestellten **ist** als Gehalt bezeichnet ~~geworden~~.
Past perfect:	Die Bezahlung der Angestellten **war** als Gehalt bezeichnet ~~geworden~~.
Future:	Die Bezahlung der Angestellten **wird** als Gehalt bezeichnet **werden**.

In the present perfect and past perfect tenses in the passive voice the "ge" of the past participle of *werden* is dropped, so that "worden" remains. Although it is wise to review the formation of all of these tenses, it is mainly the first three, i.e. the present, simple past, and present perfect which you will encounter in your readings in business and economics.

Modal Auxiliaries and the Passive Voice

Also highly characteristic of this language area is the use of modal auxiliaries with the passive voice. An example from Lesetext 1:

Der Lohn <u>kann</u> monatlich oder wöchentlich ausgezahlt werden.

Passive voice sentences with modal auxiliaries are formed by using

the appropriate form of the *modal + past participle of lexical verb + werden.*

To form the simple past tense of a passive sentence with a modal auxiliary, simply change the modal to the simple past:

Der Lohn <u>konnte</u> monatlich oder wöchentlich ausgezahlt werden.

The use of modal auxiliaries with the passive voice is, for the most part, confined to the present and simple past tenses. Formation of the other tenses is, of course, possible, but it leads to constructions which are awkward and are therefore often avoided by paraphrasing.

Function of the Passive Voice

In explanations of the passive voice which occur in most first and second year texts you will have been introduced to the passive voice as a modification of the active voice and you will have completed exercises in which active voice sentences are "transformed" into the passive voice. Such exercises may have left you with the impression that (1) all active voice sentences have passive counterparts, and (2) active and passive voice are really interchangeable, with the active voice being preferred. Both assumptions are inaccurate. First of all, many active voice sentences cannot be put into the passive voice and, secondly, the choice of whether to use the active or passive voice depends less on matters of style than it does on matters of focus.

In the formal written German of business and economics, and indeed in all technical areas, the passive voice will be used most frequently when the agent (doer) of the action is unknown or considered unimportant or irrelevant. For that reason the agent will not be expressed at all. In both of the examples shown above, we are not told <u>who</u> is doing the characterizing or paying--the agent was considered to be irrelevant to the message.

It is true that agents are sometimes expressed in passive voice sentences (you remember, the propositions *durch* and *von* may used to express agents in the passive voice), but a good rule of thumb in choosing active or passive voice is to consider the importance of the subject; if the subject is not important or relevant, then omit it and use the passive voice. If the subject is essential to the message, then use the active voice. You should think of the passive voice not as some sort of word-for-word transformation of an active voice equivalent, but rather as a completely different and equally viable alternative way of delivering the message you wish to deliver. The function of the passive voice is to focus on the <u>event</u> (i.e. action or process), not on the agent.

(a) Wählen Sie aus den Lesetexten dieses Kapitels <u>Passivkonstruktionen ohne Modalverben</u> aus und geben Sie sie unten wieder. Geben Sie für jeden Satz die Zeitform an.

<u>Beispiel:</u>

<u>Present:</u> Zu den Berufen, **die als Arbeiterberufe bezeichnet werden**, gehört zum Beispiel der Beruf des Maurers.

_____ 1. _____
_____.

_____ 2. _____
_____.

_____ 3. _____
_____.

_____ 4. _____
_____.

_____ 5. _____
_____.

(b) Schreiben Sie alle 5 Sätze in eine andere Zeitform nach Ihrer Wahl um!

_____ 1. _____
_____.

_____ 2. _____
_____.

_____ 3. _____
_____.

_____ 4. _____
_____.

_____ 5. _____
_____.

(c) Aus denselben Quellen sollen Sie jetzt 3 <u>Passivkonstruktionen mit Modalverben</u> finden und unten wiedergeben. Bezeichnen Sie wieder die Zeitform!

_____ 1. _____
_____.

_____ 2. _____
_____.

_____ 3. _____
_____.

(d) Schreiben Sie die 3 Sätze aus (c) in die Zeitform "simple past" um!

1. _____
_____

2. _____
_____

3. _____
_____

(e) Wählen Sie das richtige Modalverb zur Ergänzung der folgenden Sätze! Benutzen Sie jedes Modalverb nur einmal.

soll   muß   will   kann   darf

1. Jeder Streik und jede Aussperrung kosten die Wirtschaft Geld. Wenn die Sozialpartner aber zusammenarbeiten, ___kann___ der Verlust wieder ausgeglichen werden.

2. Wenn ein Arbeitnehmer von der Gewerkschaft vertreten werden ___will___, muß er ein Gewerkschaftsmitglied sein.

3. In Deutschland gibt es Tarifautonomie. Das heißt, es ___darf___ nicht in die Tarifverhandlungen eingegriffen werden.

4. In Deutschland gibt es eine Eintragungspflicht für Firmen. Der Firmenname mit Unternehmensform ___muß___ in das Handelsregister eingetragen werden.

5. Die Arbeitswelt hat sich geändert. Jeder Arbeitnehmer ___soll___ jetzt nicht mehr nach seiner Produktivität sondern nach seinen Qualifikationen bezahlt werden.

(f) Folgende Passivsätze beginnen mit dem Subjekt. Schreiben Sie sie um, indem Sie mit einem anderen Satzelement anfangen:

1. Die tarifliche Arbeitszeit wurde in den achtziger Jahren deutlich verkürzt.

_____

2. Die Lohn- und Gehaltsstrukturen sollen in den Neunzigern angegriffen werden.

_____

3. Die Löhne und Gehälter sollen nach der persönlichen Qualifikation der Beschäftigten bemessen werden.

_____

4. Computergestützte Produktions-, Informations-, und Steuerungstechnologien werden in unserer Dienstleistungsgesellschaft immer häufiger eingesetzt.

_____

5. Wichtige Merkmale der Qualifikation werden oft bei der Arbeitsbewertung nicht erfaßt.

_____

Geschäftskommunikation

Auf den nächsten Seiten wird die äußere Form des deutschen **Geschäftsbriefes** präsentiert und diskutiert. Wie bei dem **Lebenslauf** und dem **Memorandum** handelt es sich um eine formellere Art der Geschäftskommunikation. Die Sprache eines Geschäftsbriefes ist durch viele traditionelle Redewendungen charakterisiert, und das Format eines solchen Briefes ist schon seit Generationen festgelegt. Die links angegebenen Zahlen beziehen sich auf die Zahlen am linken Rand des nachstehenden Beispiels:

1 ## Briefkopf
Der Briefkopf besteht mindestens aus dem Namen der Firma und zeigt evtl. auch die Anschrift. Briefköpfe sind vielfältig und reflektieren oft das Firmenimage. Man findet im Briefkopf auch häufig den Geschäftszweig, das Gründungsjahr, etc.

2 ## Anschrift
Hier findet man den Namen und die Postanschrift des Empfängers oder der Empfängerin. Bei Einzelpersonen setzt man die Anrede *Herrn* oder *Frau* (ggf. mit Titel) vor den Namen:

Herrn   *Frau*
Georg Köhler   *Dr. Lisa Meitner*

Berufs- und Amtsbezeichnungen stehen hinter der Anrede, akademische Titel unmittelbar vor dem Namen:

Rechtsanwältin
Dr. Ulrike Meier

Bei Firmen:

Firma
Friedrich Büchner KG
z. H. Frau Niemeyer   (z. H. = zu Händen)

Die Postanschrift ist dreiteilig:

     a. Straße und Hausnummer
     b. Ortsangabe mit voranstehendem Kennbuchstaben des Bestimmungslandes
        und der Postleitzahl
     c. Bestimmungsland in Großbuchstaben ausgeschrieben

Ganghoferstraße 25
D - 20148 Hamburg
GERMANY

③ Bezugszeile

Es ist beim Geschäftsbrief üblich, Diktat- und Bearbeitungszeichen anzugeben, auf die der Empfänger oder die Empfängerin dann in der Antwort auf den Brief Bezug nimmt.
Diese Zeichen bestehen aus den Initialen der verfassenden Person und der Schreibkraft, evtl. mit einem Zusatz, der die Abteilung bezeichnet: z. B. *Verk. M/H.* Das bedeutet: Abteilung Verkauf - Frau <u>M</u>üller hat den Brief diktiert/Frau <u>H</u>uber hat ihn getippt.
Die eigenen Diktatzeichen und, wenn man auf einen Brief antwortet, die Diktatzeichen der anderen Firma sowie das Datum des betreffenden Briefes werden unter die Leitwörter *Ihre Zeichen*, usw. gesetzt.
Rechts neben den Diktatzeichen findet man entweder den Ort des Absenders oder das Wort *Tag/Datum.* Darunter befindet sich das Datum des Briefes.
Beim Schreiben des Datums benutzt man normalerweise eine der folgenden Formeln:

26. Juli 1999   *26. 7. 1999*

④ Betreff

Der Betreff ist eine prägnante Formulierung des Briefzwecks.

⑤ Anrede

Die Anrede *Sehr geehrte(r)* ist üblich. Die Anrede steht zwischen der Betreffszeile und dem Beginn des Brieftexts. Wenn nach der Anrede ein Komma anstatt eines Ausrufezeichens benutzt wird, dann beginnt man den Brieftext mit einem kleinen Anfangsbuchstaben.

Sehr geehrte Frau Dr. Meitner,

Sehr geehrter Herr Direktor!

⑥ Brieftext

⑦ Grußformel

Die Grußformel steht meist links unter dem Brieftext. In den meisten Fällen benutzt man *Mit freundlichen Grüßen. Hochachtungsvoll* wird nur benutzt, wenn man äußerst höflich sein will.

⑧ Unterschrift

Auf die Grußformel folgt die Unterschrift, die meist wie bei englischen Geschäftsbriefen getippt unter der Unterschrift wiedergegeben wird.
Die Buchstaben, *i. A.* oder *i. V.* findet man häufig nach der Unterschrift. An diesen Buchstaben kann man erkennen, ob die unterschreibende Person Entscheidungsbefugnisse besitzt (i. V.) oder nur einen Auftrag der entscheidungsberechtigten Person erfüllt (i. A.).

i. A. = *im Auftrag*

i. V. = *in Vollmacht*

⑨ Anlagevermerk

Wenn zutreffend, dann folgt nach der Unterschrift unten links neben oder unter dem unterstrichenen Wort *Anlage* (oder bei mehreren beiliegenden Dokumenten *Anlagen)* eine Liste der dem Brief beigelegten Dokumente.

Hier ist ein Beispiel eines typischen deutschen Geschäftsbriefes:

1 **Braun Unternehmensberatung GmbH**

Hafenstraße 19 - 20148 Hamburg

2 Firma
Hannelore Vollmer
Daimlerstraße 415
89079 Ulm

3

Ihr Zeichen	Ihre Nachricht vom	Unser Zeichen	Datum
HV/uk	15. 2. 1999	KD/ww	2. 3. 1999

4 Betreff: Erweiterung Ihrer Glasproduktion in Osteuropa

5 Sehr geehrte Frau Vollmer,

6 vielen Dank für Ihre Anfrage vom 15. Februar. Wir freuen uns, Ihnen mitteilen zu können, daß wir Ihnen gerne zur Beratung zur Verfügung stehen. Wie Ihnen sicherlich bekannt ist, gehören wir zu den am schnellsten wachsenden Unternehmensberatungsfirmen im bundesdeutschen Raum. Nach Kundenangaben liegt unser Erfolg in der sorgfältigen Prüfung des Exportpotentials unserer Kunden und dessen Zusammenführung mit den örtlichen Marktbedingungen. Wir sind momentan dabei unseren Zuständigkeitsbereich nach Osteuropa zu erweitern.

Da der osteuropäische Markt ein gewaltiges Zukunftpotential für das Baugewerbe darstellt, sehen wir für Ihre Glasproduktion einen erfolgversprechenden Markt. Wir sind daher sehr gerne bereit, Ihnen bei Ihren Expansionsplänen mit Rat und Erfahrung behilflich zu sein, und wir begrüssen es, daß Sie unsere Dienste in Anspruch nehmen wollen. Bitte nehmen Sie telefonisch mit unserem Büro Kontakt auf, damit wir unverzüglich die Terminplanung vornehmen können. Wir freuen uns sehr auf unsere zukünftige Zusammenarbeit.

7 Mit freundlichen Grüßen

8 Klaus Dittmer

9 Anlage: Broschüre

Telefon: 040/7640
Fax : 040/7613

Bankverbindungen: Sparkasse Hamburg 31197463
Postscheckkonto Hamburg 74409253

Schreiben Sie jetzt einen Brief mit zwei Paragraphen nach deutschem Format an Ihre deutsche Traumfirma, d. h. die Firma, bei der Sie später ganz gerne Karriere machen wollen. Sie sollen die deutsche Adresse der Firma und den Namen des Personaldirektors frei erfinden. Im ersten Abschnitt Ihres Briefs sollen Sie sich und Ihre Karrierepläne kurz vorstellen. Im zweiten Abschnitt sollen Sie um Informationen über eine Praktikantenstelle bei der Firma bitten, und Sie sollen der Firma folgende Informationen über Ihr gewünschtes Praktikum geben: Praktikumsart, -dauer, -zeitraum, -ort und -vergütung.

Die folgenden Redewendungen kommen häufig in deutschen Briefen vor. Vielleicht sind auch einige für diese Aufgabe nützlich:

Einleitungen:

Hiermit möchte ich mich Ihnen vorstellen.
Mein Name ist ...

Vielen Dank für Ihren Brief (Ihr Schreiben) vom *(Datum)* ...
Ich bedaure die Verzögerung meiner Antwort, aber ...

Im Brieftext:

Es handelt sich um (+ Akk.)...

Ich würde mich freuen, wenn ...
Ich wäre Ihnen dankbar, wenn ...

Ich bitte Sie,...
Wäre es Ihnen möglich,...

Ich beziehe mich auf (+ Akk.)...
Bezugnehmend auf ...
Mit Bezug auf...
Was ... betrifft,...

Wie vereinbart,...

Als Briefschluß:

Ich hoffe, recht bald von Ihnen zu hören.
Ich hoffe, in Kürze von Ihnen zu hören.
Ich danke Ihnen im voraus für Ihre Bemühungen.

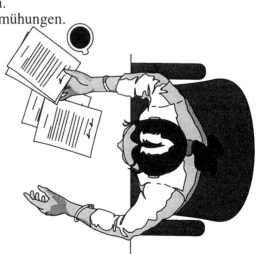

Kapitel 10:
Geld, Währung, Kredit

1 österreichischer Euro

1 deutscher Euro

E - 16 Länder
Euro-Zone

Geld

Das Geld ist eigentlich eine relativ moderne Erscheinung. Noch vor wenigen Jahrhunderten lebten die heutigen Industriestaaten in einer *Naturaltauschwirtschaft*, die auch heute noch bei einigen Völkern existiert. Bei der Naturalwirtschaft tauscht man zum Beispiel eine Kuh gegen ein Pferd oder einen Stapel Holz gegen 10 Pfund Butter usw. Das Problem dabei ist jedoch, den Wert eines jeden Gegenstands fair zu bestimmen; und je komplizierter die Marktverhältnisse werden, desto schwieriger ist es, den Maßstab für einen angemessenen Vergleich zu finden. Darum wurde das Geld als *Recheneinheit* eingeführt. Somit hat das Geld heutzutage in allen Industriestaaten die Funktion eines allgemein anerkannten *Tauschmittels* und *gesetzlichen Zahlungsmittels.*

Und es gibt noch einen weiteren Vorteil des Geldes gegenüber dem Tausch von Gütern. Während nämlich Tiere sterben können, Butter schlecht wird und Holz verrottet, ist das Geld zeitunabhängig. Geld dient daher auch als *Wertaufbewahrungsmittel.*

Schließlich müssen noch drei *Geldarten* voneinander unterschieden werden. Da gibt es einmal das *Hart- oder Münzgeld*, das aus Metall geprägt wird, dann das *Zeichen- oder Papiergeld*, das auf Scheine gedruckt wird (Banknoten) und endlich das *Buch- oder Giralgeld*, das sich nur als Guthaben bei den Kreditinstituten befindet. Bei dieser Geldart handelt es sich also nicht um Bargeld; es existiert nur in den Büchern der Banken.

Das Prägen der Euro-Münzen findet in den einzelnen Ländern statt, und trotz gemeinsamer Zahlseite gibt es auf der Kehrseite der Münzen unterschiedliche regionale Motive. Herausgeberin der Banknoten ist die Europäische Zentralbank.

Währung

Während der Begriff *Geld* ganz allgemein als Synonym für *Zahlungsmittel* gebraucht wird, handelt es sich bei der *Währung* um die

Geldordnung eines Landes. Die Währung der an der Währungsunion teilnehmenden Länder Europas ist zum Beispiel der Euro, der sich wiederum aus 100 Cent zusammensetzt.

Die europäische Währung ist eine sog. *freie Währung*, d.h. sie ist nicht an einen stofflichen Wert gebunden. Unter einem stofflichen Wert versteht man zum Beispiel ein Edelmetall wie Gold oder Silber. Eine Goldwährung ist ein Beispiel für eine *gebundene Währung*: in diesem Fall sind entweder die Münzen aus Gold oder aber die Notenbank des Landes verpflichtet sich, das Geld auf Anfrage in Gold einzulösen. Die USA war das letzte Land mit einer Goldeinlösepflicht. Aber auch Nordamerika ist 1971 zu dem freien Währungssystem übergegangen.

Der *Binnenwert* einer Währung ist die Kaufkraft innerhalb des eigenen Landes. Die Kaufkraft der Währung außerhalb des eigenen Landes - also im Ausland - wird *Außenwert* genannt. Normalerweise entwickelt sich der Außenwert einer Währung frei nach denselben Gesetzen wie der Binnenwert: Inflation, Wirtschaftswachstum, Geld- und Finanzpolitik etc. haben hierauf einen Einfluß.

Zahlungsarten

Rechnungen, Güter und Dienste muß man nicht immer mit barem Geld bezahlen. Es ist im Gegenteil heutzutage viel üblicher, bargeldlos zu bezahlen. Obwohl auch in Deutschland die Kreditkarte als bargeldloses Zahlungsmittel ständig an Popularität gewinnt, werden andere Möglichkeiten immer noch vorgezogen. Als erste soll der *Scheck* betrachtet werden. Bei dem Scheck sind vier Formen zu unterscheiden:

1. *Der Barscheck*: Der Empfänger des Schecks kann diesen bei der angewiesenen Bank für bares Geld einlösen oder auch auf der eigenen Bank zur Gutschrift auf sein Konto einreichen. Die Unterschrift auf der Rückseite des Schecks nennt sich das Indossament.

2. Der *Verrechnungsscheck*: Dieser läßt sich nur auf der eigenen Bank zur Gutschrift einlösen. Auf diese Weise wird die Sicherheit erhöht, denn es ist leicht festzustellen, auf wessen Konto der Scheck gutgeschrieben wurde.

3. Der *Euroscheck:* Bei diesem Scheck garantiert die Bank, daß er bis zu 400 DM

auf jeden Fall gedeckt ist. Der Euroscheck gewinnt durch diese Sicherheit immer mehr an Bedeutung. Er ist in ganz Europa gültig und wird zur weiteren Sicherheit von einer Euroscheckkarte begleitet.

4. Der *Reisescheck* spielt im internationalen Reiseverkehr eine große Rolle. Da er von den ausgebenden Banken direkt gegen bares Geld verkauft wird, ist seine Deckung garantiert.

Als weitere Möglichkeit der bargeldlosen Zahlung kennen wir die *Überweisung*. Hierbei handelt es sich um eine Zahlungsart, die in vielen anderen Ländern nicht üblich ist. Die Zahlungspflichtige weist mit der Überweisung ihre Bank an, den geschuldeten Betrag von ihrem Konto auf das Konto der Zahlungsempfängerin zu übertragen.

Auch der *Wechsel* spielt eine wichtige Rolle im bargeldlosen Zahlungsverkehr. Diese Zahlungsart ist besonders bei geschäftlichen Transaktionen gebräuchlich. Der Käufer kann der Verkäuferin für die Ware einen Wechsel in einer bestimmten Höhe aushändigen. Das besondere an einem Wechsel ist, daß er meist erst in 90 Tagen fällig wird. Er ist also eine Art kurzfristiger Kredit für den Käufer und eine Sicherheit für die Verkäuferin. Sie kann nun das Geld nach 90 Tagen durch ihre Bank einziehen lassen oder aber den Wechsel selbst als Zahlungsmittel an eine andere Person weitergeben. Wenn sie ihn an ihre Bank für bares Geld verkauft, muß sie einen Diskont an die Bank zahlen.

Und als letztes sollen im bargeldlosen Zahlungsverkehr die verschiedenen Formen des sogenannten *Plastikgeldes* vorgestellt werden. Wie oben bereits erwähnt, gewinnt diese Zahlungsart auch bei den Deutschen immer mehr an Popularität. Die Welt des Plastikgeldes wird dabei immer vielfältiger. So gibt es u. a. Kreditkarten, Debit-Karten, EC-Karten, Geldkarten und Kundenkarten. Der jeweilige Unterschied zwischen den einzelnen Karten liegt bei den gebotenen Leistungen, dem Abrechnungsverfahren und den Einsatzmöglichkeiten.

1. Bei der *Kreditkarte* bekommt man am Ende des Abrechnungszeitraums, der normalerweise einen Monat beträgt, eine detaillierte Aufstellung der Belastungen. Ist die Kreditkarte eine Charge-Karte, muß der gesamte Rechnungsbetrag auf einmal bezahlt werden. Wenn es sich um eine klassische Kreditkarte handelt, so gibt es die Möglichkeit, entweder die gesamte Summe oder den Betrag in Raten (= revolvierender Kredit) zu zahlen. Bei einer Ratenzahlung muß man allerdings einen bestimmten Mindestbetrag, der zwischen 5 und 10% der Gesamtsumme liegt, und Finanzierungszinsen bezahlen. Beispiele von Kreditkarten sind Visa, EuroCard, Diners Club, American Express, etc.

2. Die *Debit-Karte* sieht aus wie eine klassische Kreditkarte, aber sie räumt keinen Kredit ein. Der Betrag, den man damit bezahlt, wird sofort von dem Girokonto abgebucht. Deshalb kann man eine Debit-Karte nur in Zusammenhang eines existierenden Girokontos erhalten. Der Vorteil dieser Karte liegt darin, daß man die Möglichkeit hat, weltweit bargeldlos zu bezahlen.

3. Die *EC-Karte* ist in Deutschland am weitesten verbreitet. Sie ist eine Debit-Karte, die überall in Europa akzeptiert wird, und die immer mehr zum praktischen Ersatz des Euroschecks wird.

4. Sehr populär ist auch die *Geldkarte* oder *Chipkarte*. Das ist praktisch eine elektronische Geldbörse. Die Karte wird mit einem bestimmten Betrag geladen, der sich bei jedem Einkauf immer um den zu zahlenden Betrag reduziert, bis die Karte leer ist. Man kann diese Karte dann bei der Bank oder an Geldautomaten wieder auffüllen.

5. Eine *Kundenkarte* wird nur von dem anbietenden Unternehmen akzeptiert. Das kann eine große Kaufhauskette wie z. B. Horten oder Karstadt sein, oder auch eine Ölgesellschaft wie Esso oder Shell. Viele dieser Kundenkarten bieten auch eine Kreditkartenfunktion.

(a) Setzen Sie bitte die folgenden Nomen zu Komposita aus dem Lesetext zusammen. Von jedem Kompositum ist Ihnen das eine Nomen bestimmt bekannt und das andere nicht oder nur vielleicht. Benutzen Sie bitte jedes Nomen nur einmal. Die Vokabel *Währung* ist allerdings zweimal aufgeführt. Raten Sie zum Schluß die Bedeutung der Komposita.

		Komposita	Bedeutung
Währungs -	scheck	_____	_____
Bank -	geld	_____	_____
Wert -	wirtschaft	_____	_____
Kredit-	einlösepflicht	_____	_____
Giral -	mittel	_____	_____
Gold -	schlange	_____	_____
Zahlungs -	aufbewahrung	_____	_____
Naturaltausch -	note	_____	_____
Währungs -	einheit	_____	_____
Reise -	karte	_____	_____

(b) Welche Verben gehören am engsten zu den jeweiligen Nomen? Benutzen Sie bitte jede Vokabel nur einmal.

Scheck	drucken	_____
Holz	bezahlen	_____
Goldwährung	weitergeben	_____
Wert	gutschreiben	_____
Kredit	verrotten	_____
zur Verfügung	einlösen	_____
Naturalwirtschaft	prägen	_____
Wechsel	einräumen	_____
Papiergeld	stehen	_____
Rechnungen	bestimmen	_____
Münzgeld	tauschen	_____

(c) Finden Sie bitte im Lesetext das Adjektiv bzw. Adverb, das dieselbe Bedeutung wie die Paraphrase oder das Synonym hat.

Beispiel: gerecht   -   <u>fair</u>

1.   akzeptiert   -   _____

2.   fixiert, festgelegt, abhängig   -   ist   _____
      (Währung)

3.   ohne Bargeld   -   _____

4.   normal, gewöhnlich   -   _____ und
                                                               _____

5.   (Scheck) durch ausreichende   -   ist   _____
      Geldmittel abgesichert

6.   auf kurze Zeit   -   _____

7.   (Wechsel) muß bezahlt werden -   ist   _____

(d) Welche Präpositionen begleiten im Lesetext die folgenden Verben?

Beispiel: sich handeln   <u>um</u>

1.   sorgen   _____

2.   übertragen   _____

3.   tauschen   _____

4.   binden   _____

5.   bestehen   _____

6.   übergehen   _____

7.   Einfluß haben   _____

8.   sich zusammensetzen   _____

Lesetext 1: Wichtigste Vokabeln

Nomen

die Abrechnung, -en
die Anfrage, -n
die Aufbewahrung
die Banknote, -n
die Belastung, -en
die Deckung
die Einheit
die Einlösepflicht
die Empfängerin, -nen
die Erscheinung, -en
die Gutschrift, -en
die Münze, -n
die Naturaltauschwirtschaft
die Recheneinheit, -en
die Rechnung, -en
die Transaktion, -en
die Übergangslösung, -en
die Überweisung, -en
die Unterschrift, -en
die Zahlung, -en
die/der Zahlungspflichtige, -n

der Außenwert, -e
der Betrag, die Beträge
der Binnenwert, -e
der Diskont
der Empfänger, -
der Euroscheck, -s
(auch: Eurocheque)
der Gegenstand, -stände
der Geldautomat, -en
der Maßstab, -stäbe
der Scheck, -s
der (Geld-)schein, -e
der Verrechnungsscheck, -s
der Zeitraum, -räume

das Edelmetall, -e
das Giralgeld
das Guthaben, -
das Hartgeld
das Indossament
das Jahrhundert, -e
das Konto, Konten
das Münzgeld
das Papiergeld
das Verfahren, -
das Zeichengeld

Verben

abbuchen
anerkennen
anweisen
ausführen
aushändigen
begleiten
decken
dienen
einführen
einlösen
einräumen
einreichen
einziehen
feststellen
garantieren
gutschreiben
schulden
tauschen
übergehen (zu)
übertragen (auf)
verlaufen
sich verpflichten
vorstellen
weitergeben

Adj./Adv.

bargeldlos
fällig
gebräuchlich
geschäftlich
gesetzlich
heutzutage
kurzfristig
modern
somit
stofflich
üblich

(a) Bitte unterstreichen sie jeweils den einen Begriff, der <u>nicht</u> in die Gruppe gehört.

1. Geld dient als:

   Wertaufbewahrungsmittel / Tauschmittel / Banknote / Recheneinheit

2. Zu den Möglichkeiten des bargeldlosen Zahlungsverkehrs gehören:

   Giralgeld / Überweisung / Verrechnungsscheck / Wechsel

3. Unter dem Begriff Währung versteht man:

   Zahlungsmittel / freie Währung / Goldwährung / Geldordnung

4. Ein Wechsel ist:

   Kurzkredit / Zahlungsart / Diskont / Sicherheit

5. Die Probleme der Naturaltauschwirtschaft sind:

   Vergleichsmaßstab / Güteraustausch / Zeitabhängigkeit / Marktkompliziertheit

(b) Bitte bringen Sie die richtigen Satzteile wieder zusammen. Benutzen Sie jede Satzhälfte nur einmal und achten Sie auf Grammatik und Logik.

1. Befindet sich das Guthaben nur in den Büchern der Banken,	-	(a) bei dem vier Arten zu unterscheiden sind.
2. Wenn ein Wechsel für Bargeld an eine Bank verkauft wird,	-	(b) das Geld in Gold einlösen zu können.
3. Außenwert und Binnenwert einer Währung	-	(c) wird ein bestimmter Betrag von Konto zu Konto übertragen.
4. Bei einer Naturalwirtschaft gibt es das Problem,	-	(d) handelt es sich um einen Verrechnungsscheck
5. Läßt sich ein Scheck nur bei der eigenen Bank gutschreiben,	-	(e) handelt es sich um Giralgeld.
6. Bei einer Überweisung	-	(f) den Güterwert fair bestimmen zu können.
7. Bis 1971 waren die Banken der USA dazu verpflichtet,	-	(g) muß ein Diskont gezahlt werden.
8. Eine beliebte Zahlungsart ist der Scheck,	-	(h) werden unter anderem durch Inflation und Wirtschaftswachstum beeinflußt.

(a) Schauen Sie bitte in eine Zeitung von heute und notieren Sie sich den aktuellen Wechselkurs des Dollar und Euro. Was Sie in der Zeitung sehen ist der Außenwert des Euro in US-Dollar. Rechnen Sie diesen Wert in Außenwert des US-Dollars in Euro um!

(b) Dann schreiben Sie bitte zwei Paragraphen, in denen Sie (1) die Grafik kommentieren und mit Ihren neuen Werten ergänzen, und (2) einige mögliche Folgen dieser Situation für den deutsch-amerikanischen Handel diskutieren. Denken Sie z. B. darüber nach, welche Konsequenzen Wechselkurse auf Einfuhr und Ausfuhr haben, d. h. was passiert, wenn US-Waren aufgrund des Wechselkurses in Deutschland billiger, oder umgekehrt, deutsche Waren in den USA teurer werden.

Folgende Stichwörter sollten in Ihrem Text enthalten sein:

Ausfuhr
Euro
Dollar-Kurs
Einfuhr
Folgen
US-Dollar
Vergleich
Zeitraum

auf der einen Seite
auf der anderen Seite
billig
teuer

einkaufen
verkaufen
stimulieren

Bankkonten

Das Girokonto
    Dauerauftrag
    Dauerüberweisung
    Lastschrift
    Einzugsermächtigung
    Abbuchungsauftrag
    Überziehungs- oder Dispositionskredit

Das Sparkonto
    Zinsen
    Sparbuch

Kredit aufnehmen

Kreditkarten

Devisen und Reiseschecks

Hörtext: Wichtigste Vokabeln

Nomen

die Bearbeitungsgebühr, -en
die Dauerüberweisung, -en
die Einzugsermächtigung, -en
die Gebühr, -en
die Inhaberin, -nen
die Kreditaufnahme, -n
die Lastschrift, -en
die Miete, -n
die Summe, -n

der Abbuchungsauftrag,
                -aufträge
der Augenblick, -e
(im Augenblick)
der Dauerauftrag, -aufträge
der Dispositionskredit, -e
der Inhaber, -
der Überziehungskredit, -e

das Girokonto, -en
das Sparbuch
            - bücher
das Sparkonto, -en

Verben

abbuchen
abheben
abwickeln
ansparen
aufnehmen
einzahlen
erlauben
erledigen
erteilen
leihen
sparen
überweisen
überziehen

Adj./Adv.

ähnlich
beliebt
fremd
kreditwürdig
mittlerweile
praktisch

Zur Vorbereitung auf Lesetext 2

Bearbeiten Sie bitte beide Aufgaben mit einem Partner oder einer Partnerin!

(a) (15 Minuten) Geben Sie den Inhalt der folgenden Grafik und des Textes kurz auf Englisch wieder! Dabei sollen Sie den Text <u>nicht wortwörtlich übersetzen</u>, sondern ihn durchlesen und dann eine englische Wiedergabe der Informationen des Textes schreiben.

Karriere

Ob auf Reisen oder beim Einkaufsbummel, im Restaurant oder im Kaufhaus - überall in Deutschland und im europäischen Ausland ist die ec-Karte als Zahlungsmittel gern gesehen. An vielen Kassen kommt der Karteninhaber auch ohne Euroschecks aus - Unterschrift oder Eingabe der Geheimnummer genügen. Außerdem bieten Geldautomaten im In- und Ausland Bargeld rund um die Uhr - die ec-Karte ist der "Schlüssel" dazu. - Die ec-Karte kann auf eine erfolgreiche Karriere zurückblicken. So waren nach einer Erhebung der Deutschen Bundesbank im Jahr 1988 knapp 22 Millionen Scheckkarten im Umlauf; heute sind es 43 Millionen. Die meisten ec-Karten wurden von den Sparkassen ausgegeben (21,6 Millionen), gefolgt von den Kreditgenossenschaften (11,6 Millionen) und den Kreditbanken (8,4 Millionen).   Globus

Statistische Angaben: Deutsche Bundesbank

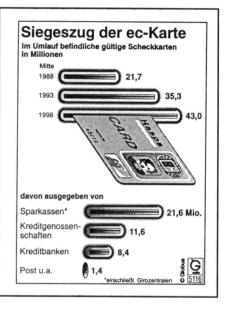

Siegeszug der ec-Karte
Im Umlauf befindliche gültige Scheckkarten in Millionen

Mitte 1988	21,7
1993	35,3
1998	43,0

davon ausgegeben von

Sparkassen*	21,6 Mio.
Kreditgenossen- schaften	11,6
Kreditbanken	8,4
Post u.a.	1,4

*einschließl. Girozentralen   © Globus 5116

_____
_____
_____
_____
_____
_____
_____
_____
_____
_____
_____
_____
_____
_____

(b) (10 Minuten) Schauen Sie sich die Schlagzeilen und die fettgedruckten Zeilen von Lesetext 2 an! Überlegen Sie sich, (1) welche Informationen Sie wohl in diesem Text erhalten werden, und (2) inwiefern sich diese Informationen von denen des obigen Textes und der Grafik sowie von Lesetext 1 unterscheiden. Notieren Sie nur Stichwörter:

_____   _____
_____   _____
_____   _____

Plastikgeld

Praktisch und sicher

Die neue Chipkarte macht den Euroscheck zum Auslaufmodell
und verändert die Zahlungsgewohnheiten in Deutschland.

1 Alltag an der Supermarktkasse: Nach Druck der Summentaste zückt der Kunde sein Scheckheft, bittet um einen Kugelschreiber und beginnt auf dem Laufband mit dem Ausfüllen des Formulars. Hinter ihm drängen die Wartenden, vor ihm sitzt die genervte Kassiererin. Der Kunde kommt ins Schwitzen.

2 Wenn Andreas Martin, Zahlungsverkehrsexperte beim Bundesverband der Deutschen Volksbanken und Raiffeisenbanken (BVR), recht behält, wird diese Szene bald der Vergangenheit angehören. Denn eine neue Kartengeneration soll den papiernen Euroscheck (EC) überflüssig machen: die EC-Chipkarte. Die Weichen dazu hat jetzt der Zentrale Kreditausschuß (ZKA) mit einer Grundsatzentscheidung gestellt. In dem Gremium arbeiten Privatbanken, Sparkassen und Volks- und Raiffeisenbanken bundesweit zusammen. Die Fachleute der beteiligten Institutsgruppen verständigten sich grundsätzlich darauf, die EC-Chipkarte ab Ende 1994 einzuführen. Im Großraum Münster startet im August dieses Jahres ein Pilotprojekt mit 2000 EC-Chipkarten.

3 Das Versuchsstadium haben Frankreich sowie die Schweiz längst hinter sich gelassen. Schon seit Jahren können die Franzosen mit ihrer chipbestückten „Carte bleue" das geliebte Baguette bargeldlos beim Bäcker bezahlen. Und Biel in der Schweiz ist „auf dem besten Wege, eine bargeldlose Region zu werden", so Beat Tschannen von der Generaldirektion der Schweizer Post (PTT) in Bern.

50 000 Bieler testen seit 1991 die „Smartcard" der PTT. Mehr als 13 000 Postscheckkontoinhaber bezahlen dort ihre Einkäufe in 160 Bieler Geschäften, ihre Fahrten mit der Straßenbahn oder den Besuch im Freibad bargeldlos mit der intelligenten Post-Karte. „Aufgrund der äußerst positiven Erfahrungen mit der Smartcard", so die PTT, soll dieses Zahlungssystem ab 1994 sukzessive auf die ganze Schweiz ausgedehnt werden.

Basis für den Erfolg in der Schweiz: Anders als bei Kreditkarten und Electronic Cash braucht der Handel keinerlei Gebühren an die Abrechnungsstelle der PTT zu entrichten. Und das Geld wird am Tag der Einreichung dem Firmenkonto gutgeschrieben. Das könnte Vorbildcharakter für die neue Chipkarte in Deutschland haben.

4 Die neue Scheckkarte soll dem bargeld- und beleglosen Zahlungsverkehr im deutschen Einzelhandel ganz neue Dimensionen eröffnen: Der Inhaber kann im Laden um die Ecke damit bezahlen, beim Friseur und im Taxi, er kann durch den in die Karte integrierten multifunktionalen Chip Bankgeschäfte erledigen oder Fahrscheine lösen. Außerdem kann er mit der EC-Chipkarte in Kartentelefonen der Telekom telefonieren. Dies alles könnte die Zahlungsgewohnheiten der Deutschen gründlich verändern.

5 Für den Kunden ist die EC-Chipkarte praktisch und sicher (siehe Kasten). Auf dem Chip wird ein Verfügungsrahmen über beispielsweise 1000 Mark geladen, ohne das Konto bereits zu belasten. Das geschieht erst nach dem Bezahlen an den Kassenterminals. Der Chipkarteninhaber kann also ohne einen Pfennig im Portemonnaie einkaufen. Ist der Verfügungsrahmen aufgebraucht, läßt er sich an jedem Telekom-Kartentelefon wieder aufladen. Den Weg zum Geldautomaten kann sich der Chipkartenbesitzer künftig sparen. Und bei Verlust oder Diebstahl ist die Karte ohne Geheimnummer für Fremde nicht zu gebrauchen.

6 Hans Weyhenmeyer, stellvertretender Geschäftsführer beim Hauptverband des Deutschen Einzelhandels (HDE), sieht in der Chipkarte „die optimale Lösung für das elektronische Bezahlen". Ulrich Martinius vom Konkurrenzverband Bundesarbeitsgemeinschaft der Mittel- und Großbetriebe des Einzelhandels (BAG) pflichtet ihm bei: „Die sinnvolle Chipkarte fordern wir seit Jahren." Auf die Vorteile der neuen Karte verweist Hermann J. Zellekens, Geschäftsführer des Deutschen Handelsinstituts (DHI): „Für den Handel ist die Chipkarte eindeutig schneller und billiger."

7 Die Kreditkartenunternehmen sehen in der Chipkarte keine Konkurrenz. „Die Erfahrungen an den Tankstellen zeigen, daß das bargeldlose Zahlen mit der Scheckkarte nicht zu Lasten der Kreditkarte geht", gibt sich Klaus-Peter Baerwolf von GZS Gesellschaft für Zahlungssysteme gelassen. Susanne Wegerhoff von American Express verweist auf die Kreditmöglichkeit und die internationale Einsetzbarkeit: „Beides ist bei der Chipkarte ja nicht gegeben."

8 Zum beliebtesten bargeldlosen Zahlungsmittel hierzulande entwickelten sich bislang Euroscheck und Scheckkarte, die im Mai 1968 in Brüssel aus der Taufe gehoben wurden. Mit 35 Millionen übersteigt die Zahl der Scheckkarten die der ausgegebenen Kreditkarten um das Fünffache. Nirgendwo ist das Euroschecksystem so populär: Zwei Drittel aller europaweit ausgegebenen EC-Karten befinden sich in deutschen Brieftaschen. Allein 1992 wurden über 400 Millionen Euroschecks mit einer Gesamtsumme von mehr als 150 Milliarden Mark ausgestellt. Doch den Banken ist die aufwendige Scheckbearbeitung bis hin zur Archivierung zu teuer. Ihre jahrelangen Bemühungen, von den Schecks loszukommen, sind allerdings bisher gescheitert.

9 Die Kreditwirtschaft favorisierte lange Zeit das Mitte der achtziger Jahre eingeführte System des Electronic Cash (EC-Cash). Das elektronische Bezahlen an der Ladenkasse sollte Papierscheck und Bargeld ersetzen. Dabei bezahlt der Kunde mit der Euroscheckkarte unter Eingabe einer Geheimnummer an einem Terminal, das gleichzeitig die Zahlungsfähigkeit des Kunden bei dessen Hausbank prüft. Dem Händler wird die Zahlung garantiert.

10 Trotz dieser praktischen und sicheren Abwicklung entpuppte sich EC-Cash nicht als der große Renner. Die zögerliche Akzeptanz ist wohl in den hohen Bankgebühren begründet. Sie übersteigen gerade im Lebensmitteleinzelhandel mit seinen geringen Margen die zu erzielenden Rationalisierungseffekte. So werden dem Handel 0,3 Prozent vom EC-Cash-Umsatz in Rechnung gestellt.

Die Kostennachteile des EC-Cash veranlaßten den Stuttgarter Textilfilialisten E. Breuninger GmbH & Co. 1986, ein Lastschriftverfahren in Verbindung mit der EC-Karte einzuführen. Das nimmt die Scheckkarte zur Legitimation, doch gibt der Kunde keine Geheimnummer ein. Er unterschreibt lediglich eine von der Kasse erstellte Einzugsermächtigung über die Kaufsumme.

Tatsächlich verzeichnet EC-Cash trotz aller Kritik Zuwachsraten: Die Transaktionen stiegen 1992 um 93 Prozent, die Betragssumme expandierte um 131 Prozent. Die Zahl der EC-Cash-Terminals wuchs auf knapp 15 000, davon allein zwei Drittel an Tankstellen.

11 Bei der EC-Chipkarte sollen die Konditionen für Handel und Kunden jetzt deutlich günstiger ausfallen als bei den bisherigen Verfahren des elektronischen Kassierens. So ist das Bezahlen mit der Chipkarte für den Handel billiger und trotzdem genauso sicher wie das EC-Cash-Verfahren. Denn die Abfrage des Kontostandes bei der Hausbank des Kunden ist nur noch dann nötig, wenn die Kaufsumme den im Chip geladenen Verfügungsrahmen übersteigt. „Damit wird das Bezahlen mit der Chipkarte für die 75 Prozent der Einzelhandelsunternehmen interessant, denen das herkömmliche EC-Cash-Verfahren zu teuer ist", betont Zellekens. Erhard Buchholz, Mitglied der Rewe-Geschäftsleitung, zeigt sich bereits stark interessiert: „Die Investition in die Chip-Terminals ist für uns kein Hindernis." Von der neuen Karte verspricht er sich erhebliche Rationalisierungsmöglichkeiten im Kassenbereich.

12 Kritisch sehen Verbraucherschützer die EC-Chipkarte, sie warnen vor dem gläsernen Bankkunden. Denn je genauer die Geldströme nachvollziehbar sind, desto durchsichtiger wird die Klientel – auch fürs Finanzamt. Doch diese Einwände konnten den Trend zum bequemen bargeldlosen Zahlen bisher nicht aufhalten.

Gewichtiger ist da schon eher das Kostenargument. Denn die EC-Chipkarte wird für den Kunden voraussichtlich um zehn Mark teurer. Trotzdem ist die Kreditwirtschaft optimistisch. Zielgruppe sind die 22 Millionen Scheckkartenbesitzer, die mit der Geheimnummer die Geldautomaten frequentieren und das EC-Cash-Verfahren nutzen.

Bleibt nur zu hoffen, daß die Kunden nicht auf ähnliche Weise geködert werden wie in den sechzigern Jahren mit den gebührenfreien Girokonten. Für den damit verbundenen Service werden sie heute kräftig zur Kasse gebeten.

Marlene Endruweit/Reinhard Siekemeier

© WirtschaftsWoche
Text revidiert aus: WirtschaftsWoche, Nr. 18/30.4.1993, Ss. 96-100
Reprinted with permission of publisher.

Lesetext 2: Wichtigste Vokabeln

Nomen

die Bemühung, -en	der Einwand, Einwände	das Gremium, Gremien
die Zahlungsgewohnheit, -en	der Geldstrom, -ströme	das Laufband, -bänder
	der Verfügungsrahmen, -	das Portemonnaie, -s

Verben

drängen
entrichten
gutschreiben
ködern
recht behalten
zücken
zur Kasse bitten

Adj./Adv.

bargeldlos
beleglos
erheblich
gebührenfrei
herkömmlich
nachvollziehbar

(a) Dieser Artikel, wie die meisten Zeitschriften- und Zeitungsartikel, hat keine Untertitel, die den Text thematisch gliedern und dem Leser dabei weiterhelfen, dem Inhalt und der Argumentation des Artikels zu folgen. Deswegen finden Sie unten zusammenfassende Überschriften, die Sie den Nummern vor den Paragraphen im Artikel zuordnen sollen.

_____ Vorteile der Chipkarte für Handel und Kunden

_____ Einstellung der Kreditkartenunternehmen

_____ Probleme mit EC-Cash, Lösungen und Zuwachsraten

_____ Einsatzmöglichkeiten der Chipkarte

_____ Warnung der Verbraucherschützer

_____ Stellungnahmen der Einzelhandelsverbände

_____ bisherige Zahlungsmethode in Deutschland

_____ Geschichte des Euroschecksystems

_____ Erfolg des bargeldlosen Zahlungsverkehrs im Ausland

_____ Einführung des EC-Cash Systems

_____ Wie funktioniert die Chipkarte?

_____ Einführung der Chipkarte in Deutschland

(b) Beantworten Sie bitte folgende Fragen nach Informationen aus Lesetext 2 in Ihren eigenen Worten!

1. Wie funktioniert die Chipkarte?

2. Welche Vor- und Nachteile bietet die Chip-Karte für den Handel?

3. Welche Vor- und Nachteile hat die Chip-Karte für den Verbraucher?

(c) In diesen Sätzen gibt es inhaltliche Fehler. Bitte finden und korrigieren Sie sie nach den Informationen des Artikels in Lesetext 2.

Beispiel: Die neue Chipkarte macht ~~dem Euroscheck keine Konkurrenz~~.

Korrektur: *Die neue Chipkarte macht den Euroscheck überflüssig.*
oder
Die neue Chipkarte macht den Euroscheck zum Auslaufmodell.

1. Die Chipkarte soll in allen Kreditinstituten bundesweit eingeführt werden.

2. Die 160 Bieler Geschäfte, die die "Smartcard" für Einkäufe akzeptieren, müssen Gebühren an die Schweizer Post bezahlen.

3. Für die Bieler Firmen hat die "Smartcard" den Nachteil, daß der Geldbetrag am Tag der Einreichung dem Firmenkonto gutgeschrieben wird.

4. Die Chipkarte wird mit einer sichtbaren Geheimnummer geladen.

5. Die Chipkarte ist eine Art Kreditkarte.

6. Das Euroschecksystem ist überall in Europa so populär wie in Deutschland.

7. Die Scheckbearbeitung ist für die Banken sehr teuer; deswegen sind sie von Schecks endlich losgekommen.

8. Zu den Nachteilen des EC-Cash-Verfahrens rechnet man die Prüfung der Zahlungsfähigkeit des Kunden.

9. In letzter Zeit haben Mißbräuche beim EC-Cash Verfahren deutlich zugenommen.

10. EC-Cash Terminals befinden sich hauptsächlich in Lebensmittelgeschäften.

Discourse: Focusing on the Event

Characteristic Three: The Passive Voice and Similar Devices

In Chapter 9 we reviewed the formation and use of the passive voice as a device for focusing on the event rather than on the agent of an action. Similar results can also be achieved in German by using other devices, such as the pronoun *man,* or certain active voice verb phrases. As with the passive voice itself, the frequency of such verb phrases increases with the technical level of the texts. You have undoubtedly also been introduced to these phrases before, but probably not within the context of language usage in the professions.

Active Voice Devices similar in Function to the Passive Voice

A: The Pronoun "*man*"

As you remember, the passive voice is used when the agent of the action is unknown or insignificant. In German, an unknown or insignifant "agent" may also be expressed with *man* in an active voice sentence. *Man* is used extremely frequently in written as well as spoken German at all levels. In fact it is used so frequently that a comparison with its immediate direct translation "one" in English is very misleading. "*Man*" corresponds, rather, much more favorably with impersonal "you" and "they" in English than with "one," since the latter occurs only in the most elevated English usages. In other words, the best English equivalent for German

> *"Man braucht kein Visum für einen kurzen Urlaub in Deutschland"*

would, in most instances, be

> *"You don't need a visa for a short vacation in Germany."*

One (you) could render this sentence with "One" instead of "You," but it would only be acceptable for most native speakers in a very limited context. Notice here also that the "agent" of the action is insignificant; the focus is on the idea of needing a visa, so the expression of this idea lends itself to the passive voice or a similar device.

B: Active Voice Verb Phrases

The most readily identifiable constructions in this category are:

> **sich lassen + infinitive**
>
> **sein + zu + infinitive**

Both of these constructions bear meanings similar to passive constructions with modal auxiliaries.

> **sich lassen + infinitive = können ge_____ werden**

Example:

> **Universalbanken <u>lassen sich</u> in drei Sektoren <u>unterteilen</u>.**
> **Universalbanken können in drei Sektoren <u>unterteilt</u> <u>werden</u>.**

Both constructions convey virtually the same information in a way which focuses on the event or action of dividing this type of bank into three sectors rather than on any agent of the action. They are, for all intents and purposes, equivalent.

The construction "*sein + zu + infinitive*" is just a bit tricky to work with because it is associated with two different modals in the passive, depending on the context.

sein + zu + infinitive = können ge_____ werden
or
müssen ge_____ werden

Example:

> **Universalbanken <u>sind</u> in drei Sektoren <u>zu</u> <u>unterteilen</u>**
> **Universalbanken <u>können</u> in drei Sektoren <u>unterteilt</u> <u>werden</u>.**

In the sentence above it is clear from the context of our current discussion that the equivalent idea would be expressed with the "*können*" alternative.

The next sentence, however, presents us with a different picture.

> **Ist die Kreditkarte eine Charge-Karte, <u>ist</u> der gesamte Rechnungsbetrag auf einmal <u>zu</u> <u>bezahlen</u>.**

In this sentence, only the "*müssen*" alternative is acceptable, since the context tells us that the charge card holder bears the responsiblity, i.e. he <u>must</u> pay the entire amount of his bill in one payment.

> **Ist die Kreditkarte eine Charge-Karte, <u>muß</u> der gesamte Rechnungsbetrag auf einmal <u>bezahlt werden</u>.**

"Sein + zu + infinitive" occurs very frequently as a device for focusing on the event, but, in using it, we must be alert to its dual nature.

C: Reflexive Verbs

Sometimes reflexive verbs perform a similar function. Our idea from above, for instance, may be expressed as

> **Universalbanken <u>unterteilen</u> <u>sich</u> in drei Sektoren.**

While reflexive verbs often serve the function of focusing on the event, they do not always do so and, therefore, they are the least easily definable of the devices similar in function to the passive voice. We reintroduce them here not so much for active mastery, i.e. for you to use in your own developing formal written style, but more for passive mastery, i.e. for you to recognize in your reading.

(a) Zur Übung und als Wiederholung der Grammatik von Kapitel 9 sollen Sie jetzt aus den folgenden Satzelementen Passivsätze zusammensetzen. Wenn Sie sich nicht sicher sind, wie man das macht, dann lesen Sie bitte die Grammatikerklärungen in Kap. 9 noch einmal.

Beispiel: Geld / als Synonym / für Zahlungsmittel / brauchen. (Zeitform: Präsens)

Geld wird als Synonym für Zahlungsmittel gebraucht.

1. Die Unterschrift / auf der Rückseite eines Schecks / als Indossament / bezeichnen. (Präsens)

2. Im Jahre 1971 / in Nordamerika / zu einem freien Währungssystem / übergehen. (Präteritum)

3. Der Euroscheck / zur weiteren Sicherheit / von der Euroscheckkarte / begleiten. (Präsens)

4. Die Euro-Münzen / in den einzelnen Ländern / prägen. (Präsens)

5. In Deutschland / bis vor kurzem / andere Zahlungsmittel / den Kreditkarten / vorziehen. (Präteritum)

6. Alle Kreditinstitute / durch das Bundesaufsichtsamt für das Kreditwesen / überwachen. (Präsens)

7. Beim Wechselverkauf / müssen / ein Diskont / zahlen.   (Präsens)

8. Lastschriften / können / unterschiedlich / organisieren.   (Präsens)

9. Zahlungsarten / können / grundsätzlich / in fünf Kategorien / einteilen. (Präsens)

(b) Unten finden Sie 6 Definitionen aus dem <u>Schüler Duden</u> Sachlexikon "Die Wirtschaft."
Während Sie diese Definitionen schnell durchlesen, unterstreichen Sie alle Passiv- und
passivähnlichen Konstruktionen.

Kreditwesengesetz (KWG): Rechtsgrundlage für das Bankwesen in der Bundesrepublik Deutschland. Die wichtigsten Regelungen sind: 1. staatliche Aufsicht für die Kreditunternehmen, ausgehend vom Bundesaufsichtsamt für das Kreditwesen in Zusammenarbeit mit der Deutschen Bundesbank; 2. von Kreditinstituten wird ein angemessenes haftendes Eigenkapital und eine jederzeit ausreichende Liquidität (Zahlungsbereitschaft) verlangt; 3. Anzeigepflicht für Groß- und Millionenkredite an einen Kreditnehmer an die Evidenzzentrale bei der Deutschen Bundesbank, Kredite an Mitglieder der Organe des Kreditinstituts sind dem Bundesaufsichtsamt mitzuteilen; 4. Prüfungspflicht für Jahresabschluß und Depots der Kreditinstitute. Bei Verstößen gegen Bestimmungen des KWG kann das Bundesaufsichtsamt im Extremfall die Schließung des Kreditinstituts anordnen.

Überweisungsverkehr: bargeldloser Zahlungsverkehr mittels Überweisung 1. durch Kontoübertrag innerhalb eines Kreditinstituts; 2. durch direkte Überweisung zwischen zwei Kreditinstituten, die untereinander Konten unterhalten (abrechnen); 3. durch indirekte Überweisung zwischen zwei Kreditinstituten, wobei dann eine Abrechnungsstelle (↑Abrechnungsverkehr) zur Abwicklung eingeschaltet werden muß. Überweisungsverkehr ist zwischen den einzelnen ↑Gironetzen möglich.

Wechsel: schuldrechtliches Wertpapier, das eine schriftliche, unbedingte, jedoch befristete Zahlungsverpflichtung in gesetzlich vorgeschriebener Form enthält. Der gezogene Wechsel (Tratte) stellt eine Anweisung des Ausstellers (Trassant) an den zahlungspflichtigen Bezogenen dar, an einem bestimmten Zeitpunkt (Verfalltag) eine bestimmte Geldsumme an den im Wechsel genannten Wechselnehmer (Remittent) zu zahlen. Der Wechsel ist ein geborenes ↑Orderpapier. Wenn der Bezogene auf dem Wechsel seine Schuld anerkennt, d. h. den Wechsel „akzeptiert" (↑Akzept), wird der Wechsel für ihn eine Zahlungsverpflichtung. Neben dem gezogenen Wechsel ist auch der eigene Wechsel (↑Solawechsel) gebräuchlich, bei dem der Aussteller die Zahlung verspricht, also gleichzeitig Bezogener ist.

Bedeutung des Wechsels: 1. Der Wechsel kann als *Sicherungsmittel* zur Absicherung einer Forderung verwendet werden. Er wird nur dann dem Bezogenen am Verfalltag vorgelegt, wenn dieser die Forderung nicht bezahlt. Aufgrund der ↑Wechselstrenge kann die Wechselforderung schnell und sicher durchgesetzt werden. 2. Der Wechsel kann vom Aussteller wie auch von jedem anderen Wechselinhaber als *Zahlungsmittel* (zahlungshalber) an Gläubiger gegeben werden. Die Weitergabe erfolgt durch ↑Indossament. Sobald der Aussteller den Wechsel weitergibt (in Umlauf bringt), ist der Wechsel zu versteuern (↑Wechselsteuer). Der Wechsel kann dabei gleichzeitig *Kreditmittel* sein, wenn er später als die Forderung fällig ist. 3. Der Wechsel kann an eine Bank verkauft werden (↑Diskontgeschäft). Die Bank gewährt dem Wechseleinreicher damit einen ↑Diskontkredit für die Zeit bis zur Fälligkeit des Wechsels. 4. Für die Kreditinstitute ist der Ankauf von Wechseln a) eine Form der Geldanlage; b) andererseits können die Kreditinstitute diese Wechsel an die Deutsche Bundesbank weiterverkaufen (↑Rediskontierung), wobei sie ihrerseits damit Kredit aufnehmen und sich bei der Deutschen Bundesbank *refinanzieren*. 5. Für die Deutsche Bundesbank ist der Ankauf von Wechseln ein Teil ihrer Geldpolitik zur Steuerung der Geldmenge (↑Diskontpolitik).

Einlösung des Wechsels: Der Wechsel muß innerhalb der Vorlegefrist, d. h. am Verfalltag (wenn dieser auf einen Samstag, Sonntag oder Feiertag fällt, am nächsten Werktag) oder einem der beiden darauffolgenden Werktage am Zahlungsort dem Bezogenen zur Einlösung vorgelegt und von diesem eingelöst werden. Verweigert der Bezogene die Zahlung, wird Protest mangels Zahlung erhoben (↑Wechselprotest).

Wechselprotest: öffentliche Urkunde, daß der Wechsel zur rechten Zeit (innerhalb der Vorlegefrist), am rechten Ort (angegebener Zahlungsort) erfolglos zur Zahlung vorgelegt wurde. Wechselprotest kann von einem Notar oder von einem Gerichtsbeamten (im Auftrag des Wechselinhabers) aufgenommen werden; aber auch Postbeamte können Wechsel protestieren, wenn der Wechsel durch die Post (Höchstbetrag 3 000 DM) dem Bezogenen vorgelegt wird. Der Protest wird auf dem Wechsel oder auf einem besonderen, mit dem Wechsel verbundenen Blatt vermerkt. Der Wechselinhaber muß nun den Aussteller und den unmittelbaren Vormann in der Indossantenkette über die Protesterhebung benachrichtigen (↑Benachrichtigungspflicht), er kann dann auf Indossanten, Wechselbürgen oder den Aussteller Rückgriff (↑Regreß) nehmen, da sie alle dem Wechselgläubiger als Gesamtschuldner haften.

Wechselprozeß: ein Urkundenprozeß, der durch folgende Besonderheiten gekennzeichnet ist: 1. kurze Einlaßfrist (Frist zwischen Klageerhebung und mündlicher Verhandlung); sie beträgt 24 Stunden, wenn der Beklagte am Ort des zuständigen Prozeßgerichts seinen Wohnsitz hat, innerhalb des Bezirks des Prozeßgerichts 3 Tage, sonst 7 Tage; 2. als Beweismittel sind nur Urkunden (Wechsel, Protesturkunde, Rückrechnung) zugelassen; 3. beschränkte Einreden des Beklagten; 4. das Urteil ist sofort vollstreckbar. Die Klage im Wechselprozeß ist für alle Ansprüche aus ↑Wechsel zulässig (z. B. Ansprüche des Ausstellers gegenüber dem Bezogenen aus einem protestierten Wechsel).

Wechselstrenge: besondere Merkmale beim Wechsel, aufgrund deren eine Wechselforderung schnell und sicher durchgesetzt werden kann: 1. gesetzliche Formvorschriften über die Bestandteile eines Wechsels; 2. alle Wechselverpflichteten haften gesamtschuldnerisch dem Wechselgläubiger; 3. Vorschriften über die Einlösung bzw. Nichteinlösung (↑Wechselprotest); 4. die Besonderheiten des ↑Wechselprozesses.

Definitions from: Schülerduden. Die Wirtschaft, 2. Aufl., ed. Meyers Lexikonredaktion,
Mannheim: F.A. Brockhaus, 1992, Ss. 235, 370-71, 398-400.
Reprinted with permission of Bibliographisches Institut & F.A. Brockhaus AG.
© Bibliographisches Institut & F.A. Brockhaus AG

(c) Unten finden Sie Sätze, die Passivkonstruktionen mit dem Modalverb "*können*" und "*müssen*" enthalten. Schreiben Sie sie in passivähnliche Konstruktionen um!

Beispiel: Ein Wechsel kann schnell und sicher durchgesetzt werden.

Mögliche Umschreibungen:

        (a) Ein Wechsel läßt sich schnell und sicher durchsetzen.
        (b) Ein Wechsel ist schnell und sicher durchzusetzen.
        (c) Man kann einen Wechsel schnell und sicher durchsetzen.

1. Der Wechsel kann an eine Bank verkauft werden.

   Mögliche Umschreibungen:

   (a) _____ läßt sich _____ verkaufen _____.

   (b) _____ ist _____ zu verkaufen _____.

   (c) _Man kann_ _____.

2. Der Wechsel kann als Zahlungsmittel weitergegeben werden.

   Mögliche Umschreibungen:

   (a) _____ w _____.

   (b) _____ weiterzugeben _____.

   (c) _Man_ _____.

3. Der Wechsel kann als Sicherungsmittel verwendet werden.

   Mögliche Umschreibungen:

   (a) _____.

   (b) _____.

   (c) _____.

4. Der Wechsel muß innerhalb der Vorlagefrist dem Bezogenen zur Einlösung vorgelegt werden.

   Mögliche Umschreibungen:

   (a) _____.

   (b) Man _____.

5. Eine Abrechnungsstelle zur Abwicklung muß eingeschaltet werden.

   Mögliche Umschreibung:

   (a) _____.

(e) Geben Sie hier die zwei Beispiele von der Konstruktion "*sein + zu + Infinitiv* ," die Sie in den Definitionen des SchülerDudens finden, wieder. Geben Sie <u>eine</u> mögliche Umschreibung für jedes Beispiel.

Erstes Beispiel: _____.

Umschreibung: _____.

Zweites Beispiel: _____.

Umschreibung: _____.

(f) Variation der Satzelemente: Wählen Sie von den Sätzen, die Sie für Übung (c) bis (e) geschrieben haben, 3 Sätze aus. Schreiben Sie diese Sätze um, indem Sie mit einem anderen Satzelement als in dem ursprünglichen Satz anfangen.

1. Originalsatz: _____.

Umschreibung: _____.

2. Originalsatz: _____.

Umschreibung: _____.

3. Originalsatz: _____.

Umschreibung: _____.

Kapitel 11
Der Europamarkt

Die EU heute

Als die EU-Länder im Jahre 1986 die Einheitliche Europäische Akte unterzeichneten, schufen sie die Grundlage für die Wirtschafts- und Währungsunion, deren letzte Stufe mit der Einführung des Euro am 1. Januar 1999 erreicht wurde. Zwischen den Mitgliedsstaaten existiert jetzt eine gemeinsame Währung und alle Zoll- und Handelsschranken wurden beseitigt. Der Binnenmarkt ist durch völlige Freizügigkeit für den Personen-, Waren-, Kapital- und Dienstleistungsverkehr gekennzeichnet. Damit entstand der größte einheitliche freie Markt überhaupt, und innerhalb dieses Marktes ist Deutschland nach Einwohnerzahl und absoluter Wirtschaftskraft der stärkste Partner.

Herausforderungen für die Europäische Einheit

Neben der Wirtschafts- und Währungsunion hat die EU eine Gemeinsame Außen- und Sicherheitspolitik (GASP) und eine gemeinsame Politik in den Bereichen Justiz und Inneres. Damit entwickelt sich die EU auch immer stärker zu einer politischen Union. Doch trotz aller Fortschritte stehen die EU-Länder noch vor einigen Problemen. So existieren zum Beispiel innerhalb der EU-Mitgliedsstaaten große Unterschiede in der Wirtschafts- und Einkommensstruktur sowie in der Höhe der Arbeitslosenzahlen. Die einzelnen EU-Länder haben also auf dem europäischen Binnenmarkt z. Zt. noch nicht die gleiche Wettbewerbskraft. Insgesamt gesehen ist der Süden der EU ärmer und weniger wettbewerbsfähig als der Norden. Trotz optimistischer Prognosen für die Angleichung der europäischen Länder aneinander werden die Unterschiede in der Wirtschaftskraft wohl noch eine gewisse Zeit bestehen bleiben. Neben den unterschiedlichen wirtschaftlichen Voraussetzungen der Mitgliedsländer gibt es noch weitere Hindernisse, die für die perfekte Verwirklichung des EU-Binnenmarktes aus dem Weg geräumt werden müssen.

Warenverkehr

Einer der Streitpunkte ist z. B. die Überschuß-produktion der Landwirtschaft. Um die unterschiedlichen Produktionsbedingungen, den unterschiedlichen Modernisierungsgrad und das ungleiche Preisniveau der Landwirtschaft in den EU-Ländern auszugleichen, wird jedes Jahr ein Richtpreis für die landwirtschaftlichen Erzeugnisse festgelegt. Dieser Richtpreis liegt normalerweise leicht über dem Marktpreis. Außerdem wird den LandwirtInnen der Absatz ihrer gesamten Produkte garantiert. Ist die Nachfrage auf dem Markt nicht groß genug, müssen die EU-Interventionsstellen die überschüssigen Produkte kaufen. Da der Absatz garantiert ist, wird in der Landwirtschaft oft zu viel produziert. Das hat dazu geführt, daß Milch- und Weinseen, Butter- und Fleischberge die EU überschwemmen. Die Vernichtung der Überproduktion ist teuer. Daher haben die Länder der EU beschlossen, die Garantiepreise bis zu 30% zu senken, dafür aber die direkten Förderungen zu erhöhen. Zur Zeit erhalten die Landwirte der EU etwa 40% ihres Einkommens durch staatliche Subventionen. Man ist sich einig in der EU, daß es bei den Agrarausgaben eine Reform geben muß, aber wie sie konkret aussehen soll, steht noch nicht fest.

Die Überproduktion landwirtschaftlicher Erzeugnisse belastet außerdem die Umwelt. Aber das Umweltrecht sowie andere europäische Richtlinien (z. B. das Lebensmittelrecht) sind noch nicht in allen Staaten in nationales Recht umgesetzt worden. Diese Vorschriften können immer noch als Grund dienen, unerwünschte Importe nicht ins Land zu lassen. Man spricht dann von nicht-tarifären Handelshemmnissen.

Ein gemeinsames Europäisches Währungssystem (EWS) gab es schon seit 1979: die festgelegten Schwankungen zwischen den Währungen boten den europäischen und internationalen Unternehmen eine sichere Kalkulationsbasis, um langfristige Investitionen in Europa vorzunehmen.

Das EWS war die Übergangslösung bis zur Erreichung des Endziels: der gemeinsamen Europa-Währung. Das ist mit der Einführung des Euro Wirklichkeit geworden. Allerdings nahmen zu Beginn noch nicht alle EU-Länder an der gemeinsamen Währung teil: Griechenland erfüllte die Stabilitätskriterien nicht, und Dänemark, Großbritannien und Schweden wollten vorerst nicht dabei sein. Auch bei den elf teilnehmenden Staaten waren die BürgerInnen dem Euro gegenüber durchaus nicht nur positiv eingestellt: 62% der Deutschen wollten z. B. lieber ihre DM behalten.

Ein weiteres Problem ist das unterschiedliche interne Besteuerungssystem der Mitglieds-staaten. So können Grenzkontrollen immer noch damit begründet werden, daß die unterschiedlichen Verbrauchs- und Mehrwertsteuern durch Zollabgaben ausgeglichen werden müssen. Diese Steuern sollen jedoch sehr bald angeglichen werden.

Die völlige Freizügigkeit schließt auch ein, daß alle BürgerInnen der EU-Staaten automatisch für jedes Mitgliedsland eine Arbeitserlaubnis besitzen. Uneinigkeit gibt es teilweise noch bei der gegenseitigen Anerkennung von Diplomen, und zwar besonders im medizinischen und juristischen Bereich. Die völlige Anerkennung der verschiedenen Ausbildungsysteme muß noch perfektioniert werden.

Im allgemeinen ist es heute schon so, daß die meisten europäischen Länder eine kulturelle Vielfalt in der Arbeitswelt erleben. Das bleibt nicht immer ohne Konflikt, denn die Kulturen der einzelnen EU-Länder sind sehr unterschiedlich. Außerdem weichen die Arbeitskräfte in den Ländern mit der höchsten Arbeitslosigkeit in andere europäische Länder aus. Eine Konzentration von Kapital und Arbeit in bestimmten Ländern ist aber nicht erstrebenswert. Vielmehr lautet das Endziel: Gleichheit der wirtschaftlichen Verhältnisse.

Übung 1: Aufbau des Wortschatzes

(a) In Lesetext 1 dieses Kapitels finden Sie eine Reihe von Nomen + Verb + Präpositions - Kombinationen. Bitte fügen Sie sie wieder so zusammen, wie sie im Lesetext vorkommen.

Beispiel: der Richtpreis   -   liegt   -   über

1. eine Grundlage	begründen	als	_____
2. Vielfalt	existieren	in	_____
3. den Richtpreis	dienen	in	_____
4. Unterschiede	schaffen	für	_____
5. Vorschriften	wegräumen	für	_____
6. Grenzkontrollen	festlegen	für	_____
7. Hindernisse	erleben	mit	_____

(b) Suchen Sie bitte zu den folgenden Verben das jeweils passende Nomen aus dem Lesetext.

Beispiel: zugrunde legen   die Grundlage

1. herausfordern   ___ _____

2. angleichen   ___ _____

3. unterscheiden   ___ _____

4. erzeugen   ___ _____

5. absetzen   ___ _____

6. vernichten   ___ _____

7. nachfragen   ___ _____

8. subventionieren   ___ _____

9. vorschreiben   ___ _____

10. kontrollieren   ___ _____

11. abgeben   ___ _____

12. erlauben   ___ _____

13. konzentrieren   ___ _____

Lesetext 1: Wichtigste Vokabeln

Nomen

die Abgabe, -n
die Akte, -n
die Anerkennung, -en
die Angleichung, -en
die Besteuerung
die Erlaubnis, -se
die Fähigkeit, -en
die Freizügigkeit, -en
die Grundlage, -n
die Herausforderung, -en
die Intervention, -en
die Kalkulation, -en
die Konzentration, -en
die Mehrwertsteuer, -n
die Verbrauchssteuer, -n
die Vernichtung, -en

der Konflikt, -e
der Modernisierungsgrad, -e
der Richtpreis, -e
der Streitpunkt, -e

das Diplom, -e
das Hindernis, -se
das Lebensmittel, -

Verben

angleichen
ausweichen (+ Dat.)
begründen
belasten
beseitigen
einschließen
erleben
überschwemmen

Adj./Adv.

automatisch
eingestellt (sein)
sich einig (sein)
erstrebenswert
intern
langfristig
optimistisch
tarifär
überschüssig
wettbewerbsfähig

Übung 2: Leseverständnis

(a) Bitte bringen Sie die folgenden Schritte in die richtige Reihenfolge und setzen Sie die Satzzeichen.

5.

2.

Die LandwirtInnen produzieren immer mehr / Jedes Jahr wird ein Richtpreis festgesetzt /

8.

1.

Darum muß es eine Reform bei den Agrarausgaben geben / Die Überschußproduktion der

9.

Landwirtschaft ist einer der Streitpunkte in der EG / Aber wie die Reform konkret aussehen

3.

soll, steht noch nicht fest / um unter anderem das ungleiche Preisniveau auszugleichen / Der

4.

6.

Marktpreis ist normalerweise niedriger als der Richtpreis / weil der Absatz auch bei geringer

7.

Nachfrage garantiert ist / Die Vernichtung der Lebensmittel ist sehr teuer und auch für die

Umwelt sehr schädlich

Die Überschussproduktion der Landwirtschaft ist einer der Streitpunkte in der EU. Jedes Jahr wird ein Richtpreis festgesetzt, um unter anderem das ungleiche Preisniveau auszugleichen. Der Marktpreis ist normalerweise niedriger als der Richtpreis. Die LandwirtInnen produzieren immer mehr, weil der Absatz auch bei geringer Nachfrage garantiert ist. Die Vernichtung der Lebensmittel ist sehr teuer und auch für die Umwelt sehr schädlich. Darum muss es eine Reform bei den Agrarausgaben geben, aber wie die Reform konkret aussehen soll, steht noch nicht fest.

(b) Der Lesetext ist in mehrere Abschnitte gegliedert, die je ihre eigenen Überschriften haben. Bitte ordnen Sie die folgenden Sätze der richtigen Überschrift zu.

Beispiel: Nicht alle europäischen Richtlinien sind bereits in nationales Recht umgesetzt worden.

Überschrift: Warenverkehr

1. Im europäischen Binnenmarkt sind die Wettbewerbschancen noch nicht für alle EU-Länder gleich.

Überschrift: Herausforderung für die Europäische Einheit

2. Die unterschiedlichen Ausbildungssysteme in den EU-Ländern dürfen die freie Wahl des Arbeitsplatzes innerhalb der Gemeinschaft auf Dauer nicht behindern.

Überschrift: Dienstleistung

3. Mit der Einführung des Euro wurde die letzte Stufe der Wirtschafts- und Währungsunion erreicht.

Überschrift: ~~Kapitalverkehr und Steuern~~ Die EU Heute

4. Das EWS existierte schon seit Ende der siebziger Jahre.

Überschrift: Kapitalverkehr und Steuern

(c) Verändern Sie die Sätze mit dem Buchstaben (b) so, daß sie jeweils mit den Sätzen unter Buchstabe (a) identisch sind. Dazu müssen Sie jeweils ein Wort im Satz unter Buchstabe (b) ändern.

Beispiel:

(a) Seit dem ersten Januar 1999 existiert zwischen den Mitgliedsstaaten eine gemeinsame Währung und alle Zoll- und Handelsschranken wurden beseitigt.

(b) Die Währungs- und Wirtschaftsunion führt dazu, daß innerhalb *Deutschlands* eine völlige Freizügigkeit für den Waren- und Kapitalverkehr besteht.

Korrektur: *der EU-Mitgliedsstaaten*

1. (a) Die Vorschriften führen oft zu nicht-tarifären Handelshemmnissen.

   (b) Bestimmte Regelungen führen dazu, daß der Handel <u>innerhalb</u> der tariflichen Handelsabkommen doch nicht ganz frei ist.

   Korrektur: *außerhalb*

2. (a) Es wird noch einige Zeit dauern, bis die stärkere Wirtschaftskraft der nördlichen EU-Länder vom Süden aufgeholt werden kann.

   (b) Die wirtschaftlich schlechtere Situation des <u>Nordens</u> kann erst langsam ausgeglichen werden.

   Korrektur: *Südens*

3. (a) Die Verbrauchs- und Mehrwertsteuern sollen sehr bald angeglichen werden.

   (b) Die Gleichheit des internen Besteuerungssystems der Mitgliedsländer ist <u>bereits</u> erreicht.

   Korrektur: *bald*

(d) Streichen Sie bitte jeweils die eine Äußerung, die <u>nicht</u> zu der Gruppe gehört.

1. Freizügigkeit für den Warenverkehr / ~~Wettbewerbsvorteile des Nordens~~ / gegenseitige Anerkennung von Diplomen / freier Kapitalverkehr

2. Überschußproduktion der Landwirtschaft / starke Umweltbelastung / Richtpreise über den Marktpreisen / ~~sichere Kalkulationsbasis~~

3. ~~Deutschland als wirtschaftlich stärkster Partner~~ / Steuerausgleich durch Zollabgaben / Einführung einer einheitlichen Mehrwertsteuer / Vermeidung von Grenzkontrollen

4. Unterschiede in der Einkommensstruktur / ~~das EWS~~ / ein weniger wettbewerbsfähiger Süden / unterschiedlich hohe Arbeitslosenzahlen

5. kulturelle Vielfalt in der Arbeitswelt / generelle Arbeitserlaubnis für EU-Mitgliedsländer / gegenseitige Anerkennung der Ausbildungssysteme / ~~staatliche Subventionen~~

Unten finden Sie eine Grafik, die Informationen über das "Spitzentrio der Weltwirtschaft" enthält. Schreiben Sie einen kleinen Aufsatz bestehend aus drei Paragraphen, in dem Sie (1) Informationen über Euroland wiedergeben, (2) Informationen über die USA und Japan präsentieren, und (3) einige Ideen besprechen, wie Sie die Konkurrenzfähigkeit dieser drei Märkte einschätzen. Alle Informationen der Grafik müssen irgendwo in Ihrem Aufsatz enthalten sein.

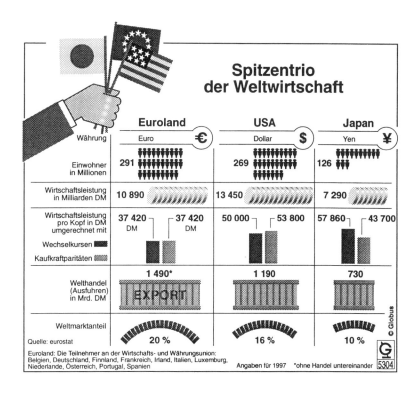

Der Europäische Markt

Welthandelsmacht

Erweiterung der Handelsmacht

Hörtext: Wichtigste Vokabeln

Nomen

die Aufnahme, -en
die Erweiterung, -en
die Minderheit, -en
die Volksabstimmung, -en

der Antrag, -¨e
der Anschluß, -¨e
der Fall, -¨e (im Fall)

das Menschenrecht, -e

Verben

beantragen
erweitern
ruhen
umkämpfen
verhandeln
zögern

Adj./Adv.

erfolgreich
mehrere
unzureichend
zukünftig
zweckmäßig

Zur Vorbereitung auf Lesetext 2

Bearbeiten Sie diese Aufgaben bitte in einer Gruppe von drei Personen!

(a) Als kurze Wiederholung notieren Sie bitte Stichwörter über die Informationen, die Ihnen der Hörtext vermittelt hat:

die EU als Handelsmacht _____ _____

einheitlicher Absatzmarkt _____ _____

_____ _____

_____ _____

_____ _____

(b) Sie haben im Hörtext auch davon erfahren, daß einige mittel- und osteuropäische Länder den Beitritt in die EU beantragt haben. (1) Was sollten Ihrer Meinung nach die Aufnahmekriterien der EU für diese Länder sein? (2) Welche Vor- und Nachteile würden sich für die EU durch die Aufnahme von noch mehr Ländern ergeben? (3) Was bedeutet dieser expandierende Markt für die USA?

(1) EU-Aufnahmekriterien:

_____ _____

_____ _____

_____ _____

(2) Vorteile für die EU: Nachteile für die EU:

_____ _____

_____ _____

_____ _____

(3) Bedeutung für die USA:

_____ _____

_____ _____

(c) Als Vorbereitung für die nächste Unterrichtsstunde ist es Ihre Aufgabe, im Internet Informationen zu suchen. Wenn Sie über keinen eigenen Computer mit Internetanschluß verfügen, dann gehen Sie bitte in die Universitäts- oder Stadtbibliothek. Suchen Sie bitte Daten und Informationen zu folgenden Staaten, die ca. die letzten fünf Jahre dokumentieren:

(1)   Slowenien   (2) Estland   (3) Rumänien

Die Informationen, die Sie finden sollen, beziehen sich z. B. auf die Wirtschaftsleistung (BIP) des jeweiligen Landes, Konjunktur, Staatsverschuldung, Volkseinkommen, Löhne, Preise, Situation auf dem Arbeitsmarkt, etc.

Drucken Sie alle Informationen aus und bringen Sie sie zur nächsten Unterrichtsstunde mit!

In der nächsten Unterrichtsstunde:

Je nach Klassengröße bilden Sie bitte zwei Gruppen. Diese beiden Gruppen repräsentieren auf der einen Seite Mitgliedsstaaten der EU und auf der anderen Seite Kandidatenstaaten für die EU.

TEIL 1:

In Vorbereitung auf die Debatte, sollen sich die beiden Gruppen zuerst mit ihrer eigenen Gruppe zusammensetzen und folgendes diskutieren und festlegen:

(1) Welches spezifische Land repräsentiert jedes Gruppenmitglied? Machen Sie sich dann ein Schild, auf dem der Name Ihres Landes steht.
(2) Schauen Sie sich die Daten an, die Sie im Internet gefunden haben und vergleichen Sie Ihre Informationen.
(3) Dann machen Sie Folgendes:
Die Gruppe der EU-Mitgliedstaaten: Finden Sie 5 Argumente für und 5 Argumente gegen die Aufnahme von Slowenien, Estland und Rumänien.
Die Gruppe der Staaten Slowenien, Estland und Rumänien: Finden Sie 5 Argumente für Ihre Aufnahme in die EU. Versuchen Sie aber auch, 5 Argumente der Nichtaufnahme der Gegengruppe zu antizipieren und Gegenargumente zu formulieren.

TEIL 2:

Nun beginnt die Debatte zwischen den beiden Gruppen.
Dabei gibt es folgende Spielregeln:

(1) Jedes Gruppenmitglied muß mindestens ein Argument öffentlich präsentieren und verteidigen.
(2) Sie müssen Ihre Internetinformationen in die Diskussion miteinbringen.
(3) Jedes Argument muß so diskutiert werden, daß es am Ende entweder von der anderen Gruppe akzeptiert oder dementiert wird.
(4) Es muß zu einer Resolution kommen, d.h. die Gruppe der EU-Mitgliedsstaaten muß entscheiden, welche Länder in die Europäische Union aufgenommen werden oder nicht, und die Gruppe muß erklären, warum sie zu dieser Entscheidung gekommen ist.

Egozentrische Debatte

Die Erweiterung der EU verzögert sich – Deutschland kämpft für den Beitritt der Mittel- und Osteuropäer.

Anfang September meldete sich Malta. Kaum hatte die Bevölkerung des Zwergstaates im Mittelmeer ihren europafeindlichen Premierminister Alfred Sant aus dem Amt gejagt, da reichte der neue Regierungschef Edward Fenech Adami postwendend ein Beitrittsgesuch bei der Europäischen Union (EU) in Brüssel ein. Ende September ließ die Slowakei von sich hören. Die Einwohner wählten ihren autokratischen Regierungschef Vladimir Mečiar mit großer Mehrheit ab und beseitigten damit das Haupthindernis für eine Mitgliedschaft in der EU.

Das laute Pochen von Malta und der Slowakei an den Toren der EU beweist die gewaltige Anziehungskraft der westeuropäischen Staatengemeinschaft. Abgesehen von der Schweiz, von Norwegen und den Nachfolgestaaten des ehemaligen Jugoslawien wollen nun alle Länder des Kontinents EU-Mitglied werden: Der Club soll von 15 auf 27 Staaten mit rund 500 Millionen Bürgern zwischen dem Atlantik und dem Mittelmeer, der Ostsee und dem Schwarzen Meer anwachsen.

Fragt sich nur, wann. Zwar hat die EU zwölf Staaten den Beitritt zugesagt, zwar will sie am 10. November mit Polen, Ungarn, Tschechien, Estland, Slowenien und Zypern offiziell Beitrittsverhandlungen starten. Doch an das einst versprochene Beitrittsdatum 2002 glaubt heute niemand mehr. Nikolaus van der Pas, der bei der EU-Kommission die Task Force Erweiterung leitet, fragt: „Wenn es 2004 oder 2005 wird, ist das wirklich ein Problem?" Hinter vorgehaltener Hand wird in Brüssel sogar inzwischen 2006 als frühestmöglicher Termin für den ersten Neuzugang zur Gemeinschaft genannt. „Der Beitrittsprozeß befindet sich in einer Phase der Ernüchterung", beobachtet der Europaparlamentarier Hans-Gert Pöttering. Es wäre „verhängnisvoll für Europa", warnt der CDU-Mann, die Osterweiterung auf ewig zu verschieben.

Verhindern kann das nur einer: der neue deutsche Bundeskanzler. So wie die europäische Währungsunion für Helmut Kohl, so dürfte die weitere Vereinigung Europas für Gerhard Schröder zur wichtigsten außenpolitischen Herausforderung werden.

Denn der größte Mitgliedstaat der EU ist mehr als alle anderen auf gute Beziehungen zu seinen Nachbarn im Osten angewiesen. Und die deutsche Wirtschaft braucht Mittel- und Osteuropa nicht nur als Absatzmarkt, sondern auch als verlängerte Werkbank. „Deutschland kann gar nicht anders, als für die Osterweiterung sein", sagt der EU-Beamte van der Pas. Schröder sieht das im Prinzip genauso: „Auch ich will das", versprach der künftige Kanzler, „aber ich muß die Leute davon überzeugen."

Da kommt ein hartes Stück Arbeit auf den neuen deutschen Regierungschef zu. Von der historisch einmaligen Chance, die Alte Welt nach Jahrhunderten von Kriegen und Teilung endlich zu vereinigen, schwärmt neun Jahre nach dem Fall der Mauer nämlich niemand mehr. Die Visionäre schweigen, die Besitzstandswahrer haben das Wort. Spanier und Portugiesen weigern sich, die EU-Fonds für strukturschwache Regionen mit den armen Vettern im Osten zu teilen. Die Franzosen befürchten, ihre politische Führungsposition zu verlieren, wenn sie in der EU geographisch an den Rand geraten. Auch in Deutschland und in Österreich sind die Gegner der Erweiterung auf dem Vormarsch.

An den Ostgrenzen der EU wächst die Angst vor dem angeblich drohenden Ansturm billiger polnischer Arbeitskräfte, ukrainischer Armutsimmigranten oder russischer Mafiosi. „Die Osterweiterung", weiß Ludolf Georg von Wartenberg, Hauptgeschäftsführer des Bundesverbandes der Deutschen Industrie (BDI), „ist in Deutschland unpopulär."

Dem BDI-Mann gefällt das gar nicht. Schließlich könnte die Osterweiterung der EU-Wirtschaft ein gewaltiges Geschäftsvolumen von 20 Milliarden Mark bringen. Der Löwenanteil davon, schätzt das Brüsseler Forschungsinstitut CEPR, gehe wohl an deutsche Unternehmen.

Logisch, daß die Industrie wenig Verständnis hat für das Gezerre um die Frage, wer in der EU finanzielle Opfer für die Neuankömmlinge bringen muß. Wartenberg: „eine egozentrische Debatte".

Die hat freilich gerade erst begonnen. „Es wird noch viel Streit geben", erwartet der für die Erweiterung zuständige EU-Kommissar Hans van den Broek (siehe Interview Seite 58). Das Tauziehen beginnt wohl schon beim EU-Gipfeltreffen in Wien im kommenden Dezember.

Danach hat Schröder, der Anfang 1999 die EU-Präsidentschaft übernimmt, nur noch knapp drei Monate Zeit: Schon beim Brüsseler Gipfel im März nächsten Jahres müssen die 15 EU-Regierungschefs die Reform der EU-Agrar- und Strukturfonds, genannt „Agenda 2000", billigen – und zwar einstimmig. Nur so können Einsparungen in der alten EU gesichert, nur so finanzielle Mittel für die neuen Mitglieder im Osten frei werden.

Zumindest in einem Punkt wird Schröder es dabei leichter haben als Helmut Kohl. Mit der Reform der Agrarpolitik kann der Sozialdemokrat – anders als die der Bauernlobby nahestehende CDU/CSU – ganz gut leben. Die EU-Garantiepreise für Getreide, Fleisch und Milch sollen laut Vorschlag der EU-Kommission schrittweise auf Weltmarktniveau gesenkt werden.

Die westeuropäischen Landwirte erhalten dafür Ausgleichszahlungen. Weil die osteuropäischen Bauern nie von den hohen Stützpreisen auf dem EU-Agrarmarkt profitiert haben, sollen sie weniger direkte Einkommensbeihilfen aus Brüssel bekommen als die Westeuropäer – ein eleganter Weg für die EU, Milliardensubventionen für die rückständige Landwirtschaft etwa in Polen von vornherein zu vermeiden.

Streit indes wird es mit Tarifpartnern geben. Der Deutsche Gewerkschaftsbund und die Bundesvereinigung Deutscher Arbeitgeberverbände sind sich einig wie selten: Polen, Tschechen und Ungarn sollen so lange wie möglich vom deutschen Arbeitsmarkt ferngehalten werden – nach der Erweiterung noch mindestens 10 bis 15 Jahre.

Solche Forderungen hält die EU-Kommission für wenig angemessen, zumal der Beitritt Spaniens und Portugals 1986 nicht zur befürchteten Einwandererwelle aus dem Süden geführt habe. Im Gegenteil: Emigrierte Spanier seien nach der EU-Süderweiterung in ihre – zunehmend wohlhabende – Heimat zurückgekehrt.

Die Mittel- und Osteuropäer reagieren inzwischen verärgert auf die Abschottungsversuche. Bei allem Verständnis für die deutschen Arbeitsmarktsorgen könne er „nicht alle Forderungen akzeptieren", meint etwa der tschechische Premier Milos Zeman. Schärfere Kritik kommt aus dem Land, das nach Auffassung der Osteuropabank EBRD „am besten für den EU-Beitritt gerüstet ist": Ungarn. Beim politischen und wirtschaftlichen Systemwechsel, schimpft Ungarns neuer Premier Victor Orban, lasse „der Westen Mittel- und Osteuropa allein".

Doch auch die Beitrittskandidaten haben ihre Hausaufgaben noch nicht erledigt. Vom europäischen Gesetzeswerk, ein bürokratisches Ungetüm von 80 000 Seiten Umfang, haben sie erst einen winzigen Bruchteil übernommen. Die Umweltpolitik haben sie noch gar nicht angerührt: Die Anwendung der 320 europäischen Umweltnormen erfordert in den Bewerberstaaten Investitionen in Höhe von rund 120 Milliarden Ecu, schätzt die EU-Kommission. Wo das Geld herkommen soll, weiß niemand.

Trotz aller ungelösten Probleme im Osten: Der Schlüssel zur Erweiterung liegt in der EU selbst. Alles hänge vom Machtverhältnis zwischen Erweiterungsbefürwortern und -gegnern ab, meint der ungarische Premier Orban. „Unser Schicksal hängt davon ab", so Orban, „welche Kräfte sich am Ende durchsetzen."

RUTH BERSCHENS/BRÜSSEL,
MARGARET HECKEL ■

Lesetext 2: Wichtigste Vokabeln

Nomen

die Abschottung, -en
die Ausgleichszahlung, -en
die Einsparung, -en
die Ernüchterung, -en

der Stützpreis, -e

das Gezerre

Verben

billigen
fernhalten
sich melden
schwärmen (für)
senken
verschieben

Adjektive/Adverbien

indes
postwendend
rückständig
verhängnisvoll

Übung 4: Leseverständnis

(a) Kombinieren Sie jedes Stichwort in der linken Spalte mit dem zugehörigen Stichwort in der rechten Spalte nach den Informationen im Lesetext!

Malta	Gerhard Schröder
Slowakei	Reform der EU-Agrarpolitik
EU	Verlust der politischen Führungsposition
europäische Währungsunion	Furcht vor Einwanderwelle
weitere Vereinigung Europas	westeuropäische Staatengemeinschaft
Spanien & Portugal	Zwergstaat
Frankreich	bester Kandidat für Beitritt
Agenda 2000	Helmut Kohl
Deutscher Gewerkschaftsbund	Vladimir Meciar
Ungarn	EU-Fonds für strukturschwache Regionen

(b) Versuchen Sie nun, aus jedem zusammengehörigen Stichwortpaar einen Satz zu formulieren, der dem Lesetext nach inhaltlich sinnvoll ist. Sie können dabei folgende Verben verwenden:

bezeichnen / abwählen / darstellen / initiieren / vorantreiben
teilen / befürchten / beinhalten / erwarten / präsentieren

1. _____
2. _____
3. _____
4. _____
5. _____
6. _____
7. _____
8. _____
9. _____
10. _____

(c) In Kapitel 7 haben wir im Kulturverständnis von der Globalisierung der Wirtschaft und von "Weltbürgern" gesprochen. Welche Anzeichen finden Sie im Lesetext, daß viele Einwohner Europas dieses Konzept nicht begrüßen. Machen Sie Stichwörter!

_____
_____
_____
_____
_____
_____
_____

(d) Warum erhielt der Artikel den Titel "Egozentrische Debatte"? Wer ist egozentrisch in dieser Debatte? Hat es überhaupt einen Sinn, diese Grundsatzdebatte zu führen, wenn man bedenkt, daß der Weg zur Integration von ganz Europa und der Globalisierung der Wirtschaft nicht aufzuhalten ist? Was denken Sie darüber?

_____
_____
_____
_____
_____
_____
_____
_____

Kulturverständnis

In Unit 2 we took a short excursion into the differences in values shared by most Americans on the one hand and by most Germans on the other, while at the same time recognizing that we must always be mindful of the pitfalls of generalization. From our discussions we drew some valuable insights into the existence of subcultures within cultures and into why people in these cultures behave as they do. We learned that in order to understand another culture better, we must become more aware of the values fundamental to our own culture which we use both consciously and unconsciously to judge the behavior of others. Misunderstanding and devaluing another culture usually occurs when we judge certain behaviors in that culture by our own value standards.

However, developing cross-cultural awareness with respect to the German dominant culture is, for us as Americans, a much easier task than it would be in the case of two cultures which were more disparate. As the pioneering cultural anthropologist Edward T. Hall* pointed out, cultures vary widely in the amount of cultural information which is on the surface, readily available to the "outsider" desiring to understand and interact in that culture. Some cultures are characterized by many more unspoken, unformulated, and implicit rules which govern the behavior and interaction of people than others. In what Hall designated as "high context" cultures, much of human behavior is guided by implicit rules, whereas in "low context" cultures much more is explicit. Just as the concept of "context" is important to your ability to understand a text, "context" is equally important in your ability to understand another culture. You must learn to place behavior in the context of its own culture, not in the context of your own--a task made far more difficult if much of the context of the other culture is hidden.

To understand behaviors in a "high context" culture one needs far more "contexting information" from dimensions of the culture which are less readily accessible to the "outsider." For the "outsider," the ease of understanding and communication in a culture is inversely proportional to the importance that culture places on what Hall described as "silent language" and "hidden dimensions," i.e. non-verbal aspects of communication. Hall placed cultures on a continuum from "low" to "high" context; on this continuum both Germany and the United States appear on the "low" end of the spectrum, with China and Japan on the high end of the scale. In "Low" context cultures much cultural information is contained in coded, explicit, transmitted messages, whereas in "High" context cultures more cultural information is either implicit in the physical context or internalized within people. In other words, for a person from a "low" context culture to attain a high level of cultural proficiency in a highly contexted culture, that person must either be raised in or otherwise spend long periods of time living totally immersed in that culture in order to internalize its "hidden dimensions." The closer two cultures are on the continuum, the less difficulty persons of those two cultures will have in learning to understand one another. For the most part, Americans and western Europeans are at the same end of the culture continuum; we not only share many values, but we also share "low" context features which make much of the cultural information necessary for the outsider to understand our cultures readily available.

As we have noted, however, even within the national boundaries of one country many disparate cultures may now exist and the planned expansion of the European Union as a supranational organization will continue to bring more and more disparate cultures together. Citizens of the EU member states, for example, can receive work permits to work in any other EU country. Thus, many EU citizens no longer live in the country of their birth and, as integration and expansion continue, the EU labor market will become more and more internationalized. This means, of course, that people from a myriad of different cultures will have increasingly close contact with one another, living and working side by side, and that they must learn to accept and tolerate one another.

*See Edward T. Hall, The Silent Language, The Hidden Dimension, and Beyond Culture.

Lesen Sie folgenden Text und führen Sie die darauffolgenden Übungen durch!

Viele Länder - viele Sitten

Anfang 1998 lebten 7,37 Millionen AusländerInnen in Deutschland; das sind etwa 9% der Bevölkerung. Von ihnen hielten sich rund die Hälfte schon mehr als 10 Jahre in Deutschland auf; fast jeder dritte hat sein Geburtsland vor mehr als 20 Jahren verlassen. Viele denken nicht mehr an Rückkehr in ihr ursprüngliches Heimatland, das sie nur noch von Urlaubsreisen kennen. Die größte Anzahl der über sieben Millionen AusländerInnen stammt allerdings nicht aus den EU-Mitglieds-staaten.

Der stärkste Bevölkerungszuwachs an AusländerInnen fand in Deutschland in den sechziger Jahren statt. In der Zeit des Wirtschaftswunders wurden mehr Arbeitskräfte gebraucht, als zu dem Zeitpunkt zur Verfügung standen. So warb man damals die sogenannten GastarbeiterInnen an, die vor allem aus den Mittelmeerländern kamen. Der größte Teil von ihnen kam aus der Türkei. Auch heute noch stellen die TürkInnen bei weitem den größten Anteil an AusländerInnen in Deutschland, gefolgt von den JugoslawInnen (aus Serbien und Montenegro), ItalienerInnen und GriechInnen.

Seit den sechziger Jahren ist die Anwerbung ausländischer Arbeitskräfte - mit Ausnahme der EU - allerdings stark vermindert worden. Es wurden immer weniger Arbeitskräfte gebraucht und schließlich setzte eine große Arbeitslosigkeit ein, die teilweise sogar auf über 10% hochschnellte. Viele deutsche BürgerInnen fühlten, daß die ehemals willkommenen GastarbeiterInnen ihnen wertvolle Arbeitsplätze wegnahmen. In einigen Teilen der Bevölkerung wuchs eine "Ausländer raus" Mentalität. Dabei arbeiteten die ausländischen KollegInnen damals wie auch heute häufig in Bereichen, die von den deutschen ArbeitnehmerInnen nicht sehr begehrt sind, wie z.B. in den Gießereien, in der Gastronomie und im Reinigungsgewerbe. Obwohl man sich im allgemeinen um gegenseitiges Verstehen und Verständnis der unterschiedlichen Sitten, Regeln und Gewohnheiten der andersartigen Kulturen bemüht, gibt es doch auch manchmal Probleme und Streitigkeiten. Schwierigkeiten gibt es besonders in einigen Groß-städten, in denen der Anteil der AusländerInnen bei teilweise über 20% liegt.

Am schwersten haben es die mehr als 2 Millionen TürkInnen. Sie können sich mit den ihnen fremden Lebensformen des Gastlandes schwer zurechtfinden. Der deutsche Kulturkreis ist ihnen unvertraut, da ihre eigenen Sitten, Regeln und Gewohnheiten zu den deutschen in einem krassen Gegensatz stehen. Daraus resultieren manchmal Mißtrauen und Feindseligkeit auf beiden Seiten. So gehören AusländerInnen zum Beispiel zu den Problemgruppen auf dem Wohnungsmarkt: AusländerInnen werden bei der Wohnungssuche wesentlich häufiger abgewiesen. Auch leiden die ausländischen ArbeitnehmerInnen wesentlich stärker unter der Arbeitslosigkeit als ihre deutschen KollegInnen.

Allerdings besteht diese Ablehnung nicht für alle AusländerInnen in gleichem Maße. In der Regel gibt es weitaus weniger Probleme, je ähnlicher die Kulturen einander sind. Eine Umfrage der EU-Kommission aus dem Jahre 1991 ergab, daß die BürgerInnen der damaligen EU zu über 85% einem Beitritt Schwedens, Norwegens, Österreichs, der Schweiz und Finnlands zustimmen würden (Schweden, Österreich und Finnland traten 1995 der EU bei). Am Ende der Skala befand sich Albanien und die Türkei: nur 50% der EU-Mitglieder hätten 1991 einem Beitritt Albaniens und nur 55% einem Beitritt der Türkei zugestimmt. Eine Emnid-Umfrage für den Spiegel im Dezember 1997 ergab, daß den EU-BürgerInnen von den neuen beitrittswilligen Ländern Ungarn und Tschechien am erwünschtesten (81% und 71%) wären, während die Türkei und Rumänien als Schlußlichter nur eine Zustimmung von 35% bzw. 32% fanden.

Die offizielle Ausländerpolitik Deutschlands hat zum Ziel, alle AusländerInnen und deren Familienangehörigen, die seit langem in Deutschland leben, voll zu integrieren. Die EU erklärte das Jahr 1997 zum "Europäischen Jahr gegen Rassismus" und hat damit die Aufgabe der Bekämpfung von Rassismus und Fremdenfeindlichkeit als politische Priorität hervorgehoben.

(a) Sitte, Regel oder Gewohnheit? Versuchen Sie, die drei Konzepte voneinander zu unterscheiden, indem Sie die folgenden Tätigkeiten einer dieser Kategorien zuordnen. In manchen Fällen lassen sich Tätigkeiten auch zwei Kategorien gleichzeitig zuordnen.

Beispiel für eine *Sitte*　　Beispiel für eine *Regel*　　Beispiel für eine *Gewohnheit*

2　→　3　　　　1
4　　　6　　　　5
8　　　7　　　　9
　　　10

1. - jeden Morgen um sechs Uhr aufstehen, weil man gerne etwas vom Tag haben möchte.

2. - jedes Jahr zur gleichen Zeit ein bestimmtes traditionelles Fest feiern.

3. - zu bestimmten Zeiten bestimmte Kleidung (zum Beispiel Trachten) bevorzugen.

4. - bestimmte geschlechtsspezifische Sitzordnungen konsequent einhalten.

5. - jeden Abend ein Gläschen Bier trinken, weil man dann besser schlafen kann.

6. - zu bestimmten religiösen Feiertagen nur Wasser trinken.

7. - beim Tennisaufschlag nicht über die Grundlinie treten.

8. - bei der Begrüßung die Hände schütteln.

9. - jeden Nachmittag zur gleichen Zeit müde werden.

10. - das finite Verb steht immer an zweiter Stelle.

(b) Nun überlegen Sie bitte, wie man die drei Begriffe *Sitte*, *Regel* und *Gewohnheit* am besten beschreiben kann. Welcher Begriff gehört zu welcher Beschreibung?

- man <u>soll</u> (sollte) etwas tun　　Sitte
- man <u>muß</u> etwas tun　　Regel
- man <u>kann</u> etwas tun　　Gewohnheit

(c) Bitte fügen Sie die richtigen Satzhälften wieder zu ganzen Sätzen zusammen.

1. Je unterschiedlicher die Kulturen voneinander sind,... e

2. Obwohl man sich um gegenseitige Anerkennung bemüht,... b (?)

3. Wenn Ungarn und Tschechien der EU beitreten,... a

4. Als die Arbeitslosigkeit einsetzte,... c

5. Da der deutsche Kulturkreis so ganz andersartig ist,... d

(a) ... werden sie der Mehrheit der EU-BürgerInnen sehr willkommen sein

(b) ... kommt es doch gelegentlich zu kulturellen Zusammenstößen.

(c) ... wurden häufig die Ausländer dafür ungerechterweise verantwortlich gemacht.

(d) ... haben besonders die TürkInnen große Schwierigkeiten mit den fremden Lebensformen.

(e) ... desto größer ist die Gefahr potentieller Konfliktquellen.

(d) Unten sehen Sie eine Grafik, die die Antworten auf eine Emnid-Umfrage für die Zeitschrift Der Spiegel darstellt. Die gestellte Frage lautete: "Welche beitrittswilligen Länder sollte die Europäische Union als neue Mitglieder aufnehmen?" (alle Angaben in Prozent)

1. Welche Fremden sind den Deutschen sympathisch?

_____
_____
_____

Welche nicht?

_____
_____
_____

2. Welche analoge Situation gibt es in den USA?

_____
_____
_____
_____

3. Wie würden Sie diese Sympathie/Feindlichkeit in Hinsicht auf Halls Schematisierung der Kulturen erklären?

_____
_____
_____
_____

4. Was sind die möglichen Konsequenzen einer solchen Völkerfeindlichkeit für die geplante Erweiterung der EU?

_____
_____

Kapitel 12
Wiederholung und Anwendung

Ihre Aufgabe:

<u>Heute in einer Woche</u> ist der letzte Kurzbericht fällig. In Bezug auf den Zweck (Kurzbericht für den Chef) ist die Aufgabe dieselbe wie bei den ersten beiden Berichten. Dieser Bericht soll aber eine Länge von **8 maschinenschriftlichen Seiten** in doppeltem Zeilenabstand haben (Schrifttyp: Times, Größe: 12).

Zum Inhalt und zur Organisation:

Thema des zusammenfassenden dritten Berichts ist:

> **Soll AmeriChemists eine deutsche Produktionsstätte errichten?**
> **Pro und Contra.**

Sie sollen Ihren ersten und zweiten Kurzbericht als Grundlage für diesen Bericht benutzen. Für den ersten Bericht haben Sie alle relevanten Materialien aus der ersten Einheit dieses Lehrwerks benutzt; für den zweiten alle relevanten Materialien aus den Kapiteln 5 bis 7. Diesmal sollen Sie in den Kapiteln 9 bis 11 weitere Unterstützung für die Pro- und Contra-Seiten finden und Ihren Argumenten hinzufügen. Sie müssen jetzt endgültig Stellung zu der Frage nehmen und Ihre Position so gut wie möglich unterstützen und verteidigen; gleichzeitig müssen Sie Ihrem Chef aber die andere Seite der Diskussion präsentieren.

Dieser Bericht **muß** nach dem unten angegebenen **Gliederungsschema** organisiert werden:

> 1. Einleitung
>   1.1 Allgemeine Einführung in das Thema
>   1.2 Organisatorischer Überblick
>
> 2. Die Pro-Seite
>   2.1 Erstes Argument: ...
>   2.2 Zweites Argument: ...
>   usw.
>
> 3. Die Contra-Seite
>   3.1 Erstes Argument: ...
>   3.2 Zweites Argument: ...
>   usw.
>
> 4. Abschluß
>   4.1 Allgemeine Zusammenfassung der Diskussion
>   4.2 Persönliche Stellungnahme

Achten Sie bitte darauf, daß **Ihre Stellungnahme** in diesem Bericht **am Ende** stehen soll! Sie sollen das oben angegebene Nummernsystem benutzen. Nummern und Titel sind durch Fettdruck oder Kursivschrift deutlich (d.h. visuell) vom Körper des Textes abzusetzen.

Zur Sprache:

Sprachlich sollen Sie diesmal nicht nur auf die Benutzung der Konjunktionen (Einheit 1) und auf vernünftige Variationen in der Satzelementensequenz (Einheit 2), sondern auch auf die passende Einsetzung des Passivs (Einheit 3) achten. Bevor Sie sich zum Schreiben niedersetzen, wiederholen Sie die Regeln zur Bildung und Benutzung des Passivs in Kap. 9 und 10 noch einmal. Vergessen Sie auch nicht, die Kommunikationssignale zu benutzen, die in Kapitel 8 eingeführt wurden!

Zur Wiederholung des Wortschatzes

Wichtigste Nomen aus den Kapiteln 9, 10 und 11:

die Anerkennung, -en
die/der Angehörige, -n
die/der Angestellte, -n
die Arbeitslosigkeit
die Banknote, -n
die Besteuerung
die Bezahlung
die Einlage, -n
die Erlaubnis
die/der Erwerbstätige, -n
die Fähigkeit, -en
die Finanzierung
die Gegenmaßnahme, -n
die Gewohnheit, -en
die Gründung, -en
die Gültigkeit
die Herausforderung, -en
die Interessenvertretung, -en
die Lastschrift, -en
die Mehrheit
die Mentalität
die Rechnung, -en
die/der Selbstständige, -n
die Sitte, -n
die Tarifverhandlung, -en
die Überweisung, -en
die Unterschrift, -en
die Verantwortung, -en
die Verflechtung, -en
die Zahlung, -en
die Zweigstelle, -n

der Arbeitskampf, -kämpfe
der Arbeitsmarkt
der Außenwert, -e
der Binnenwert, -e
der Dauerauftrag, aufträge
der Dispositionskredit, -e
der Entwicklungsfond, -s
der Kulturkreis, -e
der Manteltarif, -e
der Rahmentarif, -e
der Scheck, -s
der Sozialpartner, -
der Streik, -s
der Stundenlohn, -löhne
der Tarifvertrag, -verträge
der Überziehungskredit, -e
der Unterschied, -e
der Zuwachs

das Ergebnis, -se
das Girokonto,-konten
das Guthaben, -
das Hindernis, -se
das Konto, Konten
das Mißtrauen
das Sparkonto,-konten
das Verständnis

Wichtigste Verben aus den Kapiteln 9, 10 und 11:

abbuchen
abheben
abstimmen
anerkennen
angleichen
sich aufhalten
aufnehmen
beitreten
sich bemühen
beseitigen
dauern
decken

dienen
einlösen
einzahlen
erweitern
sich gewöhnen (an)
gründen
gutschreiben
haften (für)
sich handeln (um)
leihen
leiten
schulden

sparen
streiken
überweisen
überziehen
unterscheiden
unterschreiben
vereinen
vergessen
verhandeln
sich verpflichten
vertreten
zustimmen

Wichtigste Adjektive/Adverbien aus den Kapiteln 9, 10 und 11:

bargeldlos
beschäftigt
erstrebenswert
fällig
gemeinsam
gesetzlich

gültig
kreditwürdig
mindestens
multikulturell
überwiegend
verantwortlich

verbindlich
vorteilhaft
vorübergehend
wertvoll
wettbewerbsfähig
willkommen

Übung 1: Zum Aufbau des Wortschatzes

Adjektive/Adverbien

Die Endungen _____wert_____, _____haft_____, und _____los_____
sind Endungen für Adjektive/Adverbien, die in Kapitel 4 nicht erwähnt wurden. Von diesen
drei Endungen hat die Endung -__los__ die Bedeutung "ohne."

Bei der Bildung von Adjektiven/Adverbien gibt es Suffixe, durch die man Wörter aus
verschiedenen Klassen zu Adjektiven/Adverbien machen kann. Nehmen Sie die folgenden
Adjektive/Adverbien auseinander und identifizieren Sie die Wortklasse des Stamms.

Beispiel: bargeldlos: *das Bargeld*   (Wortklasse: *Nomen*)   -los

erstrebenswert: erstreben   (Verb)   – wert

gemeinsam: gemein   (Adj)   – sam

gesetzlich: Gesetz   (N)   – lich

kreditwürdig: der Kredit   (N)   – würdig

vorteilhaft: der Vorteil   (Nomen)   – haft

wertvoll: wert   (Adjektiv)   – voll

wettbewerbsfähig: das Wettbewerb   (Nomen)   – fähig

Wie Sie sehen, werden Suffixe sehr oft benutzt, um aus Nomen Adjektive/Adverbien zu machen.
Manche Suffixe findet man sogar am häufigsten mit Nomen. Links finden Sie die Suffixe, die in
der Wirtschaftssprache am häufigsten mit Nomen vorkommen. Bilden Sie jetzt für alle Suffixe
Adjektive/Adverbien nach dem Beispiel.

Beispiel: -fähig: Die Leistung der deutschen Autoindustrie ist immer noch
                sehr hoch. Diese Industrie ist also immer noch
                leistungsfähig.

        -bereit: Diese Maschine ist repariert. Sie kann gleich in Dienst gesetzt
                werden. Sie ist also _____dienstbereit_____.

-entsprechend:	Diese Motorenteile wurden alle nach den deutschen Industrienormen gefertigt. Sie sind also _____.
-frei	Diese Softwareprogramme laufen alle ohne Fehler. Sie sind also ___fehlerfrei___.
-gemäß	Die Unternehmensverfassung muß innerhalb des Rahmens der bundesdeutschen Gesetze verfaßt werden. Die Verfassung muß also _____ sein.
-gerecht	Veränderungen im Arbeitsvertrag sind nur erlaubt, wenn sie für die Mitarbeiter fair sind. Das heißt, sie müssen _____ sein.
-lang	Die Tarifverhandlungen haben Wochen gedauert. Sie dauerten also ___wochenlang___.
-pflichtig	Auf das Einkommen muß man Steuern bezahlen. Das Einkommen ist also ___steuerpflichtig___.
-sicher	Banken sind nachts geschlossen und überwacht, um vor Einbruch geschützt zu sein. Sie sind also ___einbruchsicher___.
-wert	Für diesen Luxuswagen muß man zwar einen sehr hohen Preis bezahlen. Aber man kann ihn dafür mindestens 10 Jahre ohne Probleme fahren. Der Wagen ist also ___preiswert___.
-würdig	Der Arbeitnehmer hat das Vertrauen seiner Chefin. Er ist also ___vertrauenwürdig___.

Verben

Der Großteil der deutschen Verben ist aus anderen Wörtern oder Wortbestandteilen gebildet. Natürlich gibt es einfache Verben, wie *dienen*, aber die meisten Verben sind Zusammensetzungen aus einem Stamm mit Präfixen und/oder Suffixen, wie z.B. *abbuchen*.

Gehen Sie jetzt noch einmal durch die Liste der wichtigsten Verben in Kapitel 12 und geben Sie hier unter (1) die einfachen Verben und unter (2) die Verben mit Präfixen an:

(1) einfache Verben: *dauern,* decken, dienen, gründen, haften _____

_____

(2) Verben mit Präfixen: *abbuchen,* abheben, abstimmen ... _____

_____

Gehen Sie jetzt durch Ihre Liste der Verben mit Präfixen und unterstreichen Sie dort alle trennbaren Präfixe. (Erinnern Sie sich daran, daß Präfixe nur dann trennbar sind, wenn die Betonung auf das Präfix fällt. Wenn Sie unsicher sind, sprechen Sie die Verben laut vor sich hin und dann werden Sie erkennen, worauf die Betonung fällt.)

Nomen

Wie Sie in den Übungen der letzten 12 Kapitel gesehen haben, werden neue Nomen sehr oft durch Zusammensetzungen gebildet. Suffixe werden auch oft dazu benutzt. In Kapitel 4 haben wir festgestellt, daß die meisten Nomen in unseren Texten feminin sind, und daß sie sehr oft mit Suffixen in *-e, -enz, -heit, -keit, -ie, -in, -ion, -ität, -schaft*, und *-ung* gebildet werden.

Schreiben Sie die femininen Nomen aus der Liste der wichtigsten Nomen von Kapitel 12 unter ihre entsprechenden Suffixe:

<u>-ung</u>	<u>-keit/-igkeit</u>	<u>-heit</u>
Anerkennung	*Arbeitslosigkeit*	*Gewohnheit*

<u>*-ung*</u> ist ein besonders lebendiges und produktives Suffix, vor allem mit Verben.
Geben Sie die entsprechenden Verben für die *-ung* Nomen an, die Sie oben aufgelistet haben, z. B.:

die Anerkennung	*anerkennen*
	besteuern
	bezahlen
	finanzieren
	gründen
	herausfordern

<u>*-heit, -keit, -igkeit*</u> sind auch sehr produktive Suffixe, und man sieht sie größtenteils an Adjektiven; seltener an Nomen.
Geben Sie die entsprechenden Adjektive für die *-heit, -keit, -igkeit* Nomen an, die Sie oben aufgelistet haben, z.B.

Arbeitslosigkeit	*arbeitslos*
	fähig
	(gewöhnt)
	gültig

Wichtige Suffixe bei den maskulinen Nomen sind *-aner, -ant, -är, -ent, -er, -ismus, -ist, -ologe.*

Ergänzen Sie mit passenden Nomen!

<u>Beispiel</u>:   Wer aus <u>Amerika</u> kommt, wird als <u>Amerikaner</u> bezeichnet.

        1. Wer Güter <u>produziert</u>, wird als **Produz**ent bezeichnet.

        2. Wer Soziologie studiert, wird als **Sozi**ologe bezeichnet.

        3. Wer <u>Asyl</u> in einem anderen Land sucht, wird als **Asyl**ant bezeichnet.

        4. Wer <u>Arbeit gibt</u>, wird als **Arbeitgeb**er bezeichnet.

        5. Wer an <u>Kapitalismus</u> glaubt, wird als **Kapital**ist bezeichnet.

        6. Wer in <u>Pension</u> geht, wird als **Pension**är bezeichnet.

Geben Sie hier zwei weitere Beispiele für jeden oben angegebenen maskulinen Nomentyp an!

<u>Beispiel</u>:   *Amerikaner*
             Republikaner
             Afrikaner

Für die Bezeichnung von Personen macht das Suffix *-in* aus maskulinen Nomen feminine Nomen. Geben Sie zu den oben angegebenen maskulinen Personenbezeichnungen die entsprechenden femininen Nomen an!

<u>Beispiel</u>:   *Amerikaner   -   Amerikanerin*

Übung 2: Zur Wiederholung der Konzepte

(a) Wählen Sie bitte jeweils drei Begriffe aus der Liste der wichtigsten Nomen und ordnen Sie sie den folgenden Stichworten zu. Die Begriffe müssen inhaltlich zu demselben Oberbegriff passen. Benutzen Sie bitte jeden Begriff nur einmal.

Beispiel: Stichwort: Bezahlungsarten

                1. *Lohn*   2. *Gehalt*   3. *Gewinn*

1.   Stichwort: Arbeitsmarkt

                1.   2.   3.

2.   Stichwort: Tarifverhandlungen

                1. *Arbeitgeber*   2. *Arbeitnehmer*   3. *Schlichter*

3.   Stichwort: Bankkonten

                1.   2.   3.

4.   Stichwort: bargeldlose Zahlungsmittel

                1. *Kredit*   2.   3.

5.   Stichwort: EU

                1.   2.   3.

(b) Suchen, unterstreichen und korrigieren Sie bitte die 7 Fehler, die in dem folgenden Text enthalten sind. Die korrekten Termini kommen alle aus der Nomenliste von Kapitel 12.

Beispiel: Unmittelbar nach dem zweiten Weltkrieg wurde in Deutschland der deutsche Gewerkschaftsbund (DGB) ins Leben gerufen. Außer dem DGB gibt es noch einige weitere <u>Arbeitgeberverbände</u>, die für die Interessen der Arbeitnehmer eintreten.

                Korrektur: *Interessenvertretungen*

Auf der Arbeitgeberseite ist die Bundesvereinigung der Deutschen Arbeitgeberverbände die einzige Interessenvertretung. Die Mehrheit der deutschen Arbeitgeber sind Angestellte dieser Interessenvertretung. Arbeitgeberverbände und Gewerkschaften setzen sich regelmäßig zusammen, um sogenannte Tarifverhandlungen auszuhandeln. Man unterscheidet dabei zwei unterschiedliche Typen, den Lohntarif und den Gehaltstarif. Die Lastschrift des ersteren ist meistens ein Jahr; des letzteren oft zwei bis sechs Jahre. Wenn sich die zwei Seiten über eine Regelung nicht einigen können, kann es zu einem Dauerauftrag kommen. Mit Kampfmitteln wie Aussperrung und Verständnis versuchen die zwei Seiten, ihre Interessen durchzusetzen. Eine solche Stillegung der Arbeit führt aber zum Produktionsverlust. Daher ist es also jedes Mal eine Gewohnheit für beide Seiten, die Tarifverhandlungen so schnell und friedlich wie möglich zu einem für beide Seiten zufriedenstellenden Ende zu bringen.

(c) Wählen Sie von der folgenden Vokabelliste die beste Ergänzung für die Sätze! **230**
    Jedes Wort darf nur einmal benutzt werden und ist in der richtigen grammatischen Form.

Girokonto	beseitigt	Gehalt	gemeinsam
vorteilhaft	vertritt	Überweisung	Rahmentarif
Herausforderung	aufnehmen	einlösen	vorübergehend
angleichen	Lohntarif	beitreten	

1. Angestellte bekommen keinen Lohn, sondern ein ___Gehalt___.

2. Devisen kann man bei der Bank in eigene Währung _____.

3. Manchmal sieht man am Schalter in einer Bank das Schild "_____ geschlossen."

4. Die beliebteste Zahlungsart in Deutschland ist immer noch die _____.

5. Um ein neues Auto kaufen zu können, muß man oft bei der Bank einen Kredit _____.

6. Ohne bei einer Bank ein _____ zu haben, kann man keine Debit-Karte beantragen.

7. Manteltarif und ___Rahmentarif___ sind gleichbedeutend.

8. Die Sozialpartner müssen die Tarifverträge ___beseitigt___ aushandeln.

9. Alle ArbeitnehmerInnen können als Individuen entscheiden, ob sie einer Gewerkschaft _____ wollen.

10. Der _____ ist in der Regel für ein Jahr gültig.

11. Der DGB _____ die allgemeinen politischen Positionen der Einzelgewerkschaften.

12. Ein Vertrag kann nur während seiner Gültigkeit geändert werden, und nur wenn die Änderung für die ArbeitnehmerInnen _____ ist.

13. Bevor die Europäische Union erweitert werden kann, muß man die wirtschaftlichen Voraussetzungen der verschiedenen Länder aneinander _____.

14. Es wird voraussichtlich lange dauern, bevor man alle Hindernisse zur europäischen Integration _____ hat.

15. Die Erweiterung der EU durch mittel- und osteuropäische Länder ist für einige EU-Mitgliedsstaaten eine _____.

Übung 3:
Zur Vorbereitung auf die Lektüre zur Anwendung

(a) Bisher haben Sie sehr viel über verschiedene Aspekte der wirtschaftlichen und sozio-politischen Situation in Deutschland und der Europäischen Union gelernt. Zur Wiederholung und Zusammenfassung sollen Sie hier eine Liste der Veränderungen vervollständigen, die Deutschland durch die "Europäische Union" erfahren hat oder erfahren wird. Ergänzen Sie die Liste dann noch mit weiteren Aspekten.

Aspekte	Deutschland vor der EU	Deutschland in der EU
Geldpolitik	*Deutsche Bundesbank*	*Europäische Zentralbank*
Arbeitsmarkt	*deutsche Arbeitserlaubnis*	
Arbeitslosigkeit		
Kapitalverkehr		
Steuern		
Warenverkehr		
Personenverkehr		
Landwirtschaft		
...		
...		
...		

(b) Im folgenden Lesetext wird diskutiert, welche Konsequenzen die Währungsunion auf den deutschen Arbeitsmarkt und auf Deutschland als Industriestandort haben kann. Folgende Fragen sollen Sie auf den Inhalt des Artikels vorbereiten. Machen Sie nur Stichwörter!

1. Was macht Deutschland als Industriestandort attraktiv bzw. unattraktiv?

_____

_____

_____

_____

2. Welche Verbindung besteht zwischen der Geldpolitik (z. B. Zinsregelung) und der möglichen Schaffung von Arbeitsplätzen?

_____

_____

_____

_____

_____

W+P WÄHRUNGSUNION

Latente Bedrohung

Die Arbeitsmärkte sind auf den Euro nicht vorbereitet – besonders in Deutschland steigt die Arbeitslosigkeit.

Otmar Issing ist ein besonnener Mann. Doch wenn die Europäische Zentralbank (EZB) aufgefordert wird, beschäftigungspolitische Verantwortung zu zeigen und die Zinsen zu senken, gerät der Chefvolkswirt der EZB regelmäßig in Rage: „Wir sind doch nicht für alle Probleme Europas verantwortlich."

Nun hat die EZB ihren Leitzins dennoch um einen halben Prozentpunkt gesenkt und so auf die lahmende Konjunktur reagiert. Damit hat die Notenbank ihr geldpolitisches Arsenal ausgeschöpft – EZB-Chef Wim Duisenberg: „Das war's." Nun liegt der Schwarze Peter wieder bei Politik und Tarifpartnern.

Doch daß die ihrer Verantwortung für die Beschäftigung gerecht werden, ist wenig wahrscheinlich. Denn Politik und Gewerkschaften haben noch keine Konsequenzen daraus gezogen, daß die Währungsunion den Standortwettbewerb enorm verschärft. Die Arbeitsmärkte geraten immer stärker unter Anpassungsdruck, da unterschiedliche wirtschaftliche Entwicklungen zwischen den beteiligten Ländern und überzogene Tarifrunden nicht mehr durch die Wechselkurse ausgeglichen werden können.

Ein Problem, das die Länder der Euro-Zone unterschiedlich trifft. Vor allem die beiden Kernländer Deutschland und Frankreich leiden unter einem starren Arbeitsmarkt und müssen damit rechnen, daß sich die Arbeitslosigkeit weiter verhärten wird, warnt das Kieler Institut für Weltwirtschaft. Die Zahl der Beschäftigten in Deutschland ist in den vergangenen zwei Jahren bereits um 1,3 Prozent geschrumpft, und auch in diesem Jahr sind keine Impulse für den Arbeitsmarkt zu erwarten.

Weil Länder wie Holland und Österreich durchgreifende Reformen ihrer Arbeits- und Sozialsysteme vorgenommen haben, sind sie auch für die Währungsunion bestens gerüstet, urteilen die Kieler Experten. Deutschland dagegen ist schlecht vorbereitet. Denn der Wegfall der Wechselkursschwankungen und die zunehmende Transparenz der Preise wird die Unternehmen zu Rationalisierung und dem Abbau von Arbeitsplätzen zwingen, prophezeit Thomas Mayer, Chefökonom von Goldman Sachs. Die überregulierten deutschen Arbeitsmärkte und die zentralisierte Lohnpolitik verhindern jedoch eine rasche Wiedereinstellung der freigesetzten Arbeitnehmer. „Der Euro hat sich bisher nicht als Jobkiller erwiesen, doch die Lohnpolitik der deutschen Gewerkschaften schafft eine latente Bedrohung für die Beschäftigung", warnt auch Klaus Zimmermann, Leiter des Bonner Forschungsinstituts zur Zukunft der Arbeit (IZA) und designierter Präsident des Deutschen Instituts für Wirtschaftsforschung (DIW) in Berlin.

Die Lage könnte sich noch weiter verschlechtern. Denn jetzt in der Währungsunion kann die Europäische Zentralbank mit ihrer Zins- und Wechselkurspolitik nicht mehr die überhöhten Lohnforderungen der Gewerkschaften sanktionieren, wie es zuvor die Bundesbank praktizierte. Die EZB muß sich nach der Lage in ganz Euroland richten. „Die Tarifpolitik hat ihre nationale Eigenständigkeit verloren, ist aber für den Arbeitsmarkt um so wichtiger geworden", meint Daniel Gros vom Centre for European Policy Studies.

Bei einem einheitlichen Wechselkurs entscheiden nur noch die Tariflöhne und die Lohnnebenkosten über die relativen Lohnstückkosten und damit über Wettbewerbsfähigkeit einer Volkswirtschaft. Lohnabschlüsse, die über die Produktivi-

tätsrate hinausgehen, schlagen sich deshalb sofort in Arbeitsplatzverlusten nieder. Die Gewerkschaften ignorierten diesen Zusammenhang bisher völlg, urteilt der Brüsseler Ökonom Gros.

Für fatal hält deshalb auch Rüdiger Soltwedel vom Kieler Institut für Weltwirtschaft die Logik der zentralisierten Lohnrunden in Deutschland, wo regional ausgehandelte Pilotabschlüsse ohne Rücksicht auf Produktivitätsunterschiede auf alle Bereiche der Wirtschaft übertragen werden. Notwendig sei vielmehr eine konsequente Dezentralisierung der Lohnpolitik auf regionale, branchenspezifische und betriebliche Ebene.

Doch nicht nur die Gewerkschafter, auch die Politiker müssen umdenken. Abhilfe könnte der Gesetzgeber schaffen, meint Hagen Lesch vom Institut Finanzen und Steuern: Er müsse die tarifrechtlichen Rahmenbedingungen für eine dezentrale Lohnpolitik schaffen, indem er etwa die allgemeine Verbindlichkeit von Pilotabschlüssen untersagt.

Sollten die Politiker nicht den Mut haben, den Arbeitsmarkt zu deregulieren, dann droht Deutschland in eine „Restrukturierungsfalle" zu schlittern, befürchtet Thomas Mayer. Die durch die anhaltend hohe Arbeitslosigkeit geschwächte Nachfrage im Inland zwingt die Unternehmen noch mehr zu Kosteneinsparung, was wiederum eine fallende Nachfrage und steigende Arbeitslosigkeit zur Folge hat. Ein Horrorszenario für die Währungsunion.

LOTHAR GRIES ■

Übung 4: Zum Leseverständnis

(a) Überblick über den Artikel:

    1. allgemeines Thema: _____

    2. inhaltiche Stichwörter im Untertitel: _____

    3. Wer bedroht wen oder was? _____

(b) Im Lesetext werden verschiedene Szenarien von Aktion und Reaktion diskutiert. Vervollständigen Sie bitte die Tabelle!

Aktion/Situation	Reaktion/Konsequenz
1) Senkung der Leitzinsen	*Reaktion auf lahmende Konjunktur*
2) starrer Arbeitsmarkt in Frankreich und Deutschland	
3) Wegfall der Wechselkursschwankungen und zunehmende Preistransparenz	
4) Zins- und Wechselkurspolitik der EZB	
5) einheitlicher Wechselkurs	
6) hohe Arbeitslosigkeit und geschwächte Nachfrage	

(c) Welche Verbindung besteht dem Lesetext nach zwischen den Konzepten (a) und (b)? Erklären Sie!

    1. (a) Währungsunion
          (b) Verschärfung des Standortwettbewerbs

_____

_____

_____

    2. (a) Reformen der Agrar- und Sozialsysteme in Österreich und Holland
          (b) gute Vorbereitung für die Währungsunion

_____

_____

_____

    3. (a) Tariflöhne und Lohnnebenkosten
          (b) Lohnstückkosten und Wettbewerbsfähigkeit eines Landes

_____

_____

_____

Schlußgedanken

Im Laufe dieses Lehrwerks haben Sie sehr viel über die wirtschaftliche, gesellschaftliche, politische und historische Entwicklung Deutschlands und Europas erfahren. Wenn Sie jetzt gefragt würden, darüber schriftlich zu reflektieren, was Sie gelernt haben, was Sie erstaunt hat, worüber Sie mehr lernen wollen und wie Sie diese Informationen und Erfahrungen in Ihrem Leben verarbeiten werden, was würden Sie schreiben?

Bitte bedenken Sie, daß diese Übung nicht dazu gedacht ist, Ihre Lehrkraft positiv oder negativ zu bewerten. Es ist auch nicht eine Übung, um Sie einfach zu beschäftigen, sondern Sie erhalten hier die Gelegenheit, kritisch über sich und das Gelernte und Erfahrene der letzten 10 bzw. 15 Wochen nachzudenken und dann zu Papier zu bringen.

Wortschatz

Die Zahlenangaben am Rand entsprechen der Nummer des Kapitels, in dem die Vokabel zuerst auftritt.

Nomen

A

der	Abbau	3
der	Abbuchungsauftrag, -aufträge	10
die	Abfallbeseitigung	13
der	Abflug, Abflüge	1
die	Abgabe, -n	6
das	Abkommen, -	3
der	Absatz	3
das	Absatzgebiet, -e	2
die	Abschottung, -en	11
der	Abschwung	6
der	Abstand, Abstände	9
die	Achse, -n	1
der	Agrarmarkt, Agrarmärkte	2
die	Akte, -n	11
die	Altersversorgung	9
die	Anbindung, -en	1
die	Anerkennung, -en	11
der	Anfang, Anfänge	9
die	Anforderung, -en	9
die	Anfrage, -n	10
das	Angebot, -e	2
die/der	Angehörige, -n	11
die	Angelegenheit, -en	7
die/der	Angestellte, -n	9
die	Angleichung, -en	11
der	Ankauf, Ankäufe	7
die	Annahme, -n	3
der	Anreiz, -e	9
der	Anschluß, Anschlüsse	1
der	Anspruch, Ansprüche	9
der	Anstieg,-	2
der	Anteil, -e	1
der	Antrag, Anträge	11
die	Anwerbung, -en	11
die	Anzahl	6
der	Arbeiter, -	9
die	Arbeiterin, -nen	9
der	Arbeitgeberverband	7
der	Arbeitnehmer, -	2

der	Arbeitskampf, -kämpfe	9
die/der	Arbeitslose, -n	6
die	Arbeitslosigkeit	11
der	Arbeitsmarkt	9
der	Arbeitsplatz, Arbeitsplätze	5
die	Art, -en	2
der	Arzt, Ärzte	9
die	Ärztin, -nen	9
der	Aspekt, -e	5
der	Aufbau	3
die	Aufbewahrung	10
die	Aufgabe, -n	7
die	Aufnahme, -n	11
der	Aufpreis, -e	1
der	Aufschwung	1
die	Aufsicht	10
die	Aufstiegsmöglichkeit, -en	5
der	Auftrag	6
der	Augenblick, -e (im Augenblick)	10
die	Ausbildungseinrichtung, -en	2
die	Ausfuhr, -en	3
die	Ausgabe, -n	6
die	Ausgleichszahlung, -en	11
das	Ausland	3
der	Ausländer, -	11
die	Ausländerin, -nen	11
die	Ausnahme, -n	1
das	Ausscheiden	9
der	Außenwert, -e	10
die	Außenhandelsbilanz, -en	3
die	Außenwirtschaft	3
die	Aussperrung, -en	9
der	Austausch	1
die	Autonomie	7

B

der	Bahnhof, Bahnhöfe	1
die	Banknote, -n	7
die	Basis	5
der	Bau, -ten	1
das	Baugewerbe	2
die	Bausparkasse, -n	10
der	Beamte, -n	9
die	Beamtin, -nen	9
die	Bearbeitungsgebühr, -en	10
der	Bedarf	2
die	Bedeutung, -en	3
die	Bedingung, -en	3
die	Bedrängnis, -se	3
das	Bedürfnis,-se	3
die	Beförderung, -en	1
die	Behinderung, -en	3
der	Beitritt,-	2
die	Bekämpfung, -en	7
die	Belegschaft, -en	9
die	Bemühung, -en	10
der	Berater, -	7
die	Beraterin, -nen	7
der	Bereich, -e	2
der	Berg, -e	1
der	Beruf, -e	5
die/der	Berufstätige, -en	2
die	Besatzung, -en	1
die/der	Beschäftigte, -en	2
die	Beschäftigung, -en	5
die	Beschränkung, -en	3
der	Bestandteil, -e	1
die	Besteuerung	11
die	Bestimmung, -en	3
der	Betrag, Beträge	7
der	Betrieb, -e	1
die	Bevölkerung, -en	1
die	Bezahlung, -en	9
die	Beziehung,-en	3
der	Bezirk, -e	1
die	Binnenschiffahrt, -e	1
der	Binnenwert, -e	10
die	Binnenwirtschaft	3
der	Boden, Böden	5
die	Bordkarte, -n	1
die	Branche, -n	9
die	Brauerei, -en	2

das	Bruttosozialprodukt	6
der	Bund, -e	1
das	Bundesaufsichtsamt, - ämter	10
die	Bundesbank	7
der	Bundesrat	7
der	Bundestag	7
der	Bürger, -	5
die	Bürgerin, -nen	5
das	Büro, -s	2

C

die	Chancengleichheit	5
die	Chemie	2

D

die	Dachorganisation, -en	9
die	Datenbank, -en	2
die	Datenverarbeitungsanlage, -n	2
der	Dauerauftrag, -aufträge	10
die	Dauerüberweisung	10
die	Deckung	10
das	Defizit, -e	3
die	Devise, -n	10
die	Dichte, -n	1
der	Dienst, -e	1
der	Dienstleistende, -n	1
die	Dienstleistung, en	2
der	Dienstleistungsbereich, -e	2
das	Diplom, -e	11
der	Direktor, -en	9
die	Direktorin, -nen	9
das	Direktorium	7
der	Diskont	10
der	Diskontsatz, Diskontsätze	7
der	Dispositionskredit, -e	10
die	Dividende, -n	6
das	Dreieck (Viereck, Fünfeck etc.),-e	6
das	Drittel, -	1
das	Durchchecken	1
die	Durchführung, -en	6

E

die	Ebene, -n	7
das	Edelmetall, -e	10
der	Effekt, -e	6

das	Eigenheim, -e	10
das	Eigentum, Eigentümer	5
die	Eile,-	1
das	Einchecken	1
die	Einfuhr, -en	3
die	Einheit	10
die	Einigung, -en	9
das	Einkommen, -	5
die	Einlösepflicht	10
die	Einnahme, -n	3
die	Einrichtung, -en	7
die	Einschaltung, -en	9
die	Einschätzung, -en	5
die	Einsparung, -en	11
der	Einwand, Einwände	10
der	Einwohner, -	1
die	Einzelgewerkschaft, -en	9
die	Einzugsermächtigung, -en	10
das	Eisenwerk, -e	2
der	Elektriker, -	9
die	Elektrikerin, -nen	9
der	Empfänger, -	10
die	Empfängerin, -nen	10
der	Energiebedarf	2
der	Energieträger, -	3
die	Entfernung, -en	1
das	Entgeltsystem, -e	9
die	Entlastung, -en	3
die	Entlohnung, -en	9
die	Entscheidung, -en	6
die	Entwertung, -en	2
die	Entwicklung, -en	1
das	Erdöl	2
die	Erfahrung, -en	7
der	Erfolg, -e	6
das	Ergebnis, -se	9
die	Erhöhung, -en	6
die	Erlaubnis	11
die	Ernte, -n	3
die	Ernüchterung, -en	11
die	Erscheinung, -en	10
die	Erschöpfung, -en	9
der	Ertrag, Erträge	3
die	Erwartung, -en	6
die	Erweiterung, -en	11
die/der	Erwerbstätige	9
das	Erz, -e	1
das	Erzeugnis, -se	2

die	Erzeugung, -en	1
der	Euroscheck, -s (auch: Eurocheque)	10
der	Export, -e	2
der	Extremfall, Extremfälle	6

F

die	Fabrik, -en	9
die/der	Fachfrau/Fachmann, Fachleute	5
die	Fachkraft, Fachkräfte	2
die	Fähigkeit, -en	3
das	Fahrzeug, -e	2
der	Fahrzeugbau	2
der	Faktor, -en	6
der	Fall, Fälle (im Falle; falls)	11
die	Feindseligkeit, -en	11
das	Ferngespräch, Ferngespräche	1
die	Filialgroßbank, -en	10
die	Finanzierung	10
die	Firma, -en	2
die	Fiskalpolitik	7
die	Fläche, -n	1
das	Fließband, -bänder	9
der	Fluß, Flüsse	1
die	Folge, -n	5
die	Forderung, -en	7
die	Forschung, -en	2
die	Fracht, -en	1
der	Freiberufler, -	9
die	Freiberuflerin, -nen	9
die	Freizügigkeit, -en	11
die	Funktion, -en	7

G

der	Gastarbeiter, -	11
die	Gastarbeiterin, -nen	11
das	Gebäude, -	7
das	Gebiet, -e	1
das	Gebirge, -n	1
die	Gebühr, -en	1
die	Geburt, -en	1
die	Gegend, -en	2
der	Gegensatz, Gegensätze	1
der	Gegenstand, -stände	10
das	Gegenteil, -e	6
das	Gehalt, Gehälter	9
der	Geigenbau	2

die	Geldeinlage, -n	7
der	(Geld-)schein, -e	10
der	Geldstrom, -ströme	10
das	Geldwesen	7
die	Geltungsdauer	9
die	Gemeinde, -n	2
das	Gemeinsame	9
die	Gemeinschaft, -en	6
die	Genossenschaft, -en	10
das	Gepäck	1
die	Gepäckaufgabe	1
das	Gepäckband	1
das	Gepäckstück, -e	1
das	Geschäft, -e	3
die	Geschäftsbank, -en	7
die	Gesellschaft, -en	2
das	Gesetz, -e	6
der	Gesichtspunkt, -e	5
die	Gewährung	7
das	Gewerbe,-	2
die	Gewerkschaft, -en	7
der	Gewinn, -e	6
die	Gewinnquote, -n	6
der	Gewinnungsbetrieb	2
die	Gewohnheit, -en	11
das	Gezerre	11
das	Giralgeld	10
das	Girokonto, -en	10
das	Gleichgewicht	6
das	Gremium, Gremien	10
die	Grenze, -n	1
der	Großbetrieb, -e	2
der	Großunternehmer, -	9
die	Großunternehmerin, -nen	9
der	Grund, Gründe	3
die	Grundlage, -n	11
die	Gründung, -en	9
die	Gültigkeit	9
das	Guthaben, -	10
die	Gutschrift, -en	1

Ⓗ

der	Hafen, Häfen	1
der	Handel	1
der	Handelsbetrieb, -e	2
die	Handelsbilanz, -en	3
das	Handwerk,-	2

das	Hartgeld	10
das	Hemmnis, -se	3
die	Herausforderung, -en	11
die	Herstellung, -en	1
die	Himmelsrichtung, -en	1
das	Hindernis, -se	11
die	Homogenität	5
das	Honorar, -ien	9
die	Hyperinflation, -en	7
der	Hypothekarkredit, -e	10
die	Hypothekenbank, -en	10

Ⓘ

das	Ideal, -e	5
der	Indikator, -en	6
der	Individualismus	5
das	Individuum, Individuen	9
das	Indossament	10
die	Industrie, -n	2
das	Industrieverbandsprinzip	9
der	Industriezweig, -e	9
die	Inflation, -en	6
die	Inflationsrate	6
die	Informationsvermittlung, -en	9
die	Infrastruktur, -en	1
der	Ingenieur, -e	9
die	Ingenieurin, -nen	9
der	Inhaber, -	10
die	Inhaberin, -nen	10
das	Inland	3
die	Interessenvertretung, -en	9
die	Internationalisierung	7
die	Intervention, -en	11
die	Investition, -en	6

Ⓙ

das	Jahrhundert, -e	10
das	Jahrzehnt, -e	9
der	Jurist, -en	9
die	Juristin, -nen	9

Ⓚ

der	Kalkstein, -e	2
die	Kalkulation, -en	11
der	Kanal, Kanäle	1

240

die	Kapazität, -en	1
das	Kapital	5
das	Kartell, -e	5
die	Kategorie, -n	9
die	Kaufkraft	6
das	Kilometer, -	1
der	Kleinbetrieb, -e	2
die	Kohle, -n	2
der	Kollege, -n	11
die	Kollegin, -nen	11
der	Kollektivismus	5
das	Kommunaldarlehen, -	10
die	Kommunalobligation, -en	10
die	Kondition, -en	7
der	Konflikt, -e	11
die	Konjunktur	5
die	Konkurrenz	5
der	Konsum	5
der	Konsument, -en	5
die	Konsumentin, -nen	5
das	Kontingent, -e	3
das	Konto, Konten	10
die	Kontrolle, -n	1
die	Kontroverse, -n	9
die	Konzentration, -en	11
das	Konzept, -e	9
die	Konzession, -en	9
der	Korridor, -e	1
die	Kraft, Kräfte	1
der	Kraftwagen, -	1
das	Kraftwerk, -e	2
das	Krankenhaus, Krankenhäuser	7
der	Kredit, -e	6
die	Kreditaufnahme, -n	10
das	Kreditinstitut, -e	10
der	Kulturkreis, -e	11
der	Kunde, -n	3
die	Kundin, -nen	3
die	Kunst, Künste	9
der	Kurs, -e	6
das	Kursbuch, Kursbücher	1
die	Kurve, -n	5
die	Küste, -n	1

L

| der | Laden, Läden | 5 |
| das | Lager, - | 6 |

die	Landeszentralbank, -en	10
die	Landschaft, -en	1
die	Landwirtschaft,-	2
die	Lastenausgleichsbank, -en	10
der	Lastkraftwagen, -	2
die	Lastschrift, -en	10
das	Laufband, -bänder	10
die	Laufzeit, -en	9
die	Lebenshaltung	6
das	Lebensmittel, -	11
der	Lebensstandard	6
die	Lehrkraft, Lehrkräfte	2
die	Leistung, -en	5
die	Leistungssteigerung, -en	2
das	Leitbild, -er	3
der	Lieferant, -en	3
die	Lieferantin, -nen	3
der	Lohn, Löhne	6
die	Lohnquote, -n	6
der	Lombardsatz	7
die	Luft- und Raumfahrtindustrie, -n	2

M

der	Manteltarif, -e	9
der	Markt, Märkte	5
die	Marktforschung,-	2
die	Marktwirtschaft	5
die	Maschine, -n	2
das	Maß, -e	1
die	Maßnahme, -n	3
der	Maßstab, -stäbe	10
der	Maurer, -	9
die	Maurerin, -nen	9
der	Mechaniker, -	9
die	Mechanikerin, -nen	9
das	Medium, Medien	7
das	Meer, -e	1
die	Mehrwertsteuer, -n	11
die	Menge, -n	5
das	Menschenrecht, -e	11
die	Mentalität	11
die	Methode, -n	6
die	Miete, -n	10
die	Mikroelektronik	2
die	Milliarde, -n	2
die	Million, -en	2
die	Mindestreserve	7

die	Minderheit, -en	11
die	Mischung, -en	7
der	Mißerfolg, -e	6
das	Mißtrauen	11
das	Mitglied, -er	6
der	Mittelbetrieb, -e	2
das	Mittelmeer	11
der	Modernisierungsgrad	11
die	Molkerei, -en	2
das	Monopol, -e	5
die	Münze, -n	10
das	Münzgeld	10

N

die	Nachfrage	5
der	Nachteil,-e	3
die	Nachricht, -en	1
die	Nähe, -n	1
die	Nahrung	2
das	Nahrungsmittel, -	3
die	Naturaltauschwirtschaft	10
der	Nebenfluß, Nebenflüsse	1
das	Nettoeinkommen -	6
das	Netz, -e	1
der	Niederschlag	1
das	Niveau	6
der	Nutzen	2

O

der	Oberbegriff, -e	1
die	Offenmarktpolitik	7
das	Öl, -e	1
das	Organ, -e	3

P

das	Papiergeld	10
das	Parlament, -e	7
die	Partei, -en	7
der	Passagier, -e	1
die	Pension, -en	6
die	Person, -n	2
der	Pfandbrief, -e	10
der	Plan, Pläne	5
die	Planung,-	2

die	Planwirtschaft	5
der	Platz, Plätze	3
die	Politik	5
der	Polizist, -en	9
die	Polizistin, -nen	9
das	Portemonnaie, -s	10
das	Postscheckamt, - ämter	10
die	Postsparkasse, -n	10
die	Präferenz, -en	5
die	Prämisse, -en	5
der	Preis, -e	5
die	Preisbildung, -en	5
das	Prinzip, -ien	5
die	Priorität, -en	17
die	Produktion, -en	2
das	Produktionsmittel, -	5
die	Produktionsstätte, -n	2
die	Produktivität	3
der	Produzent	2
die	Prognose, -n	6
das	Prozent, -e	7
der	Prozentsatz, Prozentsätze	7

Q

die	Quote, -n	6

R

der	Rahmentarif, -e	9
die	Raiffeisenkasse, -n	10
der	Rand, Ränder	1
der	Rang, Ränge	3
die	Rate, -n	1
die	Rationierung, -en	7
die	Rationalisierung, -en	2
der	Raum, Räume	1
die	Recheneinheit, -en	10
die	Rechnung, -en	10
das	Recht, -e	3
die	Refinanzierung	7
das	Regal, -e	5
die	Regel, -n	11
die	Regelung, -en	7
die	Regierung, -en	3
der	Reisende, -n	1
die	Reisespesen (nur im plural)	1

die	Rente, -n	6
die	Reparation, -en	7
die	Ressource, -n	9
der	Richter, -	9
die	Richterin, -nen	9
die	Richtlinie, -n	7
der	Richtpreis, -e	11
das	Rohöl	2
der	Rohstoff, -e	3
die	Rohstoffquelle, -n	2

S

der	Sachverständigenrat, -Sachverständigenräte	7
der	Schatz, Schätze	2
der	Scheck, -s	10
die	Schiene, -n	1
die	Schiffspfandbriefbank, -en	10
die	Schlüsselrolle, -n	2
die	Schmuckware, -n	2
die	Schnelligkeit, -en	1
die	Schwäche, -n	9
die	Schwankung, -en	6
die	Schwerindustrie, -en	2
der	Schwerpunkt,-e	2
die	Schwierigkeit, -en	3
die	See, -n	1
der	Sekretär, -e	9
die	Sekretärin, -nen	9
der	Sektor, -en	6
die/der	Selbstständige, -n	9
die	Sicherheit, -en	3
die	Sitte, -n	11
die	Skala, Skalen	11
die	Sozialleistung, -en	6
der	Sozialpartner, -	9
das	Sparbuch, - bücher	10
die	Sparkasse, -n	10
das	Sparkonto, -en	10
die	Spezialbank, -en	10
der	Staat, -en	1
die	Stabilerhaltung, -en	6
die	Stabilität	7
das	Stahlwerk, -e	2
der	Standort, -e	2
die	Stelle, -en (an erster Stelle)	2

das	Sterben	1
die	Steuer,-n	3
der	Stoff, -e	2
die	Strecke, -n	1
die	Streitigkeit, -en	11
der	Streitpunkt, -e	11
der	Stundenlohn, -löhne	9
der	Stundentakt	1
die	Stütze, -n	2
der	Stützpreis, -e	11
die	Subvention, -en	3
die	Summe, -n	10
das	System, -e	5

T

das	Tal, Täler	3
der	Tarif, -e	1
der	Tariflohn, -löhne	2
die	Tarifreform, -en	9
die	Tarifverhandlung, -en	9
der	Tarifvertrag, -verträge	9
der	Tätigkeitsbereich, -e	2
die	Tatsache, -n	6
der	Tausch	5
die	Technik, -en	2
die	Technologie, -n	2
die	Teilung, -en	3
die	Textilien (nur im plural)	2
die	Theorie, -n	5
das	Tiefland	1
der	Träger, -	7
die	Trägerin, -nen	7
die	Transaktion, -en	10
der	Transport, -e	1
der	Typ, -en	5

U

die	Übergangslösung, -en	10
die	Übermittlung, -en	1
der	Überschuß, Überschüsse	3
die	Überweisung, -en	10
der	Überziehungskredit, -e	10
der	Umbruch, Umbrüche	9
die	Umfrage, -n	11
der	Umlauf (in Umlauf bringen)	7

der	Umsatz, Umsätze	2
der	Umschlagplatz, -plätze	2
die	Umsetzung, -en	7
die	Umstellung	5
die	Umwelt	6
die	Universalbank, -en	10
die	Unterhaltung, -en	9
die	Unterlage, -n	1
das	Unternehmen	2
die	Unternehmensberatung, -en	2
der	Unterschied, -e	9
die	Unterschrift, -en	10

V

die	Veränderung, -en	5
die	Verantwortung	9
der	Verband, Verbände	9
die	Verbesserung, -en	1
die	Verbindung, -en	5
der	Verbrauch	2
der	Verbraucher, -	1
die	Verbraucherin, -nen	2
das	Verbraucherzentrum, -zentren	2
die	Verbrauchssteuer, -n	11
die	Vereinigung, -en	2
das	Verfahren,-	10
die	Verfügung, -en (zur Verfügung stehen)	7
der	Verfügungsrahmen	10
die	Vergangenheit	9
der	Vergleich, -e	6
das	Verhalten	5
das	Verhältnis, -se	7
die	Verhandlung, -en	7
der	Verkäufer, -	9
die	Verkäuferin, -nen	9
der	Verkehr	1
der	Verkehrsknotenpunkt, -e	2
das	Verkehrsmittel,-	1
der	Verlust, -e	6
die	Verminderung	6
das	Vermögen, -	6
die	Vernichtung, -en	11
der	Verrechnungsscheck, -s	10
die	Verschiedenartigkeit, -en	2
die	Versorgung	2

das	Verständnis	11
die	Verteilung, -en	1
der	Vertrag, Verträge	5
der	Vertreter, -	7
die	Vertreterin, -nen	7
die	Verursachung	6
die	Verwaltung, -en	2
die	Vielfältigkeit, -en	2
das	Viertel, -	11
die	Volksabstimmung, -en	11
die	Volksbank, -en	10
das	Volkseinkommen	6
die	Volkswirtschaft, -en	1
die	Vollperson, -en	6
die	Voraussetzung, -en	1
der	Vorgang, Vorgänge	5
die	Vorliebe, -n	5
der	Vorschlag, Vorschläge	6
die	Vorschrift, -en	3
der	Vorteil, -e	3

W

das	Wachstum	2
der	Wagen, -	2
die	Wahl	2
die	Währung, -en	3
die	Währungsreform, -en	7
die	Währungsschlange	10
der	Wald, Wälder	1
die	Ware, -n	1
der	Warenkorb, Warenkörbe	6
die	Wartezeit, -en	1
der	Weberaufstand	9
der	Wechsel, -	7
der	Wechselkurs, -e	11
die	Weise, -n	6
die	Weisung, -en	1
die	Welle, -n	3
die	Weltbank	10
der	Weltmeister, -	3
die	Weltmeisterin, -nen	3
die	Werbeagentur, -en	6
die	Werbung, -en	2
das	Werk, -e	2
der	Wert, -e	6
das	Wertpapier, -e	7
das	Wesen, -	1

der	Wettbewerb, -e	3
der	Wiederaufbau	7
die	Wirklichkeit	5
die	Wirkung, -en	3
die	Wirtschaft	3
das	Wirtschaftswachstum	6
die	Wirtschaftswissenschaft, -en	5
das	Wirtschaftswunder, -	11

Z

die	Zahl, -en	1
die	Zahlung, -en	10
die	Zahlungsbilanz	6
das	Zahlungsmittel, -	7
die/der	Zahlungspflichtige, -n	10
das	Zeichengeld	10
das	Zeitalter, -	9
der	Zeitraum, Zeiträume	6
der	Zentralbankrat, Zentralbankräte	7
die	Zentrale, -n	5
die	Ziegelei, -en	2
der	Zins, -en	6
der	Zinssatz, Zinssätze	7
der	Zoll, Zölle	3
der	Zubringer, -	1
die	Zulage, -n	7
die	Zulieferung, -en	2
die	Zunahme, -n	6
die	Zurückhaltung	9
der	Zusammenbruch, -brü che	6
die	Zuständigkeit, -en	9
der	Zuwachs	11
der	Zuzug	11
der	Zweifel, -	9
der	Zweig, -e	2
die	Zweigstelle, -n	10
der	Zyklus, Zyklen	6

Verben

A

	abbuchen	10
	abfallen	1
	abhängen	1
	abheben	10
	abmildern	6
	absehen von	5
	abweisen	11
	abwickeln	10
	abziehen	6
	anbauen	3
	anbieten	1
	andeuten	10
	anerkennen	10
	angleichen	11
	ankurbeln	7
sich	ansiedeln	2
	ansparen	10
	ansteigen	1
	antreffen	2
	antreiben	9
	anweisen	10
	anwenden	7
	anwerben	11
sich	aufhalten	11
	aufnehmen	7
	aufteilen	10
	auftreten	6
	aufweisen	2
	ausbeuten	9
	ausbezahlen	9
	ausdrücken	5
	ausfallen	3
	ausführen	10
	ausgeben	5
	ausgleichen	1
	aushandeln	9
	aushändigen	1
	ausrüsten (mit)	1
sich	äußern	6
	aussehen	6
	ausweichen (+ Dat.)	11
	ausweiten	3
sich	auswirken	3

B

	bauen	7
	beantragen	11
	bedeuten	5
	bedienen	2
	beeinflussen	2
	beeinträchtigen	6
sich	befassen (mit)	10
sich	befinden	1
	befördern	1
	begleiten	10
	begrenzen	1
	begründen	11
	behalten	9
	beheben	9
	behindern	3
	beitragen	5
	beitreten	9
	bekämpfen	3
	belasten	1
	beleben	7
sich	bemühen	11
	benötigen	1
	berühren	3
	beruhen (auf)	3
	beschäftigen	2
	beschleunigen	7
	beschließen	6
	beseitigen	11
	besiedeln	1
	besitzen	3
	bestehen (aus)	1
	besteigen	1
	bestimmen	1
	betrachten	6
	betragen	1
	betreffen	9
	betreiben	1
	bevorzugen	2
	bewältigen	1
	bewirken	3
	bezeichnen	5
sich	bilden	5
	billigen	11
	bleiben	3
	bremsen	7

D

	decken	10
	dienen	10
	dominieren	10
	drängen	10

E

	einführen	10
	eingreifen	5
sich	einig sein	
	einlösen	10
	einnehmen	2
	einräumen	10
	einreichen	10
	einrichten	7
	einschließen	11
	einsetzen	11
	einstellen	5
	einteilen	5
	einzahlen	10
	einziehen	10
sich	entfachen	9
	entfallen	2
	enthalten	3
	entlasten	1
	entrichten	10
sich	entscheiden	3
	entsprechen	1
	entwickeln	3
	entziehen	7
	erarbeiten	6
	erfahren	5
	erfassen	9
	erfolgen	7
	erfüllen	7
sich	ergänzen	1
sich	ergeben	3
	erhalten	1
	erheben	3
	erhöhen	3
sich	erhohlen	3
	erklären	6
	erlauben	10
	erleben	11
	erledigen	10

	ermöglichen	1
	eröffnen	10
	erreichen	3
	errichten	2
	erschweren	3
	ersetzen	1
	erteilen	10
sich	erweisen (als)	6
	erweitern	11
	erzielen	2
	etablieren	3
	existieren	5

F

	fernhalten	11
	fertigstellen	1
	festlegen	5
	feststellen	10
	fließen	1
	fördern	2
	führen (zu)	3
	füllen	5
	funktionieren	6

G

	garantieren	10
	gehören	6
	gelangen	1
	galoppieren	7
	gelingen	3
	gelten	2
	genehmigen	7
	geschehen	7
	gewährleisten	7
	gewinnen	6
sich	gewöhnen	11
	gliedern	9
	grenzen	1
	gründen	9
	gutschreiben	10

H

	haften	10
sich	handeln (um)	3
	herstellen	1

	hinnehmen	3
	hinterlegen	7
	hinzufügen	6
	hochschnellen	11
	honorieren	9
	hüten	7

I

	integrieren	11

K

	klettern	6
	kontrollieren	6
	ködern	10
sich	kümmern (um)	1

L

	lauten	5
	leihen	10
sich	leisten	1
	leiten	9
	lenken	5
sich	lohnen	3
	lösen	3

M

sich	melden	11
	messen	6
	mißbrauchen	5
	modernisieren	7
	münden	1

O

	organisieren	9

P

	passen (zu)	9
	planen	5
	prägen	9
	profitieren	3

R

	reagieren	9
	recht behalten	10
	regeln	3
	regieren	5
	repräsentieren	9
	resultieren	11
sich	richten nach	5
	ruhen	11

S

	schaffen	7
	schleichen	7
	schließen	9
	schulden	10
	schützen	3
	schwärmen (für)	11
	senken	5
	sichern	3
	sicherstellen	1
	sinken	3
	sorgen (für)	1
	sparen	10
	stattfinden	6
	steigen	6
	sterben	9
	stimmen	9
	strukturieren	1

T

	tauschen	10
	teilen	1
	tollerieren	11

U

	übereinstimmen	7
	übergehen (zu)	10
	übernehmen	5
sich	überschlagen	7
	überschwemmen	11
	überschreiten	3
	übertragen (auf)	10
	übertreffen	1
	überwachen	10

	überweisen	10	**248**
	überziehen	10	
	umfassen	1	
	umkämpfen	11	
	umrechnen	3	
	umsetzen	11	
	unterliegen	9	
	unterscheiden	9	
	unterstützen	1	
	unterteilen	10	

V

	verändern	5
	verarbeiten	2
sich	verbessern	3
	verbinden	1
	verbrauchen	1
	verdienen	5
	vereinigen	1
	verflogen	11
	verfügen über	1
	vergeben	10
	vergessen	9
	verhandeln	11
	verhindern	7
	verhungern	9
	verkaufen	7
	verkehren	1
	verknüpfen	11
	verkürzen	9
	verlangen	7
	verlangen	6
	verlaufen	10
	verleihen	7
	verlieren	5
	vermeiden	6
	vermindern	5
	vermögen	1
	vernachlässigen	7
	verpfänden	7
sich	verpflichten	10
sich	verringern	3
	verschulden	3
	verschieben	11
	versenden	2
	versprechen	2
sich	verstärken	1

	verstopfen	1
	versuchen	5
	verteuern	6
	vertreten	9
	verwalten	7
	verwirklichen	7
	verzeichnen	3
sich	vollziehen	3
	vorhanden sein	2
	vorkommen	2
	vorschlagen	3
	vorstellen	10

W

	wählen	5
sich	wandeln	9
	wechseln	1
	wegnehmen	5
	weitergeben	10
sich	wenden (an)	10

Z

	zahlen	7
	zählen	2
	zielen	11
	zögern	11
	zücken	10
	zunehmen	2
sich	zurechtfinden	11
	zurückhalten	6
	zur Kasse bitten	10
	zusammenbrechen	7
	zusammenfassen	5
	zustimmen	9
	zuteilen	5
	zutreffen	11

Adjektive/Adverbien

A

ab und zu	9
abhängig	2
absatzorientiert	2
abschließbar	1
ähnlich	10
allerdings	3
allgemein	1
altersbedingt	9
andererseits (einerseits ...)	5
andersartig	11
angemessen	6
anspruchsvoll	1
arbeitslos	5
arbeitsorientiert	2
atomistisch	5
ausgebildet	2
ausgeprägt	5
ausländisch	11
ausschlaggegend	1
ausreichend	3
außerdem	5
außerordentlich	1
automatisch	11
autonom	7

B

bar	6
bargeldlos	10
bedeutsam	6
begehrt	5
beispielsweise	1
belebt	7
beleglos	10
beliebt	10
bereits	6
beschäftigt	9
besonder(s)	1
bestimmt	3
beziehungsweise (bzw.)	5
bisweilen	2
bundesdeutsch	1
bundesweit	10

C

chemisch	2

D

daher	7
damalig	1
dennoch	9
detailliert	7
deutlich	5
dicht	1
durchaus	9
durcheinander	9
durchschnittlich	6

E

ebenfalls	9
effektiv	9
ehemalig	1
ehemals	11
einerseits (andererseits)	5
eingehend	7
eingestellt (sein)	11
einheitlich	1
einige	6
einzeln	3
elektrotechnisch	2
eng	2
entgegen	7
entgegengesetzt	9
entscheidend	2
erfolgreich	11
erheblich	3
erklärlich	6
erstrebenswert	11
etwa	10

F

fällig	10
feinmechanisch	2
fremd	10
früher	5
führend	2

G

gebräuchlich	10
gebührenfrei	10
gegenseitig	11
gegenüber	6
gemeinsam	9
genossenschaftlich	10
genötigt	5
gerecht	6
gering	1
gesamtwirtschaftlich	2
geschäftlich	10
gesetzlich	10
gewerblich	10
gewohnt	5
gleichartig	5
gleichmäßig	1
graphisch	5
grenzüberschreitend	3
größtenteils	10
grundsätzlich	5
gültig	1
günstig	2

H

häufig	5
hauptsächlich	1
heimisch	3
herkömmlich	10
heutig	1
heutzutage	10
hinsichtlich	6
hochwertig	1
hoffnungslos	9

I

idealtypisch	5
immerhin	5
indes	11
industriell	1
innerhalb	6
insgesamt	1
intern	11
international	2
irgend(wo, wie etc. ...)	6

J

je ... desto 5
jederzeit 7
jedoch 3
jeweilig 3
jeweils 6

K

kaum 3
knapp 5
kompliziert 6
konkurrenzfähig 3
kostengünstig 3
kreditwürdig 10
kritisch 2
künftig 1
kurz 5
kurzfristig 10

L

länderübergreifend 7
ländlich 10
lästig 1
landwirtschaftlich 1
langfristig 11
lebenswichtig 5
leistungsfähig 1
logischerweise 7
lohnorientiert 2
lukrativ 1

M

magisch 6
maßgeblich 5
mäßig 1
materialorientiert 2
mehrere 11
mengenmäßig 3
mindestens 11
mitgliederorientiert 10
mittlerweile 10
modern 10

möglich 7
möglichst 6

N

nach und nach 9
nachvollziehbar 10
nämlich 6
niedrig 2
notwendig 1

O

öffentlich 9
öffentlich-rechtlich 10
offen 7
offiziell 9
ohnehin 11
ökonomisch 1
optimistisch 11
optisch 2
örtlich 2

P

persönlich 5
politisch 3
postwendend 11
praktisch 10
primär 1
problemlos 11
prozentual 6

R

räumlich 5
regelmäßig 6
regional 9
reichlich 7
relativ 9
riesig 7
rückläufig 1
rückständig 11
rund 1

251

S

sachlich	5
schließlich	5
schlimm	9
schwach	6
schwierig	6
sekundär	9
selbstständig	7
selten	6
sichtbar	7
sogar	3
sogenannt	7
sogenannt (sog.)	1
somit	10
souverän	3
sozial	1
sozialistisch	2
staatlich	3
stabil	2
ständig	5
stark	3
stetig	6
steuerlich	2
stofflich	10
subjektiv	5

T

täglich	5
tarifär	11
technologisch	2
teils	9
tertiär	9
teuer	3
transparent	5
trotz	9
typisch	9

U

überdurchschnittlich	2
überhaupt	7
überragend	3
überschüßig	11
überwiegend	10

252

üblich	10
übrig	1
umgekehrt	5
unbedingt	9
und so weiter (usw.)	6
unentbehrlich	1
ungefähr	1
unmittelbar	2
unter anderem (u.a.)	3
unternehmensorientiert	2
unversehens	1
unzureichend	11
ursprünglich	9

V

verantwortlich	9
verbindlich	9
verdeckt	7
vergleichbar	3
verhängnisvoll	11
verkehrsorientiert	2
verschieden	3
verschiedenartig	1
versteckt	3
vertraut	11
vielfältig	1
voll	11
völlig	3
vornehmlich	2
vorteilhaft	9
vorübergehend	9
vorzüglich	1

W

weitaus	2
weltweit	2
wertvoll	11
wesentlich	2
wettbewerbsfähig	11
wichtig	10
wiederum	7
willkommen	11
wirtschaftlich	1

zahlreich	1
zeitlich	5
zentral	10
ziemlich	2
zugleich	1
zukünftig	11
zunächst	6
zuständig	7
zuverlässig	1
zweckmäßig	11

About the Authors:

Patricia Ryan Paulsell is Associate Dean for Undergraduate Studies in the College of Arts and Letters at Michigan State University. She is also Professor of German, Co-Director of the Center for Language Education and Research (CLEAR), and Director for Business Language Initiatives in the Center for International Business Education and Research (CIBER) at Michigan State University. Professor Paulsell holds the B.A., M.A. and Ph.D. (1976) degrees in German from the University of Michigan.

Her research and teaching interests cover a broad spectrum, including business language pedagogy and methodology, Women's Studies, Literature and Science, and German Drama. She has devoted her efforts during the past ten years to research, curriculum development, and faculty training in the area of business German.

Professor Paulsell is an invited national reviewer for International Business programs, sits on the editorial boards of three professional language journals, has published many articles for major national journals and given numerous presentations in the areas of German drama and the pedagogy and methodology of teaching business foreign language.

Anne-Katrin Gramberg is a native German who earned the *Magister Artium* from the Georg-August-Universität Göttingen in 1986. She received the Ph. D. from Michigan State University in 1991, and is an Associate Professor of German at Auburn University in Alabama.

Dr. Gramberg is the author of many scholarly articles and papers. Most recently she published "Persuasionsstrategien im kulturellen Kontext," in <u>Deutsche Sprache</u> and delivered "Computer Software Programs in German Instruction" at SCOLT. She also serves as Chair of the National Committee of The American Association of Teachers of German on German in Business and Engineering.

She teaches a range of courses in German specializing in the area of Business German. Dr. Gramberg has annually administered the Prüfung Wirtschaftsdeutsch International examination for the state of Alabama since 1993.

Karin U. H. Evans, a native of Germany, studied English, Geography, and Education at the Justus-Liebig-Universität in Giessen. She received her *Staatsexamen für das Lehramt an Gymnasien* in 1987, and the Ph.D. in German Studies from Michigan State University in 1994.

Her areas of research are applied German linguistics, discourse analysis, German for special purposes, and foreign language pedagogy/methodology. She has taught a wide range of courses at all levels of proficiency, including interdisciplinary courses such as technical and business German, courses in German literature, as well as general German language and culture courses. She has given many presentations and has held several workshops at local and national conferences. Her publications include articles in scholarly journals such as the <u>Journal of Pragmatics</u> (1998).

Dr. Evans currently teaches at Michigan State University and is a coordinator for special projects under the Dean of the College of Arts and Letters.